普通高等教育“十一五”国家级规划教材

普通高等学校应用型教材

经济学

农村社会经济调查方法

（第三版）

吕亚荣　编著

中国人民大学出版社
·北京·

作者简介

吕亚荣，中国人民大学副教授、硕士研究生导师，荣获 2020 年度中国人民大学首届教学创新奖、2019 年中国人民大学课外教学优秀奖、2017 年北京市高等教育教学成果奖二等奖、2017 年中国人民大学教育教学成果奖一等奖、2014 年度中国人民大学“十大教学标兵”称号、2008 年度中国人民大学教学优秀奖。出版专著、主（参）编教材 7 部，在国内外报刊上发表论文 30 余篇，主持和参与国家及省部级课题研究 20 余项。

内容简介

《农村社会经济调查方法》以本科生为主要目标读者群，研究生和相关专业人员也可参考学习。本教材从帮助学生了解和认识农村社会经济问题或现象的角度出发，首先介绍了农村社会经济调查中调研课题的选择方法、调研方案设计的程序，以及调查研究的类型。在此基础上，重点介绍了农村社会经济调查中常用的文献调查法、问卷调查法、实地观察法、访谈调查法、专家调查法、参与式调查法等方法。最后，重点介绍了调查研究类文体的撰写方法，为学生更好地撰写调研报告提供规范性的指导。

本教材的特点是：始终强调思维方法在调查研究中的重要作用，同时也突出对实用性和可操作性强的调查技能的介绍。

本教材希望达到的目标是：在培养、锻炼学生的逻辑思维能力的基础上，有效指导学生将调查研究的想法转化为具有实用性和可操作性的具体应用技术，从而开展科学的调查研究活动。也就是说，本教材旨在培养和提升学生的科学研究素养，使他们能够更好地进行农村社会经济调查活动方案的设计，并能够运用具体技术开展卓有成效的农村社会经济调查活动。

出版说明

应用型本科教育对于满足中国经济社会发展对高层次应用型本科人才的需要以及推动中国高等教育大众化进程起到了积极的作用。人们已经越来越清醒地认识到：实践教学是培养学生实践能力和创新能力的重要环节，也是提高学生的职业素养和就业竞争力的重要途径。许多非研究型院校的师生反映，市场上现有的经济学教材大多重理论、轻实践，难以满足应用型本科人才的培养需要。他们认为，根据非研究型院校的特点和人才培养目标，教材内容不仅要包含本领域的基本理论问题，使学生能系统掌握基本概念和基本原理，而且要包含本领域的实践问题，使学生能掌握一定的实务操作方法，以应对未来工作的挑战。为了满足这一要求，中国人民大学出版社组织高校的一线教师和专家、学者编写了这套"普通高等学校应用型教材·经济学"。本套教材突出了以下三点：

第一，内容深入浅出、详略得当、结构合理、难度适中，数据翔实可靠，案例鲜活新颖，力求体现当前经济学领域的最新发展。

第二，根据应用型本科人才的培养目标，强化了对各项业务的操作规程和实际做法的介绍，并通过对案例的分析和点评让学生对实务操作有真切的体验。

第三，压缩了篇幅，将一些学习资料、练习题等放在出版社网站上供学生下载使用，从而减轻了学生的负担。

我国应用型本科教育理念还未完全确立，对应用型本科的教育思路、教学规律、专业建设、教学方法、人才培养模式等关键问题尚未透彻理解和深刻把握，对建设应用型本科院校及专业的路径和方法还处于摸索当中，因此在本系列教材的编写方面，出版社并没有提出过于严格的要求，只是在教材的定位、篇幅、编写体例上提出了一些原则性的建议，具体的编写工作则实行主编负责制，由作者全权处理各教材的编写工作，并对各自编写的内容负责。

本系列教材的出版凝结了所有参编教师、专家和学者的辛劳与智慧，体现了他们对应用型本科人才培养的探索和追求，在此一并表示感谢！

真诚地期待广大教师、学生和其他读者的批评及建议。

中国人民大学出版社

第三版前言

教材是教育教学的核心要素之一，既是课程建设的内容，也是课程建设的成果，是落实立德树人根本任务的重要依托。作为中国人民大学“123”金课（2021）和本科课程思政示范课堂（2022）建设项目，调查研究方法课程深入贯彻落实《普通高等学校教材管理办法》和《高等学校课程思政建设指导纲要》精神，将价值塑造、知识传授和能力培养三者融为一体，积极开展课程建设和教材建设，《农村社会经济调查方法》（第三版）教材修订是课程建设和教育教学成果的体现。

第三版教材保持了第二版教材结构严谨、逻辑性强、体系完备的特点，能够满足教学需要，具有专业性、实践性和应用性比较强的特点，对培养和提升学习者的调查研究能力、促进其正确认识和探索社会发展规律具有积极作用。第三版教材以习近平新时代中国特色社会主义思想为指导，全面落实党的二十大精神，在第二版教材的基础上增加了课程思政元素、信息技术形式和知识图谱表达等内容，加强完善与教材和课程相关的网络资源建设，为教师授课和课程学习提供支撑。该教材既可作为专业教材应用于农林经济管理学科课程教学，也可作为参考教材广泛应用于社会科学学科的教育教学；既具有学科特色，也富有启发性，有利于激发学习兴趣及创新潜能。具体来讲，第三版主要做了以下修订：

一是融入思政元素。首先是注重融入德育元素，强化育人功能。本教材内容强调调查研究是坚持马克思主义认识论的重要体现，注重培养学生把握好新时代中国特色社会主义思想的世界观和方法论，坚持好、运用好贯穿其中的立场、观点和方法。其次是注重融入党史元素，赓续伟大建党精神。调查研究方法是党的传家宝，是党的基本思想方法、工作方法、领导方法。党和国家领导人一贯重视开展调查研究，坚持以问题为导向，基于客观实际不断提出真正解决问题的新理念、新思路和新方法，带领全国各族人民取得了举世瞩目的成就。把党史元素融入教材内容体系，能够推动党史更好进教材、进课堂、进头脑，发挥党史立德树人的重要作用。最后是注重融入中国元素，讲好中国故事。本教材将改革开放以来社会经济发展的实践经验和典型案例作为最好的思政素材自然、合理地融入专业内容中，以增强学生对党的政治认同、思想认同和情感认同，同时注重融入中华优秀传统文化，崇善明德，培养学生的家国情怀。

二是调整并增补部分内容。第一章在第二节的“农村社会经济调查的意义”部分增加了中国社会经济发展实践、领袖论调查研究等内容；在第三节“农村社会经济调查中的伦理和道德”增加了“维护调查研究的科学性”的内容。第五章在第三节的“简单随机抽样”部分增加了“计算机抽取法”的操作和案例；增加了第五节“在线调查抽样”。第七章在第四节的“信度”部分增加了再测信度以及内部一致性信度的概念和计算公式等内容。第八章“问卷调查法”对内容结构进行了调整和增补，原第一节“问卷调查的分类”被调整为第四节“问卷调查的实施方式”，并增加了“网络问卷调查”的内容；原第五节的标题“问卷调查法的实施及评价”修改为“对问卷调查结果的审查评估”，并对内容进行了整合，其中“对问卷调查法的评价”这部分内容被调至第四节。另外，第三版教材还对部分内容表述和思考练习做了修订，做到与时俱进。

三是加强信息技术应用。第三版教材利用信息技术工具，将更多的教材内容和课程信息融入二维码载体中，既节约了纸质版资源，又增强了教材的创新性和趣味性，读者可以通过扫码的方式阅读更多的信息，促进“纸质版+ 信息资源”的新形态教材的建设。

四是配套数字化教学资源。第三版教材加强了数字化教学资源建设，为使用本教材的读者和教师配套了数字化教学资源，包括教学课件、教学案例、思考习题、教学实践成果等。出版社网站为这些数字化教学资源提供了稳定、安全的下载渠道，并对它们进行动态维护和更新，通过不断积累形成了数字化教学资源集合。

五是构建教材内容思维导图。思维导图是一个新的概念，反映了一种新的思想。通过思维导图可以把每一章节以及整本教材的知识构建成体系，既可以指导教师教学，也便于学生学习和掌握知识。思维导图是动态的，有利于未来对知识体系中的内容进行增减。第三版教材在思维导图构建方面做了一个粗浅的尝试，希望可以推动教材建设与时俱进。

全书思维导图

教材建设与课程建设和教学实践是相辅相成的，感谢中国人民大学对课程建设和教学实践的大力支持。教材建设亦离不开同行学者的帮助、启迪和贡献，无论是他们的研讨评论，还是文献成果，皆令我受益匪浅，在此表示衷心的感谢。参考文献虽已附后，但难免有所遗漏，敬请包涵。《农村社会经济调查方法》（第二版）自 2018 年 9 月印发以来，得到了诸多同行和学生朋友的厚爱，在此致以诚挚的谢意。第三版教材基于近几年我的课程思政建设、知识体系构建和教学实践经验等方面的体会，做了这些新的尝试，希望继续得到大家的认可和支持，并请各位同行朋友批评指正。

吕亚荣

2023 年于明德楼

目录

第一章
农村社会经济调查概述

农村社会经济调查一词实际上反映了调查的内容和范围。在中国，农村是一个特定的区域，这里的社会经济内容与城市的迥然不同，农村社会经济调查与城市社会经济调查也有明显的不同。因此，在对有关农村社会经济调查的内容进行学习之前，我们有必要了解农村社会经济的概念、特点及与此相关的农村社会经济调查的意义、类型、方法等。

第一节　农村社会经济及调查的概念

一、农村社会经济的概念

广义上讲，农村社会是在一定的地域范围内，由一定数量的人口、特定的生产方式和经济结构、特定的生活方式和行为规范、特定的社会组织和政治制度、特定的意识形态和心理特征等要件构成的社会子系统。

地域是农村社会的载体，无论是大范围还是小范围的农村社会，都占据一定的地理空间，并拥有与该地理空间相关的特定自然环境。①

人口是农村社会得以存在和发展的主体。没有人口，就没有农村社会。农村人口的数量、质量、性别、年龄等特征结构及其变化直接决定了农村社区的可持续发展状况。

---

① 我们这里界定的“地域”是一个笼统的术语。在统计分类上，则必须对其做出具体的界定，以满足社会经济指标的统计需要。国务院对统计局、民政部、住房城乡建设部、公安部、财政部、国土资源部、农业部七部委联合上报的《关于报请国务院批转统计上划分城乡规定的请示》予以批复，原则同意《中国政府统计上划分城乡的规定》，参见专栏 1.1。

生产方式反映了农村社会的经济发展程度。在传统的农村社会里，人们使用人力、畜力，依赖自然禀赋，开展农林牧渔等生产活动，经营规模小，风险大，小农经济特征明显。随着农业科学技术水平的提高，农业生产方式发生了很大的改变。人们使用高效率的机器设备从事农耕，经营规模不断扩大，农业逐渐从传统向现代转变，农产品极大丰富，农民的生活水平也得以提高，非农产业发展的基础不断夯实。

与农村社会人口、经济发展相伴而行的，是不断衍生、发展出来的农村人口特定的行为规范和生活方式，以及特定社会环境下特有的思想意识和心理特征，例如，农村社会特有的风俗习惯、手工艺术、服饰礼仪、信仰习俗等。[①] 为了更好地管理、维护和发展农村社会，国家制度安排应运而生，正式和非正式的社会组织也参与到农村社会事务的管理和服务中，从而保证了农村社会在一个良性的环境中不断发展下去。

作为一个系统，农村社会呈现出多内容、多层次、动态的复杂性特点。农村社会既有自然特征，又有文化特征；既有经济活动，又有文化、政治活动；既有截面的静态描写，又有长期的动态跟进；既有人的个体层面，又有人的群体层面。从研究的角度看，研究对象包括：农民个体、农民家庭、农业企业、农村集体经济组织、村民委员会、农民合作社、农村社区、各级政府等。

专栏 1.1

中国政府统计上划分城乡的规定

一、为了科学、真实地反映我国现阶段城乡人口、社会和经济发展情况，准确评价我国的城镇化水平，制定本规定。

二、本规定作为统计上划分城乡的依据，不改变现有的行政区划、隶属关系、管理权限和机构编制，以及土地规划、城乡规划等有关规定。

三、本规定以我国的行政区划为基础，以民政部门确认的居民委员会和村民委员会辖区为划分对象，以实际建设为划分依据，将我国的地域划分为城镇和乡村。

实际建设是指已建成或在建的公共设施、居住设施和其他设施。

四、城镇包括城区和镇区。城区是指在市辖区和不设区的市，区、市政府驻地的实际建设连接到的居民委员会和其他区域。镇区是指在城区以外的县人民政府驻地和其他镇，政府驻地的实际建设连接到的居民委员会和其他区域。

与政府驻地的实际建设不连接，且常住人口在 3 000 人以上的独立的工矿区、开发区、科研单位、大专院校等特殊区域及农场、林场的场部驻地视为镇区。

五、乡村是指本规定划定的城镇以外的区域。

六、本规定由国家统计部门负责解释。

七、本规定自 2008 年 8 月 1 日起施行。

为了更好地与非社会学专业学生各自的专业内容和特点相一致，我们这里将广义的农村社会系统内容分为两个主要的方面：一是狭义的农村社会，只包括人口、文化、教

① 谷中原．农村社会学新论．武汉：武汉大学出版社，2010：67－90.

育、社会组织等方面；二是农村社会中的经济内容，主要包括生产力和生产关系两方面。可见，经济是农村社会系统中的一个特定内容，包括在其之内。

从研究的内容上看，可能涉及：农村人口的结构和变迁；农村家庭的功能、婚姻、生育、养老、关系等状况及其变化；农村留守儿童、留守妇女和留守老人的状况、面临的问题及发展；农村教育问题；农村养老、医疗等社会保障问题；农村文化建设问题；农村财政金融与保险；农村发展模式、方式及效果；农村贫困问题；区域经济与乡村发展；农村城市（镇）化发展；农民参与政治民主进程的情况；农民流动问题；农业生产方式、经营模式及生产效率；粮食安全与食品安全问题；土地流转、保护与发展；农产品批发、零售等市场组织模式及绩效评价；农业现代化发展的状况、面临的问题及措施；农业技术进步与经济增长；农业生产要素优化配置；农民合作社、乡村集体经济组织、政府等各类组织的状况、作用、功能；农业政策评价；等等。①

农村社会的复杂性特点直接决定了农村社会调查研究的复杂性。因此，我们在对农村社会经济进行调查时，可以采取不同的角度，进而了解不同层面的问题。当然，农村社会系统中的各部分内容之间是相互交叉和融合的，因此，调查内容也会出现相互交叉和融合的情况，这是不足为奇的。

目前，有关社会调查方法和研究方法的教材多以社会学专业的学生为适用对象，虽然调查方法在一定程度上具有普适性，但是学生们因为专业特点不同而遇到的使用上的不便恰恰使本教材更为关注经济调查的方法及其适用性问题。因此，在本书中，我们使用了农村社会经济调查这一概念。

二、农村社会经济调查的概念

农村社会经济调查（survey）是指人们有目的、有意识地以人类认识活动中的经验、观察为基础，按照一定的程序，使用各种科学的技术和方法，接触农村社会经济生活，了解和认识农村社会经济状况，搜集各种社会经济信息和资料的活动。《现代汉语大词典》对“调查”的解释是“为了了解情况而进行考察（多指到现场）”。农村社会经济调查中的普遍做法就是深入农村社会实地、现场进行考察，以了解实际情况。通过调查活动，调查者可以对农村社会经济状况有一个全面的、感性的、经验层面的认识。这是对农村社会经济现状进行深入研究的基础。

农村社会经济调查和研究是两个不同的概念，有不同的内涵。《辞海》对调查研究的解释是：“调”是指计算、统计；“查”是指查究、查核、考查；“研”是指审查、细磨；“究”是指穷尽、追根究底。既然调查属于经验层面对社会经济活动的认识，那么研究则属于理论层面的认识。研究（research）利用调查阶段得到的感性材料，采用科学的逻辑推理方法，对社会经济现象的本质及其发展规律进行理性认识和分析，从而达到升华理论的目的。因此，从对社会经济活动的调查到对它的研究是一种由感性认识上升到理性认识的过程。这也恰恰反映了调查活动和基于调查进行的研究活动的不同。

① 刘豪兴．农村社会学．3版．北京：中国人民大学出版社，2015：6.

当然，农村社会经济调查和研究也是密不可分的两个方面。没有研究的调查缺少理论深度，只能看到农村社会中的一些表象，不能彻底、深刻地认识农村社会经济活动中存在的问题；而没有调查的研究，无目的性，无法对提出的抽象命题做进一步检验，理论研究不能结合农村社会政治、经济发展的实际。因此，农村社会调查与社会研究必须结合起来，使经验得到理论解释，使理论得到实践检验。

通过对农村社会经济活动的调查，可以搜集到各种经验材料；通过对原始材料的整理和加工，可以形成观点和看法；依据这些观点，可以提出农村改革和发展的政策、方针、措施等；在实践中，这些政策、方针、措施可以得到检验，正确的将被继续坚持，错误的将被修正，不足部分将得到补充，同时，农村实践将提供一些新的素材，催生新的政策、方针、措施，这样新一轮的实践—理论—再检验—新理论又开始了。正是通过不断调查和研究，农村政策与农村社会的发展才能保持协调一致。因此，可以说，调查和研究是发现问题、解决问题过程中不可分割的两种方法。

本教材基于本科学生首先要解决如何调查、怎样调查的立足点，主要介绍农村社会经济调查方法，而不去过多介绍获取调查资料之后的研究方法。虽然我们在进行农村社会经济调查之前和调查过程中，也需要不断地思考和研究，但是此处的研究还上升不到理论抽象和解释的高度，和调查之后的研究还存在本质上的区别。

第二节 农村社会经济调查的意义和原则

一、农村社会经济调查的意义

农村社会经济调查是人们认识农村社会经济活动，进而完善和发展农村社会经济的重要手段和方法，是极其重要的人类社会活动。

调查可以帮助我们深入了解农村社会经济的历史和现实，避免出现“盲人摸象”的情况。我国农村的社会经济情况复杂，地区差异很大，要深入了解我国社会经济各方面的共性和特殊性，就必须进行调查。

调查是正确认识农村社会经济中存在的问题的基础。正确认识农村社会经济中存在的问题是指对社会经济问题的把握和判断是准确的，是符合当地社会经济发展需要的，是符合国家和广大人民群众根本利益的。正确地认识问题才能引导正确的行动。

调查是制定农村政策措施的前提，是解决问题的关键，是促进社会经济朝着正确方向发展的根本途径。只有认真调查研究本单位、本部门、本地区的实际情况，对社会经济问题有正确的认识和判断，才能将政策的普遍性与特殊性结合起来，使政策落到实处，这样研究者才可能实现真正的理论创新。

列宁曾经指出：“马克思主义的政策是以现实的东西而不是以可能的东西为依据。”[①]

---

① 列宁全集：第47卷．中文2版．北京：人民出版社，1990：493.

所谓现实的东西是指符合实际情况的、客观真实的东西（现象、问题）；制定政策就是要根据实际情况、遵循客观发展规律，这样才能够解决具体的社会问题。例如，农村家庭承包经营制度是在对农村社会经济情况进行调查并形成正确认识的基础上提出的，是符合农村实际情况的制度，因而实现了农村改苣发展理论和实践上的创新，鸣响了中国农村改革开放的号角。因此，可以说，调查能够帮助人们把握农村社会经济发展的脉搏，能够推动农村社会经济的全面进步和发展，进而推动人类社会的发展。

改革开放以来，中国农村发生着日新月异的变化，农业增产、农民增收、农村发展。全面建设社会主义现代化国家，既要有城市现代化，也要有农业农村现代化，最艰巨最繁重的任务仍然在农村。中国农村社会结构的多样性、问题的复杂性要求我们更加深入、细致地做好调查研究工作，这样才能基于农村各地区的实际情况，因地制宜地促进社会经济发展。例如，在完成脱贫攻坚、全面建成小康社会的历史任务，实现第一个百年奋斗目标的过程中，调查研究是非常重要的思想方法和工作方法，是党和政府制定精准扶贫政策的依据。党的十七大明确提出全面建设小康社会的目标，能否实现这一目标，关键在于农业、农村、农民能否达到小康的要求。党的十八大明确提出确保到2020年实现全面建成小康社会宏伟目标。党的十九大明确提出决胜全面建成小康社会，夺取新时代中国特色社会主义伟大胜利，为实现中华民族伟大复兴的中国梦不懈奋斗。2021年11月，党的十九届六中全会发布的《中共中央关于党的百年奋斗重大成就和历史经验的决议》指出："党的十八大以来，全国八百三十二个贫困县全部摘帽，十二万八千个贫困村全部出列，近一亿农村贫困人口实现脱贫，提前十年实现联合国二〇三〇年可持续发展议程减贫目标，历史性地解决了绝对贫困问题，创造了人类减贫史上的奇迹。"历史经验表明，立足农村实际、扎实开展调查工作，摸清有效地开展精准扶贫、帮助贫困农村人口尽快脱贫的做法，就是调查研究的重要意义的一个体现。

习近平论调查研究

新时代新征程，面对国际经济形势的不断变化，全面推进乡村振兴的任务艰巨，农村社会经济发展中也出现了一些新的情况和新的问题，这要求农村社会经济的管理者、科研人员等深入农村，进行广泛的调查，掌握第一手资料，时刻把握农村社会经济发展的脉搏，为农村社会发展提供研究依据，制定符合农村社会发展的政策，以指导农村社会经济的改革和发展。毛泽东在《反对本本主义》中提出："没有调查，没有发言权。"[①]在《总政治部关于调查人口和土地状况的通知》中提出："我们的口号是：一，不做调查没有发言权。二，不做正确的调查同样没有发言权。"[②] 习近平要求县委书记们"要把调查研究作为基本功，深入基层、深入群众、深入实际，了解情况、问计于民"[③]。习近平

① 毛泽东．反对本本主义（一九三〇年五月）//毛泽东．毛泽东选集：第一卷，北京：人民出版社，1991：109.

② 毛泽东．总政治部关于调查人口和土地状况的通知（一九三一年四月二日）//毛泽东．毛泽东文集：第一卷．北京：人民出版社，1993：267－268.

③ 习近平．做焦裕禄式的县委书记//习近平．习近平谈治国理政：第二卷．北京：外文出版社，2017：144.

对经济社会领域专家提出：“从国情出发，从中国实践中来、到中国实践中去，把论文写在祖国大地上，使理论和政策创新符合中国实际、具有中国特色，不断发展中国特色社会主义政治经济学、社会学。”①

调查研究是以客观实践为基础的马克思主义基本方法的具体形式，是马克思主义科学方法论。没有调查就没有真正的社会科学研究。要了解情况和掌握资料，唯一的方法是做社会调查；同时，调查要周密、系统、客观，只有做正确的调查，才能得出科学的研究结论，才能为科学决策提供依据。青年学生应该掌握正确认识客观世界的基本方法，培养调查研究的优良作风，促进理论和实践结合，利用社会课堂开展调查研究实践活动，扑下身子、到群众中去，拜人民为师、向人民学习，增长才干和本领，这样才能真正成为担当中华民族伟大复兴重任的社会主义事业建设者和接班人。

《农村调查》的序言

二、农村社会经济调查的原则

调查是一种科学的认识活动。农村社会经济调查必须遵循一定的原则，必须以科学的方法和态度为指导，才能获得真实可靠的信息，推出符合农村社会客观实际的结论。

（一）系统性原则

在人类活动的各个领域，与之发生关系的客体、事物并不是孤立地存在的，而是以系统形态出现的相互联系的整体。同时，系统又不简单等于各孤立要素之和，系统的整体特性和功能是各要素在孤立状态下所没有的，只有当它们作为整体存在时才会表现出来。在调查研究中，不能就事论事，而要把考察对象视为系统，把调查材料当作有机整体来研究。在具体分析时，要考虑整体与局部、共性与个性、一般与特殊、宏观与微观等多方面的关系，在各种联系中对现象或事件进行系统分析。

系统论是一种放之四海而皆准的方法论。下面，我们以农村经济系统为例，来说明系统分析在经济研究中的应用。在经济研究中，应用系统论的基本原理和方法来分析问题时，必须将经济问题或经济现象作为一个经济系统来看待。系统是由一定的要素按照一定的机制组成的，经济系统亦如此。

经济系统可分为大系统和小系统。这里的大和小是相对的，而不是绝对的。例如，如果我们将国民经济总体作为一个大系统来考察和研究其发展现状，预测其未来，那么构成国民经济总体的各部门经济可以被看作若干个小系统。如果我们将部门经济中的农业部门单独拿出来作为一个系统进行研究，那么农业部门可以被看作一个大系统，而构成农业部门的农、林、牧、副、渔则可以分别被看作一个小系统。如果将一个国家的国民经济总体放在世界范围内进行考察，那么世界经济范围是一个大系统，而一个国家的国民经济则是一个小系统。大系统往往包含着若干个相互关联的小系统。

① 习近平在经济社会领域专家座谈会上的讲话．人民日报，2020－08－25.

经济系统一般具有综合性、关联性、动态性这几个基本特征。因此，在分析经济系统时，必须对系统进行多角度、多层次的全面观察和研究。用“横看成岭侧成峰，远近高低各不同”来形容系统论在经济研究中的应用结果是恰当的。例如，我们考察农村税费改革问题时，从横向看，可以考察不同国家、地区在农村税费改革方面的研究理论和操作经验；从纵向看，可以考察不同阶段农村税费改革情况。从全局看，可以研究宏观的农村税费理论和政策；从局部看，可以考察具体地区的实践经验。还可以从社会效益、经济效益等不同角度来考察农村税费改革的利弊；或从不同的时点和时段来考察农村税费改革的静态状况和动态变化趋势；或从经济学、管理学、社会学、政治学、行政学等不同学科的视角来考察农村税费改革系统。

（二）客观性原则

客观性原则是任何科学研究都必须遵循的原则，农村社会经济调查也不例外。社会科学研究本身不具有统一的标准，研究结论也不尽相同，这体现了社会科学研究百花齐放、百家争鸣的特点。但是，无论观点上有何争议，科学工作者都应以客观事实为基础，在充分占有资料的基础上，认真分析调查研究中可能存在的误差，尽量得出客观的结论。客观性原则要求调查者、研究者对客观事实采取实事求是的态度，而不能带有个人的主观偏见或愿望，更不能任意歪曲或虚构事实。

调查者要坚持客观性原则，必须克服主观主义的思想和方法。首先，不“唯上”，即不能为了迎合上级机关、领导、权威人士的意图，歪曲事实；其次，不“唯书”，即不为书本上的结论所禁锢，尊重客观事实；再次，不“唯己”，即要敢于进行批评和自我批评，在事实面前要敢于否定自己的错误，尊重事实。事实是客观的、具体的，是任何人也否定不了的。例如，对于“农村基层民主建设”这一主题来说，调研者应首先弄清它的具体含义、表现形式，了解国家法律法规，然后通过调研举出各个方面、以各种形式表现出来的具体事实，用这些事实本身证明农村基层民主建设对农村政治民主化建设的意义，进而研究其对农村社会、农民政治地位提高的作用，以及农业经济发展的影响等。

（三）科学性原则

科学性主要是指农村社会调查活动的程序、方法、形式等是科学合理的。通过科学的实践调查活动，可以正确反映农村社会经济的实际情况。例如，调查程序的设计要科学。确定调查题目、阅读参考文献、设定研究假说、设计调查问卷或提纲、进行试调查等环节都是不可缺少的。然而，在实际的社会调查实践中，我们发现，很多调查者，特别是一些年轻的初步涉猎农村社会经济调查活动的调查者没有研究设想、没有试调查，有的甚至没有查阅过文献资料，不了解关于调查题目的研究现状，就到农村去调查了。可以想象，这样的调查只能获取一些不系统的表象资料，而难以获得对于实际问题的系统认知。另外，我也接触过这样一些调查者：他们虽然设计了调查问卷，但是没有进行试调查，等到了农村实地的时候，发现很多问题不符合实际情况，于是调查陷入被动，获取的资料的准确程度也不高。之所以出现如上情况，就是因为调查者没有很好地把握科学性原则。可以想象，依据这样的调查进行的研究，其结论的准确程度就值得怀疑了。因此，违背科学性原则的调查也必然得出不科学的研究结果。如果依据不科学的研究结果来制定农村政策，那么由此产生的后果可能更为严重。

（四）理论和实践相结合的原则

农村社会经济调查回答了“农村社会经济事实是什么”的问题，理论认识活动主要是回答“农村社会经济事实为什么是这样”的问题，只有达到理论水平的认识才能为经验认识提供依据与说明。理论来自经验世界，但它又超越了事物的各种表象，是对事物本质的抽象。理论是人们根据经验事实对现象所做的尝试性解释，这种解释要在实践中加以检验，检验的目的不在于证实理论，而在于修正理论、发展理论。之所以要在实践中不断修正理论，不仅是因为人们的认识不可能完全反映事物的真实本质，而且是因为人们的认识手段和思维方式在不断发展。

中国改革开放以来的所有农村改革理论都是在反复进行农村社会调研的基础上形成的。例如，农村家庭承包经营理论的形成就是反复进行农村社会调研的产物。1978 年 12 月，党的十一届三中全会通过了《中共中央关于加快农业发展若干问题的决定（草案）》，规定“不许包产到户，不许分田单干”；1979 年 9 月，党的十一届四中全会通过了《中共中央关于加快农业发展若干问题的决定》，仅将“草案”中的“不许包干到户”改成“不要包干到户”；1980 年 9 月，《中共中央关于进一步加强和完善农业生产责任制的几个问题的通知》提出，“……在生产队领导下实行的包产到户是依存于社会主义轨道的”，一直到提出以“统分结合，双层经营”为基本内涵的农村基本经营制度的理论体系，这一系列政策演进实际上是理论工作者和实际工作者多年来调查研究的结果。理论推动实践，实践检验理论，在理论和实践的不断发展中，农村家庭承包经营制度得以不断完善和发展。

坚持理论与实践相结合的原则，就是要坚持实事求是，反对主观主义，必须从农村社会的实际情况出发，尊重客观事实，从中摸清农村社会经济发展固有的规律，使我们的主观认识和农村客观规律一致。坚持这一原则，就要避免在农村社会调查中简单地罗列各种农村社会经济现象，也要避免因教条主义倾向而忽略了理论的创新和发展。

第三节 农村社会经济调查中的伦理和道德

伦理是对什么是善、什么是恶、什么是正当、什么是不正当的道德判断；道德是对人的行为品质的评价和分析。[①] 在日常生活中，因为伦理和道德都涉及什么是对、什么是错、什么是好、什么是坏、什么是善、什么是恶的问题，所以两者经常被混在一起使用。但从哲学、伦理学、道德学等不同学科专业研究的视角来看，这两个概念之间既有区别，

---

① 北京市科学道德和学风建设宣讲教育领导小组．科学道德和学风建设简明读本．北京：中国科学技术出版社，2012：11，13.

也有联系。本书不讨论哲学、伦理学等专业知识，学习者只需要把伦理和道德看作一定区域内、行业内、群体中人们所形成的共识。这些共识体现为人与人、人与自然在长期互动中形成的风俗习惯和伦常秩序，人们愿意并长期遵守这些风俗习惯，从而使这些风俗习惯逐渐转化为个体内在的品性和德行。

科学研究活动是社会活动的构成之一。在科学研究中，存在研究者与被研究者、研究者与研究者等不同主体之间的关系，研究者也应该遵循科学研究的伦理和道德，因此，研究者对科学研究中所达成的“得体”与“不得体”的共识进行了解是非常有必要的。

农村社会经济调查是科研活动的重要部分，涉及数据的搜集、保存、整理等多个重要环节。在调研过程中，研究者需要遵守如下的伦理道德。

一、尊重和保护调查对象

要尊重调查对象参与调查的意愿，不能强迫他人参与调查。我们可以通过说服、经济补偿等多种途径，使调查对象参与到调查中来，但不能采用威胁、命令等方式。

在搜集和使用个人资料，特别是访谈资料、隐私资料时，要征得调查对象的同意，一般在调查的过程中，就可以请调查对象同意搜集资料并授权使用。

调查资料的匿名与保密也体现了调研人员对研究对象的权益的保护和尊重。

将资料进行加工处理之后，研究者和读者都不可能将所搜集的资料与回答者对应起来时，就可以说研究达到了匿名的要求。在调查过程中，做到完全的匿名有时是不可能的，但是在资料分析阶段要尽量做到匿名。

当调研人员知道特定调查对象及其回答，但是承诺不会将其身份和答案公开，并且真正做到时，调研活动就算是达到了保密的要求。[①] 例如，调研人员在引用调查资料的时候，需要对调查资料进行加工，将涉及隐私的个人或企业名称用 A、B、C 等字母来代替，不能简单地使用名称缩写；将涉及商业机密的成本、利润等绝对值数字，通过计算成本占销售额的比例、利润增长速度等相对指标，转化为不涉密的分析信息。

二、保证调查资料的真实性和完整性

必须保证搜集到的调查资料的真实性和完整性。调查资料不能虚构、造假，不能为了达到某种目的或获取利益而对原始数据进行人为加工和篡改。数据记录应当与数据获得同步，不管是采用录音、录像还是问卷填答等资料搜集方法，数据记录都必须及时、精准。

调查数据必须保存完整，特别是对于涉及机密的数据要慎重保存，不能泄露；不能未经同意将数据用于约定用途之外的其他目的，或者把数据转交、透露给其他机构或个人。

---

① 艾尔·巴比．社会研究方法（第十一版）．北京：华夏出版社，2013：63－68.

三、使用他人数据要注明来源

使用他人未正式发表的数据，必须事先获得数据所有者的同意，并且要明确注明数据来源。在发表论文或以其他形式展示调查研究成果时，如果引用相关文献或他人的资料、论点，必须如实标注出处。

四、严厉杜绝学术不端行为

学术不端行为主要是指科学研究活动中的各类造假、抄袭、剽窃等违背科学研究者共识的行为，包括：捏造数据或结果、抄袭他人作品、侵害他人著作权、故意省略参考文献的标注、将他人未公开的作品进行发表、将他人的研究计划据为己有或者透露给他人、一稿多投、对参与评审项目故意拖延审查或设置障碍等。① 科学研究工作者都必须严格要求自己，严厉杜绝学术不端行为。

五、维护调查研究的科学性

调查研究报告和科研论文是调研人员展现科研成果的重要形式。在提供研究报告时，研究者必须对数据来源、调查的方式方法、分析技术和过程等进行说明，以体现调查研究的科学性和调研结论的可信性。任何在调研报告中故意省略调查研究背景、隐瞒调查研究中的不足等做法，都有悖科学研究诚信。相反，对于调查研究中的不足，或者一些可能影响调查研究结论的情况，调查研究人员应该向读者或公众说明，让他们对报告的内容或结论有更为充分的了解和判断。

如果每一位调研人员在调查中都能够严格遵守科学研究的伦理道德，那么就会在科学研究活动中树立良好的风气，如此才能真正发挥科学工作者的创新能力，才能促进科学研究的繁荣发展。

本章小结

1. 广义上讲，农村社会是在一定的地域范围内，由一定数量的人口、特定的生产方式和经济结构、特定的生活方式和行为规范、特定的社会组织和政治制度、特定的意识形态和心理特征等要件构成的错综复杂的社会子系统。作为一个系统，农村社会呈现出多内容、多层次、动态的复杂性特点。

2. 农村社会经济调查是指人们有目的、有意识地以人类认识活动中的经验、观察为基础，按照一定的程序，使用各种科学的技术和方法，接触农村社会经济生活，了解和

---

① 北京市科学道德和学风建设宣讲教育领导小组．科学道德和学风建设简明读本．北京：中国科学技术出版社，2012：138.

认识农村社会经济状况，搜集各种社会经济信息和资料的活动。调查和研究是两个不同的概念。

3. 农村社会经济调查要遵循系统性、客观性、科学性、理论和实践相结合的原则。

4. 科研工作者在调查研究中要遵守科研伦理和道德，严厉杜绝学术不端行为。

《思考练习》

1. 什么是农村社会？农村社会具有哪些特点？

2. 什么是农村社会经济调查？

3. 农村社会经济调查应该遵循哪些原则？

4. 在调查研究中应该遵守哪些科研伦理和道德？

5. 有人说，“农村社会经济调查就是到农村随意走走转转”，你是否同意这样的观点？为什么？

6. 2020 年 9 月 17 日，习近平总书记在基层代表座谈会上的讲话中指出：“人民对美好生活的向往就是我们的奋斗目标。好的方针政策和发展规划都应该顺应人民意愿、符合人民所思所盼，从群众中来、到群众中去。长期以来，我们党在出台重要方针政策、作出重大决策部署前，都要求有关部门深入基层调查研究，了解和掌握第一手材料。实事求是是我们党的思想路线的重要内容，早在延安时期，毛泽东同志就强调‘共产党员应是实事求是的模范’，‘只有实事求是，才能完成确定的任务’，认为调查研究的方法‘第一是眼睛向下，不要只是昂首望天’，‘第二是开调查会’。五年规划编制涉及经济社会发展方方面面，同人民群众生产生活息息相关，需要把加强顶层设计和坚持问计于民统一起来，鼓励广大人民群众和社会各界以各种方式建言献策。”

2022 年 12 月 26—27 日，习近平总书记在中共中央政治局召开的民主生活会上的讲话中指出：“要大兴调查研究之风，多到分管领域的基层一线去，多到困难多、群众意见集中、工作打不开局面的地方去，体察实情、解剖麻雀，全面掌握情况，做到心中有数。要营造环境、创造条件，鼓励基层干部群众讲真话、讲实话、讲心里话。对发现的问题，要分析原因、找准症结，有针对性地研究解决。”

根据习近平总书记的讲话，认真思考并回答如下问题：(1) 调查研究的意义是什么？(2) 如何才能做好调查研究？(3) 如何看待调查研究与实事求是之间的关系？

《本章思维导图》

第二章

农村社会经济调查程序

农村社会经济调查活动的开展必须遵循一定的科学程序。狭义的调查程序是指调查者为了开展实地调查而进行的准备和调查活动的过程。广义的调查程序不仅包括调查活动本身所要遵循的程序，即狭义的调查活动，而且包括与调查活动相关的整个调查研究的前期、中期和后期的一切相关活动。本教材主要偏重对狭义调查程序的相关内容的介绍，但是为了更好地理解调查活动在整个调查研究活动中的位置，教材在适当的地方也会对内容进行扩展。

第一节　调查研究的基本程序

为了开展农村社会经济调查，必须了解调查活动在农村社会经济问题研究中所处的位置，因此，了解整个项目（课题）研究的程序，对于确定调查活动的地位具有重要意义。一般而言，社会经济调查研究的基本程序为：确定研究主题—初步探索主题—理论解释及文献研读—提出研究假说—概念化、操作化和测量—设计调研方案（主要是提出调研策略）—预调研，修正、补充调研方案—确定调查类型和方法—搜集资料（包括实地调查和文献资料搜集等）—整理资料—分析资料—解释结果，形成结论—完成报告（见图 2－1)。

如上的程序表明，作为调查研究中的一个环节，确定调查类型和方法很重要，直接决定了搜集调查资料的方式及难易程度等。在整个程序中，为了进行调查而需要明确的前期任务主要是确定研究主题；初步探索主题；理论解释及文献研读；提出研究假说；设计调研方案及预调研，修正、补充调研方案等环节，调查完成之后的工作主要包括整

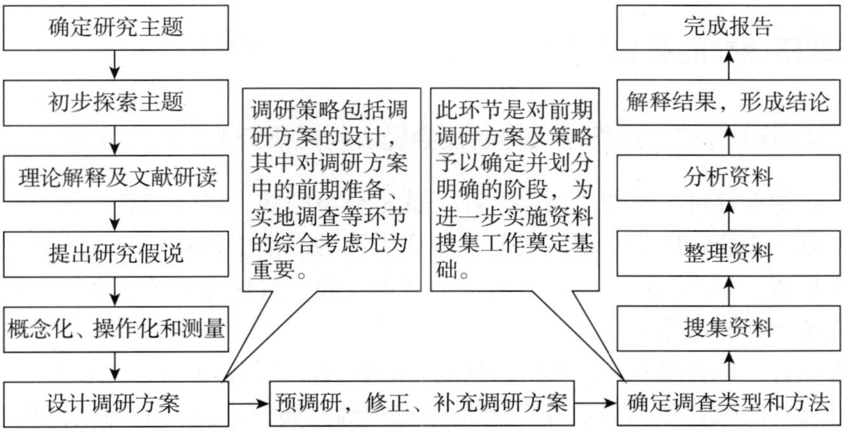

图 2-1　社会经济调查研究的基本程序

理资料，分析资料，解释结果，形成结论，最后完成报告，并回头对研究主题进行重新审视和思考。下面我们从调研程序中选择几个重要的调研环节进行详细介绍。

第二节　确定研究主题

从调查研究的基本程序上看，选择和确定研究主题是一项社会经济调查活动的起点，起点的优劣、高低直接决定了后续工作的难易、得失。因此，确定研究主题是开展调研工作的方向，是整个调查研究中最重要的部分之一。

研究主题是指社会经济研究所涉及的某一现象或问题领域。在选择从事某项调查研究活动时，我们一般会先确定一个调查研究的领域，也就是主题，例如，农村土地制度、农村精准扶贫、财政支农、农民收入、农民工流动等。这些研究主题的内容通常比较宽泛，包含着多个更小的研究问题。选择某个研究主题，意味着我们对该领域的调查研究比较感兴趣，打算在这个领域深入开展调研活动。

研究问题是研究主题中某一项调查研究任务或活动的具体化和明确化。例如，“农村土地问题研究”就是一个研究领域，“农村土地流转状况研究”就是一个研究任务，“农村土地流转的状况、模式及问题分析”就是一个具体问题。

一项调查研究必须从具体问题着眼，才能有抓手，才能落实下去，因此，调查研究者必须从宽泛的主题开始，逐步缩小范围，直至从主题中选择出一个或两个自己感兴趣、能够把握和操作的问题。从主题到问题是研究者不断探索和挖掘研究主题和问题的过程，可见，初步探索主题的过程是必不可少的。研究主题通常只是笼统地说明调研的目的、范围和对象；而研究问题则需要更有针对性地说明研究所要回答的具体问题，体现的是社会经济现象中的两个或多个概念（或变量）间的关系。在实际的研究活动中，社会科学研究者会将研究主题和研究问题转化为调研课题的形式设计和展示出来。

一、确定调研课题的意义

（一）调研课题的选择直接决定着社会经济问题研究的方向和水平

调研课题的选择可以称作选题，实际上就是提出问题。对研究者来讲，提出问题往往比解决问题更重要，因为选题不仅是社会调查目的的集中体现，而且是调查者的指导思想、社会见解、学术创造力及学识水平的具体反映。选择合宜的研究课题，是顺利开展农村社会调查研究工作的基础。

课题选择者（调查研究者）要从纷繁复杂的农村社会经济问题中选出具有理论价值、实践价值且富有前瞻性的课题，实际上是比较难的。要注意从新的理论视角提出问题，所以不要选择那些陈旧的课题，而要特别关注和发现那些与当前农村改革切实相关的课题。一个好的课题能抓住农村社会发展的脉搏，能反映现实生活中的重大理论问题或实际问题，具有时代意义和现实意义，价值和效用也就比较大。

（二）调研课题决定着调查研究方案的设计，从而直接决定了社会经济调查的全部过程

不同选题的调查内容、方法、对象和范围各不相同，因而调查人员的选择、调查队伍的组织、调查工作的安排也不相同。例如，农村居民家庭承包经营土地状况调研与农村基层民主建设情况调研就是两个不同的调研课题，针对二者设计的调研方案完全不同，调查方法和过程也有极大的差别。前者以农村家庭单位为调查对象，主要调查农村居民家庭承包经营土地的面积、地块数量、承包期限、经营内容、产量高低等指标，可采用农户抽样调查、问卷调查、实地访问等调查方法，调查人员一般要经过较为专业的培训，调查时间不限。后者则是以农民或农村基层组织为调查对象，调查内容是关于农村基层民主建设的情况（包括具体的做法或政策）。农村基层民主建设的内容较为抽象，其调研指标可以是农村基层党组织数量、农民参与民主建设的程度等，调查可采用文献调查、实地访问等调查方法，调查时间和人员可不限。

二、选择调研课题的原则

选择一项调研课题需要考虑多种因素，一般应遵循需要、可行、适当、创新的原则。

（一）需要

需要原则是指应选择当前农村社会经济发展中迫切需要解决的理论和现实问题，或者虽然当前不是非常迫切，但是具有潜在的理论价值和应用价值的课题。费孝通先生就曾根据农村发展的迫切需要，提出了“如何发展小城镇”的研究课题，取得了巨大成果，对于推动我国小城镇建设和发展起到了重要作用。当前，我国农村社会经济发展迅速，取得了伟大的成就，但是在统筹城乡发展、推动城乡一体化的进程中还有很多的问题需

要予以研究和解决，因此，应紧紧围绕“三农”，选择社会经济中需要加大研究力度、亟待解决的问题进行调查研究。

（二）可行

可行原则是指能够依据调查者和调查对象的现实条件完成调查研究工作的课题。这里所说的现实条件主要包括：有能够投入调研的经费、人力和其他物质条件；能够得到社会各部门、被调查地区和单位的主管部门及调查对象的支持与协助；调研人员应具备必要的专业能力和实践经验等，并对课题有初步的了解和设想。只有这些条件均较成熟的课题，才是好的、有可能完成的课题。有些课题尽管具有重要的现实意义或理论意义，但如果调研条件不成熟或不具备，那么也不能被认为是恰当的课题。

（三）适当

适当原则是指调研课题所研究的内容范围的大小与调研目标、调研力量等情况要相适应。如果调研目标是要解决一个比较小的问题，那么过于宽泛的调研内容只会造成资源浪费，即使资料丰富，对于解决目标问题也是无用的，甚至是不利的，容易造成调研目标的偏离。此外，选题也要根据自身的实力，包括调研人员数量、调研经费多寡等情况进行确定，否则调研题目太大，超出调研力量和调研能力的范围，就无法完成调研工作。调研课题要与调研目的或者所要解决的实际问题相适应，要与调研力量和调研能力相适应。对于缺乏经验或缺乏专业知识的调研人员来说，应选择简单、浅显一些的研究课题，从小问题开始，逐步积累经验，然后再扩大调查研究的内容和范围，由浅入深、由简单到复杂。

（四）创新

创新原则是指调研课题应具有创新性和独特性，要能够提供新知识、新方法、新观点、新材料。如果选择的调研课题只是简单重复别人早已做过的调查，那么这样的课题是没有研究价值的，也是没有意义的。当然，我们所理解的创新应具有较广泛的含义，有些课题尽管别人已研究过，但仍可以从一个新的角度去研究，例如，改变调研地点、变换调研时间、在老问题的基础上提出新的问题与假设的扩展性课题等。总之，只有那些包含一定新颖性、独特性、先进性的课题，才真正具有调查意义。

专栏 2.1

什么样的调研课题是好课题？

按照调研课题选择的原则，我们知道，好的调研课题应该是需要、可行、适当和创新的课题。基于这样的课题，我们能够设计和建立一条精确的研究思路，在这条思路的指引下开展的调研能够得出有效的、可信赖的、可解释的、有用的结果。

好的课题是需要不断修正和调整的。在初步提出问题、试调研、最终确定问题的过程中，调研课题得到不断的凝练，研究目标得以明确，最终确定的课题是研究者最后决定放在研究报告中的、利用方法和手段能够解决的。通常，研究者可以通过询问自己以下几个方面来检查某个调研课题是不是好课题：

研究问题是什么？

研究者试图寻找何种答案？

从问题到答案可能引起何种争论？

研究者需要何种证据来支撑自己的观点？

如何搜集证据？

如何表明证据是有效的？

在调研课题的选择上，研究者容易犯的错误是：

（1）选择的调研课题是无法验证的问题或者是非科学的问题。例如："某农业公司采取破产清算的策略是否合适？"，这样的问题显然是无法验证的问题；"一根缝衣针的针尖上站着多少个天使？"，这是一个不属于社会科学研究领域的问题，是非科学的。

（2）选择的调研课题不够具体或者仅仅是概念的组合。例如，"农村社会资本研究""企业管理问题研究"就属于一般性课题；"农业技术与创新""制度变迁与绩效"就属于概念组合课题。这些课题都不够具体，因而不利于研究。

三、调研课题的来源

所有的研究者在选择课题时都应该是基于个人兴趣。学校的学生经常依赖于老师的项目、专家的帮助和指导来选择课题。独立的科学研究人员对农村社会经济调研课题的选择一般源于其对农村社会经济发展的实践活动、对农村社会经济调查研究相关文献资料的积累。他们在学习、思考和综合所获取的经验知识和理论知识的基础上，通过自身敏锐的、特有的问题意识，提出有价值的调研课题。

（一）农村社会经济发展的实践活动

农村社会经济发展过程中会出现各种各样的社会经济问题，当这个问题成为促进或制约农村社会经济发展的关键时，研究这个问题就是非常必要的，因此农村社会经济的实践是经验积累的源泉，是提出农村社会经济课题的主要来源和途径。

例如，家庭联产承包责任制的提出就是基于农村社会经济发展的实践和农村改革的需要而对农村社会经济调查研究的理论和实践进行结合所取得的伟大成果。再如，新型农村养老保险、新型农村合作医疗保险等制度的推出也是在城乡一体化的推动下，基于对农村社会经济的实地调查制定出来的高于"旧制度"的"新制度"。这些制度安排恰恰可以满足当前农村居民在养老、医疗保障等方面的不足，进一步统筹城乡发展。这样的调研课题正是从农村社会经济实践中来，总结农村社会经济实践的经验和教训，最终又回到农村社会经济实践中去，进一步推进农村社会经济的发展。

（二）农村社会经济调查研究的文献资料

在实践中，不论是偶然的、通过非系统观察积累的经验，还是有计划的、通过系统观察积累的经验，都可以成为选择课题的基础。研究者既可以通过观测真实世界里企业、个人、组织等主体的各种行为、现象，也可以通过研读学术报告、文章、书籍等文献资料，来获得选择研究课题的灵感、思路。

文献资料具有历史性的特点，可以帮助我们了解以往的调研成果，可以为选择调研课题和设计研究思路提供参考。任何调研都应当建立在前人的研究成果的基础上，这样才能避免盲目性和重复研究，少走弯路。同时，根据前人的经验也能得到有益的启示。通过查阅文献还可以了解与调研课题有关的理论和方法，为正确研究课题提供依据。

当然，课题的选择和确定是一个学习和研究的过程。之所以这样说，是因为课题的选择必须经过查阅资料、初步探索及研究思考等环节，才能最终确定下来，因此，课题的确定实际上也凝聚着课题研究人员的智慧。

（三）调研人员的知识积累和问题意识

通过农村社会经济发展的实践活动和研读大量文献资料，调研者可以不断丰富和积累自身的知识财富。调研人员因为积累了丰富的学科知识而对各类社会经济问题的发展具有敏感性，特别是具有了问题意识，善于从各类纷繁复杂的现象中寻找关键问题和前瞻性问题。因此，加强对各学科知识的学习、思考和综合非常重要，并且在知识积累中要不断提升自我的问题意识。

在社会经济问题研究中，与之密切相关的社会、经济、管理等学科不断发展，同时，各类边缘学科的相关理论和研究方法也不断创新，这为研究农村社会经济问题提供了更宽广的视角。因此，在发现问题、确定问题上，研究人员将理论知识的学习和对于农村社会经济实际情况的深入了解相结合，对于确定符合实际情况的、有理论和实际研究价值的课题非常有帮助。

例如，关于农村食品安全问题的研究课题就是在农村社会经济可持续发展、社会公共安全受到食品安全问题影响的情况下被提出来的。食品安全不仅关乎农村社会经济的发展，而且关乎整个社会的公共安全，各类食品安全事故频发，对社会经济造成了严重的影响，使食品安全问题成为研究的热点问题。从研究视角看，有的学者从制度层面进行研究，认为建立健全食品安全管制体系，加强食品质量监管非常重要；也有的学者从微观主体角度研究食品安全问题发生的深层机理，特别是农户和农业企业在其中扮演的角色，进而从生产者角度探究发生食品安全问题的原因及治理之道；还有的学者从消费者角度探究他们对食品安全的认知、对食品的消费意向等，从而在消费层面通过消费者的自我控制行为来减少或避免消费不安全食品，减少安全隐患。

如上列举的食品安全问题的研究角度和出发点各有不同，而且各研究涉及的学科领域也不相同，不仅涉及社会问题，而且涉及经济问题、行政问题、企业管理问题等。因此，如果想深入研究此问题，就必须多角度、多学科结合来进行调查、分析和研究，这样才能使研究更加深入和系统。当然，受时间、能力、精力的约束，每个研究人员都无法做到全面研究，只能从其中的一个视角、一个侧面入手，循序渐进，逐步开展研究工作；或者组成团队，集合团队成员各自的专长，来完成针对某个主题的全面的研究工作。

四、初步探索主题

对主题的初步探索是在正式调研之前进行的，一般是就选定的主题征询有关专家、学者和领导干部的意见，同时到调查地点进行初步考察，与相关人员座谈，以便了解调研任务、确定调研课题、明确调研内容、增加感性认识，为提出研究假说和制订调研方案奠定基础、指明方向、提供依据。

（一）初步探索主题的方法

初步探索主题时一般采用查阅文献、咨询及实地考察的方法。

查阅文献一般是利用图书馆和资料室的检索工具，如书刊目录、分类索引等，找出与调研课题有关的文章、论文、调研报告和书籍等。另外，也可以到调研地区、单位去查找或借阅有关资料，如基层的统计资料、调查地区（或单位）的历史材料、档案资料等。

摘录文献资料的方法主要有卡片法、笔记法和复印法等。卡片法是将一段资料的主要内容摘录到一张卡片上，并在卡片上注明资料的来源及分类的题目，以方便将来查找和使用。笔记法与卡片法相似，主要是将不同的资料记录在笔记本或活页纸上。复印法比较省时省力。但不管采用哪种方法，都一定要注明出处，包括作者、书名或刊物名、页数、出版社、出版时间等，以利于核对和引用。

咨询，即商量、询问的意思，指既要向理论造诣深厚的专家、教授请教，又要向具有丰富的实践经验的实际工作者学习；既要向上级机关的领导请教，又要向基层的干部和群众学习。咨询对象主要是熟悉这一课题领域的专家或研究人员及掌握第一手资料的知情人等。

实地考察要求直接接触调查对象，取得第一手资料。实地考察的人员不宜太多，但社会经济调查的领导者、组织者，特别是调查方案的设计者必须亲自参加。实地考察的对象和范围不宜太广，应尽可能选择具有代表性的地区或单位作为考察的重点，采用解剖麻雀的方法，进行比较深入的调研。通过实地考察，将提出的问题与解决问题的方案结合起来，以形成自己的研究假说及调研方案。

在实际调研活动中，以上三种方法往往是结合使用、交叉使用、轮换使用的。其中，实地考察具有特别重要的意义，是初步探索中不可缺少的最基本的方法。

（二）初步探索主题的目的

初步探索能够对确定调研课题的同类研究、相关研究及其进展情况进行跟踪分析，进而了解研究动态，并选择合适的切入点。初步探索的目的不在于证实什么，而在于寻找解答问题的途径，并不直接回答调研课题所要解决的问题。调研课题的初步探索既进一步明确了课题研究的意义和价值，也为提出研究假说奠定了基础。

五、提出研究假说

研究假说（hypothesis）[①] 是研究者的思想的呈现，是研究者在已有的科学理论和经验事实的基础上，对所研究问题的规律或原因做出的一个或一系列富有逻辑的推测性论断，是对可检验命题的具体表述。[②]

命题是关于概念的特征或概念间关系的陈述。命题中的概念是对事物或现象的高度概括，是使用一个名词来描述的特定的大家一致认可的表象、行为、观念等。[③] 命题中的概念可以是被直接或间接观察到的，例如，“农作物类型”“天气条件”“户主”“性别”等，也可以是不能被直接或间接观察到，但是可以利用各种方法测量出来的，例如“农民福利”“农业效用”“村干部声望”“农民满意度”“农民幸福指数”“获得感”“幸福感”“安全感”等。

假说是命题的特殊形式。研究假说中的概念必须是具体的，是可观察、可测量、可操作的，因此假说中的概念通常被称为变量。[④] 也就是说，研究假说是表述待检验的变量间关系的论断。变量是概念的特殊类型，是具有一个以上不同取值的概念。只有一个固定不变的取值的概念被称作常量。根据研究中变量之间的关系，我们一般把变量分为自变量、因变量、中介变量。变量间的关系通常有相关关系、因果关系、虚无关系。[⑤] 一个变量由多个属性构成。[⑥]

例如，“保护环境有利于人类社会可持续发展”是一个命题，其中所涉及的“保护环境”“人类社会”“可持续发展”等，都是高度概括的抽象概念。在这个命题的基础上，我们可以演绎出一个具体的、可以用经验事实予以检验的研究假说：“减少农药的使用量有利于减少农民中毒事件的发生，维护农民生命健康”。在这个假说中，“减少农药的使用量”“（是否）减少农民中毒事件”都是可以观察和描述的变量（概念）。“减少农药的使用量”这一变量可以由“每亩地减少的农药使用量（克数）”这一属性来描述，每亩地减少的农药使用量有的是 100 克，有的是 150 克，有的则是 75 克……可见，这一变量是由多个属性构成的。“（是否）减少农民中毒事件”这一变量可以由“减少了农民中毒事件”和“没有减少农民中毒事件”两个属性来描述。

依据变量间关系的表述方式，研究假说的陈述可有如下三种：

---

① 在社会经济研究的中文表达上，我们经常会混淆“研究假设”和“研究假说”两个概念。在英文表达上这两个词有明显不同。“assumption”（假设）被用来表示研究的假定条件或假设条件，《朗文当代高级英语辞典》对该词的解释是“something that you think is true although you have no definite proof”。“hypothesis”（假说）被用来表示“等待检验的研究想法”，《朗文当代高级英语辞典》对该词的解释是“an idea that is suggested as an explanation for something，but that has not yet been proved to be true”，这个解释与我们教材中对研究假说的解释是一致的。因此，本教材在中文表达上使用“研究假说”来表示研究者提出的“等待验证的命题”。对于社会经济研究理论设定的研究条件，我们将其中文表达为“研究假定”“假设条件”“研究前提”等，以区别于“研究假说”的概念。

② 〔美〕肯尼斯·S. 博登斯，布鲁斯·B. 阿博特. 研究设计与方法. 上海：上海人民出版社，2008：91－93.

③ 万崇华，许传志. 调查研究方法与分析. 北京：中国统计出版社，2016：33.

④ 关于变量的测量在第七章里介绍。

⑤ 张蓉. 社会调查研究方法. 北京：知识产权出版社，2013：38－45.

⑥ 艾尔·巴比. 社会研究方法（第十一版）. 北京：华夏出版社，2013：16－17，44－45.

（1）条件式陈述："如果X，则Y。"例如，"如果增加农村道路的数量（X），那么农民收入就可以得到提高（Y）。"

（2）差异式陈述："X不同，则Y不同"，或者"X不同，则Y相同"。例如，"农民的年龄不同（X），对农业收入的依赖程度也不同（Y）"，或者表述为，"农民的年龄不同（X），但对农业收入的依赖程度相同（Y）"。

（3）函数式陈述："Y=f(X)。"例如，"随着受教育水平的提高（X），农民的收入也提高（Y）"。

依据研究假说的适用范围，它可分为如下三种类型：

（1）特定假说，即推断特定范围、特定对象关系的假说。例如，"从农村外出务工者的收入水平上看，深圳务工者的收入比天津务工者的高。"这个假说只适用于对深圳、天津的农村外出务工人员的收入分析，不能推广到其他地区。

（2）一般假说，即推断一般范围、一般对象关系的假说。例如，"从农村外出务工者的收入水平上看，男性务工者的收入比女性的高。"这个假说所涉及的男性和女性属于一般的类别，其结论可以推广到一般的同类型的农村外出务工人员。

（3）虚无假说，即推断某种不存在的、无倾向关系的假说，在统计学上也称为零假说。尽管零假说假定两个变量间没有关系，但实际上却隐含了假说检验。拒绝零假说就意味着证实了假说。例如，"从农村外出务工者的收入水平上看，男性务工者的收入与女性务工者无差异。"这一零假说如果被拒绝，则证实了男性和女性务工者的收入有差异。

研究者通过前期的理论和实践准备，对农村社会经济调查所要研究的问题有了明确认识，并在此基础上提出针对该问题的研究假说，从而使所要研究的问题具体化、明确化。研究假说使研究问题所涉及的各个概念、概念间的关系得以明确界定，为后续设计研究方案以论证研究假说提供了方向和目标。

需要注意的是，并不是每一类调查研究都需要提出研究假说。例如，探索性调查一般以设定研究假说为最终目标，而不是初始目标。因此，当调查研究者仅对感兴趣的社会经济问题进行初步考察或了解的时候，其目的仅仅是要了解社会经济的实际情况，并试图建立不同现象之间的联系。只有当研究达到一定的程度时，调查研究者才可能设定出解释这些现象和联系的研究假说。探索性调研经常用在研究者对问题认识不多、了解较少的情况下。另外，如果某些问题属于社会经济发展进程中的新问题、新事物，人们对其发展方向、发展前景、发展机制的研究较少，则需要调研人员进行探索和发现。

再如，描述性调研的目的是对某些社会经济现象、问题或研究对象的总体进行描述。描述性调研通常关注的是"是什么""怎么样"之类的问题，而不太关注"为什么是这样"之类的问题，因此，描述性调研一般也不需要提出明确的研究假说。

描述性调研和探索性调研虽然都不以提出研究假说为目标，但是二者在调研的方法上还是有很大差异的。最大的差异在于：描述性调研在内容的全面性、完整性、系统性等方面都比探索性调研要求的更高；描述性调研的对象比探索性调研要求的要多；在搜集数据的方法上，描述性调研更注重系统数据的获取，从而可以做定量的描述性分析，探索性调研作为先导性调研，尝试性研究的成分比较多，以获取感性认识和进行定性分析为主要目的。

解释性调研是在探索性调研、描述性调研的基础上，进一步调查研究社会经济现象，对“为什么是这样”之类的问题进行理论解释和实证分析。而为了解释社会经济现象或问题产生的原因，研究者通常需要从研究假说出发，经过实地调查、资料搜集，并采用一定的方法进行资料分析，从而达到检验假说、对社会经济问题或现象进行理论解释的目的。因此，与上述两种调查研究的出发点不同，解释性调研更加注重调查研究的适用性和针对性，要求调研的内容和获取的资料必须紧紧围绕调研人员所要验证的假说。

第三节　设计调研方案

调研方案是指通过对一项调查研究的程序和实施过程中的各种问题进行详细、全面的考虑后制订出来的总体计划和切实可靠的调查和研究大纲。调研方案相当于一项工程的设计图和施工方案，如果事先有了这个比较周密和精细的方案，考虑各种问题就会比较全面，实施过程就会比较顺利。设计调研方案一般包括制订调研计划，分解调研课题，将所要调研的概念具体化、操作化，说明研究中的各个细节及所采取的各种策略等一系列工作。

一、设计调研方案的基本原则

（一）全面

调研方案的设计必须全面，要兼顾和考虑各种可能出现的情况和问题，提出尽可能详细的解决办法。如果调研方案考虑得不周到，就会给实际调研带来很大的困难，而一旦调研工作开始，修改方案就几乎是不可能的事，特别是涉及面广、牵涉人员较多的大型调查。因此，在设计调研方案时，无论怎样强调方案的全面、完整、翔实都是不过分的。

（二）可行

必须从农村社会和调研本身的实际状况出发，根据调研活动的主客观条件有针对性地设计调研方案。只有符合实际情况的调研方案才能在实地调研中真正发挥作用。从调研的主观条件来讲，调研方案要考虑到人员自身的业务水平、调研能力及个人兴趣。如果调研人员的调研经验丰富，则可选择难度大些的调研目标，但如果调研人员的调研经验不足或很少，则调研题目不宜太大，理论性也不宜过强。从调研的客观条件讲，调研范围的大小、被调研对象的多少都取决于调研方案对调研人员多少、调研时间长短及调研经费多少的考虑。另外，还有其他客观条件，如被调研对象素质的高低、农村的人文和自然环境状况等也会影响调研方案的设计。只有充分考虑这些主客观条件，才能设计出切实可行的调研方案。

（三）经济

设计调研方案时，应尽量充分发挥调研活动所支配的人力、财力和物力的效能，争取用有限的调研资源，获得最大的调研效益。因此，在设计调研方案时，要体现经济原则，从调研经费的安排、调研时间的部署等各方面统筹兼顾、系统安排，在有限的投入水平下把调研工作做得更好、更完善。

以上三个原则只是设计调研方案时的指导性原则，在真正设计调研方案的时候，还要反复全面、系统地考虑。

二、设计调研方案的要点

调研方案是农村社会经济调研工作中最重要的计划文件。一般来讲，调研方案的设计主要包括确定调研的目的和意义，文献回顾，确定调研范围及对象，确定调研内容和方法，确定调研时间、地点及进度，调研经费和物质手段的计划与安排，调研人员的安排七项内容。

（一）确定调研的目的和意义

任何一项调研工作都具有理论或应用价值，在设计调研方案时必须交代调研的目的、意义是什么，在理论和应用方面有哪些作用；同时，还要说明本方案要解决什么社会问题，这些问题是怎样形成的，是从哪些角度出发提出来的，解答这些问题会得出哪些新的结论。

（二）文献回顾

大多数研究者在设计研究方案之前，就已经开始了文献回顾的工作。文献回顾是研究方案设计中不可缺少的一部分内容，通过研读文献，研究者可以清楚、全面地了解和把握以往学者们所从事的相关研究的视角、方法、观点、贡献以及不足，进一步明确自己所要进行研究的主题和问题，清晰把握研究中所使用的分析问题的理论和方法、所提出的待检验的假说，以及分析问题的框架。通过借鉴前人研究中的观点、方法，弥补和完善其研究中的不足，或者独创新的视角、采用新的方法，使自己的研究有深度、有创新、有贡献。韦恩·C. 布斯等人认为："当你以注释、大纲、概述、评论还有其他书面形式去促进思考时，思考将能改善。"① 当研究人员对大量的文献进行筛选、阅读、批注、综述的时候，研究问题、研究思路就会在研究人员的大脑中逐步变得清晰和明朗，这时研究人员"才能知道自己真正能思考什么"②。

（三）确定调研范围及对象

调研方案必须对调研范围以及调研对象做出说明，也就是说明在哪些地区、村或社

---

①② 韦恩·C. 布斯，格雷戈里·G. 卡洛姆，约瑟夫·M. 威廉姆斯．研究是一门艺术．北京：新华出版社，2009：12.

区进行调研，说明调研对象是个人还是组织或群体，调研对象的数量有多少。同时，调研者有必要了解调查所涉及区域的自然和人文特点，寻找有助于开展调查研究活动的社会资源，这样才能为顺利开展调研活动创造条件。需要说明的是，问题研究中的分析单位和调查对象一般是一致的，但有时候也不一致。分析单位通常是指研究什么和研究谁。调查对象一般是实际观察或询问的个体或单位。例如，我们研究“农户应对农业风险的态度及行为选择”这一课题时，分析单位是“农户”，但是在实际调查时，我们可以分别询问家庭成员，包括妻子、丈夫、子女等个体各自在应对农业风险上的态度和行为。显然，这时我们的调查对象是个体，而分析单位是农户（家庭）。

（四）确定调研内容和方法

在调研方案中要对调研内容予以明确的说明，以明确要调查的具体的社会经济问题有哪些。一般这些调研内容会通过调研提纲（问题）和调研指标反映出来，因此，调研方案中调研内容的设计是制定具体实施方案和设定具体指标的重要依据。

同时，调研方案还要说明调查具体是采用普查、抽样调查、个案调查、典型调查中的哪一种。并且，在将调研内容与调研方法结合起来的基础上，确定针对不同的调研内容，是采用问卷调查法，还是采用访谈调查法；资料分析是采用定性分析为主的方法，还是采用定量分析为主的方法；等等。方案内容和调查类型、方法的细化对于进一步明确调查研究的重点、厘清调查研究的思路都是有帮助的。

（五）确定调研时间、地点及进度

在确定调研范围的基础上，将具体的调研地点确定下来，如某村、某县或某省等，然后将其中具体的调查对象确定下来，再按照具体的调查方法进行调查。每一项调查活动都涉及调研时间的问题，因此，必须在调研方案中确定调研大致的起始时间和结束时间。这样，调研过程中每一阶段、每一步骤需要的时间，即调研进度就可以确定下来。在制订计划时，可以根据调研每一阶段的研究内容以及每一具体步骤所需的时间，对调查活动进行统筹安排。

一般来说，调研时间较短的，如民意测验，可以在一两天就完成问卷的发放和回收工作，然后很快就可以公布调研结果；而实地调研需要的时间较长，例如，实地调研和蹲点调研都需要有较长时间或长期的实地生活经历才能了解情况，研究问题。

（六）调研经费和物质手段的计划与安排

在设计调研方案时，应详细地对调研经费的开支做出预算，特别是要对调研经费的使用范围做出明确规定，并对经费使用做出规划、安排。调研经费一般包括以下支出项目：调研人员的差旅费（包括交通、住宿、通信、差旅补助等费用）；课题资料费（包括书籍、统计资料、文献购置费及复印费等）；调研问卷的印刷费；文具费；调研资料处理费（包括计算机使用费）；调研人员和协作人员的劳务费等。问卷调研一般需要设计和印刷问卷，而且需要大量调研人员去各地发放并回收问卷，因此所需调研经费较多。调研的物质手段主要指调研工具、设备及对资料进行整理加工的手段，如录音机、照相机、计算机等，在另外一些情况下，可能还包括卡片、表格等。

（七）调研人员的安排

要根据调研任务的实际情况确定调研人员，并根据调研需要进行人员培训。选择调研人员时，一定要选择具有如下特点的调研人员：工作责任心强，愿意到农村基层调研，不怕苦、不怕累，具有一定的科学理论知识或社会实践经验。同时，应该注意调研队伍整体的人员结构。一支结构合理的调研队伍，要有能够谋划全局的领导者和组织者，也要有具备相当理论水平和实践经验的研究人员，还要有懂数学的数理统计人员和电子计算机专业人员；要考虑性别结构和年龄结构。

一旦选定调研人员，就要对这些人员进行培训。培训可以采用集中讲课、阅读、讨论，以及示范和模拟等方法，培训内容包括理论知识及调研方法、调研技巧等方面。总之，调研人员的安排是调研任务能否成功、调研结果预期如何的一个关键方面。

调研方案通常要写成一份比较周密、翔实、规范的书面文件。因此，以上几个方面的内容必须认真安排、设计，以保证调研工作有计划、有步骤地顺利进行。

预调研是调查研究方案设计出来之后的一个环节，其目的是调查了解研究方案与农村社会经济实际情况的相符程度，以使调研方案尽可能完善。

三、确定调查类型和方法

经过预调研环节，调研方案基本可以确定下来，那么方案中的调查类型和方法也可以进一步确定下来。因为调查类型和方法不同，搜集资料的程序和要求也不相同，所以调查类型和方法确定下来后，我们可以开展下一步更加细致、可操作的工作。例如，如果采用抽样调查法，那么我们需要确定样本框的规模、抽样的具体方法、抽样的标准等。如果采用问卷调查法，那么我们需要设计调查问卷，而问卷设计工作就是一项比较烦琐、任务比较重的工作。调研的各种类型在本书第三、四、五章中做介绍，具体的调查方式、调查方法和调查技术在以后的各个章节逐一进行介绍。

第四节　调查研究的任务

一项调查研究活动的主要任务就是调研人员按照调查研究方案，科学、完整地完成从资料搜集、整理、分析、形成调研报告到应用成果的整个过程。

一、搜集资料

搜集资料的环节实际上是依据调研程序中确定的调查方法获取各类资料的过程。这个过程中的关键问题是资料搜集要科学、准确、全面和完整。因此，搜集资料的过程直接决定了调研人员分析问题、认识问题的准确程度、深度以及广度等。调研人员在此环节必须认真、谨慎，严格按照已经确定的调查类型和方法的操作程序，尽可能保证获取资料的程序是准确、完整的，从而保证获得的资料是准确、科学的。当然，不同的调查方法对资料搜集的要求各不相同，搜集资料的技巧也有差异，我们在以后的各章节再进行更详细的介绍。

二、整理资料

利用各种调查方法获得的资料在使用之前，都必须进行必要的整理，才能符合分析的要求。因此，整理资料也是不可缺少的一环。当然，利用不同调查方法获得的资料在整理的便利程度上有所不同。例如，有些是从统计年鉴或现成的数据库中获取的二手资料，在整理时就方便一些；而有些资料是通过实地调查和访问获得的，这些资料在整理时就麻烦一些。如果是数据型资料，那么可能会出现需要对缺失数据进行调整的情况，还需要检查数据的准确性，对数据进行统计分组、汇总等。例如，在对问卷调查资料的整理中，我们需要完成从问卷到数据库的转换。这一过程具体包括问卷的核对、问卷题条的编码、制作录入模板（录入库）并测试、录入数据、核对数据、清理数据、筛选有效样本、分组、汇总等。如果是录音、录像等资料，那么需要将其转化为文本资料；如果是访谈资料，那么需要将资料进行审查、补充、分类等。只有经过整理的资料才可以用于分析。

三、分析资料

对于调研人员来讲，分析资料的过程就是对资料进行挖掘、开发的过程。依据资料的数学特性，研究人员需要采用不同的方法，或者对理论假设进行验证，或者对资料进行比较、综合、归纳，其目的是对研究问题或现象进行解释和说明，从而促进理论的升华或形成新的理论。一般来讲，对于文字资料、录音、录像等数字特征弱的资料，研究人员一般采用比较分析、逻辑分析、历史分析、系统分析等方法，来深入探究研究对象的行为、事件发展的规律等内在的本质特征，属于定性分析的范畴。对于问卷调查资料、统计年鉴资料等数字特征强的资料，研究人员一般可以采用描述分析、统计分析、数学（计量）模型分析等方法，来深入探究研究对象的行为、社会经济发展中不同特征或属性之间量的变化规律，属于定量分析的范畴。① 只要采用的研究方法能够使得对资料的分析是自洽的、科学的，那么研究人员就可以根据自己的专长来选择进行资料分析的方法。因此，在现实的科学研究中，你常常会发现对于同一份资料，不同的研究人员使用不同的方法进行分析，得出的结论可能相同也可能不同的情况，这都是正常的。

---

① 文传浩，程莉，等．经济学研究方法论：理论与实务．重庆：重庆大学出版社，2015：24，28.

四、形成调研报告

形成调研报告是调查研究程序的最后一个环节，也是调研工作完成的标志之一。调研报告通常包括两部分：一是调查活动工作的总结报告，二是研究问题的分析报告。调查活动工作的总结报告主要是对调查过程中的人员、资金、工作计划安排等进行总结，为今后的调查工作提供经验。研究问题的分析报告是调查研究成果的集中体现。调研报告中一般要包括调查研究方法、调查研究过程、调查研究结果和结论及政策建议等内容，是对研究问题的系统阐述和说明。

五、应用成果

调查研究报告完成后的主要任务是将调查研究成果应用到实践领域或理论领域。应用方式主要有公开出版、学术讨论和交流、政策论证、内部简报或汇编等。调研报告应该被充分利用起来，以更好地为农村政策和农村经济社会发展服务。

一个调查研究项目或课题的理论和实践价值往往是通过成果应用的深度和广度来反映的。就深度而言，调查研究成果的采用率、转载率、引用率是体现研究成果深度的最好的指标，是成果得到同行和专家、政府部门较高程度认可的证明；就广度而言，调查研究成果的发表范围越广，会议讨论层次越高，调查研究课题的应用就越广泛。特别是，一项调查研究成果若能够得到政府相关部门的认可并被作为制定政策时的参考，那么这样的调查研究成果的深度和广度都将得到进一步提升。当然，对于调查成果的最终评估，必须以实践为基础，在实践中应用调研理论和检验结论。

本章小结

1. 农村社会经济调查研究是一个由实践认知到理论认知、再由理论认知到实践认知的过程，是感性认知和理性认知交织提升的过程。这个过程对调查研究程序的确定、对调查研究方法的应用、对研究者逻辑思维的科学性提出了较高要求。因此，把握科学的研究程序是做好农村社会调研的前提。

2. 选择和确定研究主题是研究的第一步，至关重要。研究问题是研究主题中某一项调查研究任务或活动的具体化和明确化。研究主题和研究问题通常以研究课题的形式来展示。选择研究课题时一般遵循需要、可行、适当、创新的原则。调研课题的选择一般源于经验、理论、研究者的知识积累和问题意识。

3. 初步探索是调研程序中探索和明确研究问题及目的的一个环节。

4. 研究假说是研究者思想的呈现，是研究者在已有的科学理论和经验事实的基础上，对所研究问题的规律或原因做出的一个或一系列富有逻辑的推测性论断，是对可检验命题的具体表述。需要注意的是，并不是每一类调查研究都需要提出研究假说。

5. 依据变量间关系的表述方式，研究假说的陈述可分为条件式陈述、差异式陈述、函数式陈述。依据假说推断的适用范围，研究假说可分为特定假说、一般假说、虚无假说三类。

6. 调研方案是指通过对一项调查研究的程序和实施过程中的各种问题进行详细、全面的考虑而制订出来的总体计划和切实可靠的调查及研究大纲。

7. 调研方案设计的基本原则是全面、可行、经济。

8. 调研方案设计的内容要点包括确定调研的目的和意义，文献回顾，确定调研范围及对象，确定调研内容和方法，确定调研时间、地点及进度，调研经费和物质手段的计划与安排，调研人员的安排七个方面。

9. 调查和研究阶段的任务主要是搜集资料、整理和分析资料、形成调研报告、应用成果。

思考练习

1. 调查研究的基本程序是什么？
2. 如何选择和确定调查研究的主题和问题？什么样的调研课题是好课题？
3. 什么是研究假说？研究假说的陈述方式有哪三种？假说在研究中的作用是什么？
4. 理解命题、概念、假说、变量、属性等名词的含义和关系。
5. 什么是调研方案？调研方案设计应遵循哪些基本原则？
6. 简述调研方案设计的内容要点。
7. 请你试着选择一个与农业、农村和农民相关的问题，并根据问题提出一个或两个研究假说；围绕问题和对研究假说的论证，设计一个调研方案。

本章思维导图

第三章

农村社会经济调研类型

依据不同的分类标准，农村社会经济调研可以被划分为不同的类型。不同类型的调研因为侧重点不同而在调查方式、方法、程序等方面有所不同，因此，在农村社会经济调查实践中，不同的调研任务和调研课题都必须根据调研目的、调研需要有针对性地选择调研类型，这是制订调查研究方案的重要环节之一。

第一节　理论性调研和应用性调研

按照农村社会经济调研的性质，我们可以将调研分为理论性调研和应用性调研。

一、理论性调研

理论性调研是通过对农村社会现实问题的调查和研究，向人们提供有关农村社会经济发展的一般过程和一般规律的认识，从而完善和丰富农村社会经济理论，并为指导农村社会经济实践提供依据。

理论性调研也被称为经验性理论调研①，是通过对社会经济问题的调查，搜集和积累经验性材料，并从中抽象和提炼出理论的方法。例如，农村家庭承包经营理论就是从家庭承包经营的社会经济制度的改革实践上升到理论创新层面的调研活动。这种理论性调研是本教材重点介绍的内容。

① 张蓉．社会调查研究方法．北京：高等教育出版社，2005：91.

还有一种理论性调研不需要对农村社会经济进行实地调查，而是通过对现有文献资料和已有社会经济理论的二手调研，对已有的各种理论和各种思想进行探讨、挖掘，从而将原有的理论进行升华，形成新的理论。这种调研方法属于纯粹理论研究的层面。

通过进行理论性农村社会经济调研，可以：

（1）探索农村社会经济现象的规律，建立学科理论。这种规律可通过对大量现象或大量样本的归纳和比较得到。当然，这一任务的完成不仅要依靠深入农村进行实地调研，而且要结合文献资料，形成农产品市场价格理论、农户行为动机理论、地租地价理论等。当然，社会经济学科理论的创新和发展并不局限于社会学、经济学等领域，还涉及政治学、人类学、心理学、行政学、管理学、教育学、法学、历史学等众多学科，特别是农村社会经济领域所涉及的各种学科的交叉研究将是农村社会经济领域理论创新的前沿。

（2）建立指导农村社会经济实践的应用理论。20 世纪 70 年代末以来的所有农村社会经济改革的理论创新都是在反复深入农村现实社会，进行大量调查研究的基础上形成的。尽管这些理论在一定意义上滞后于农村实践，但恰恰是这些理论的确立推动了中国农村社会经济体制的变革，从而创造了改革开放以来中国农村社会经济改革的辉煌。而随着农村社会经济改革的深入，必将产生和建立更多的理论以推动农村社会经济的进步和发展。

二、应用性调研

应用性调研侧重于解答农村实际工作部门在工作中遇到的具体农村社会经济问题。通过应用性调研，可以了解和认识不断出现的农村社会经济现象和问题，并运用已有的社会经济理论对这些问题做出科学的说明和解释，在此基础上提出解决农村社会经济问题的方法、方案或政策性建议。

应用性农村社会经济调研涉及的研究范围很广，例如，农村劳动力就业问题、农村环境问题、农村社会保险问题、农村妇女问题、农村青少年问题、农村老年人问题、农业技术进步问题等。随着农村社会经济的发展，应用性调查研究越来越受到政府部门和企事业单位的重视，许多部门和单位都设立了政策研究室，专门从事调研工作，以解决本部门的实际问题。伴随着农村社会经济发展的需要，还出现了一些专门从事应用性调研的信息咨询机构。

应用性农村社会经济调研的一个重要领域是农村政策评估研究。它是对政府制定的农村政策的效果或预期效果进行调查或预测研究，可以在农村政策实施之前或实施之后进行。通过农村政策评估研究，可以综合评价一项政策的科学性、可行性及实施效果，是政策决策的重要手段。

应当指出的是，在具体的农村社会调研活动中，理论性调研与应用性调研很难截然分开，因为一项调研任务有可能是双重的。实际上，许多理论性调研本身就具有应用的目的。它们之间是相互促进、相互补充的关系。应用性调研能够为理论性调研提供大量的感性材料，而理论性调研的成果又能够为应用性调研指明方向。

从我国目前农村社会调研的现状看，应用性调研往往停留在经验层次，理论分析的深度不够，很难得出概括性的结论。而理论性调研的针对性不强，很难解决农村现实社会经济面临的各类问题。因此，在农村社会经济调研中，这两方面都有待进一步提高。

第二节 横向调研、纵向调研和混合调研

从调查研究数据搜集的时间维度上看，农村社会经济调查研究可以划分为横向调研、纵向调研和混合调研。

一、横向调研

横向调研，也叫横断调研、横剖调研或截面数据调研，是在同一时间（时期或时点）内（上）选取不同的调查对象进行调查，从而对于某一时期（时点）的调查对象有一个全面的认识或了解，进而推断农村社会经济中调查对象的总体情况的调研方法。

例如，在横向调研中，不同年龄组的农民是我们的调查对象，这些不同年龄组就是依据农民年龄进行划分的不同的截面。我们利用不同年龄组的农民的截面数据特征可以推断某一农民群体中不同年龄组的农民所具有的特征。之所以能够进行这样的推理，主要是因为农民个体在社会经济发展中所具有的某些特征是稳定的。

横向调研比较节省时间和经费，易于实施，调研结果具有很好的概括性和较强的时效性。

二、纵向调研

纵向调研，也叫纵贯调研或时间序列调研，是对调查对象在不同时期或时点的特征进行调查，从而对调查对象在未来的发展趋势进行判断、预测和分析。

例如，农业产量预测、农村实用人才预测等均较多地使用纵向调研的方法。如果我们对某一个省份过去 30 年来的农业产量进行调查，然后结合时间因素进行分析，就可以建立农业产量与时间要素之间的相关模型，从而对未来 5 年甚至 10 年的农业产量进行预测。当然，除了时间因素外，在纵向调研中还可以加入气候、劳动力、土地、技术等其他相关性变量，进行相关分析和建立模型。

纵向调研涉及的时间跨度比较大，因而所搜集的资料在时间上要具有连续性。纵向调研方法在进行预测分析和相关分析时采用得比较多。

三、混合调研

混合调研，又称为时间序列截面数据调研。通常来讲，横向调研和纵向调研所获取的数据都是一维的，而混合调研所获取的数据是二维的。从截面上看，混合数据包含了若干个截面个体的数据；从纵向上看，混合数据也包含了每个个体在时间层面上的数据。

同时，依据不同时间所观测到的截面个体（调查对象）是否相同，可以进一步将混合数据分为面板数据和混合截面数据两大类。

面板数据（panel data）主要是通过对同一组截面个体的特征进行连续多年的观察而获取的数据。例如，搜集我国 31 个省（市、自治区）1978—2008 年的地区生产总值数据时，所获得的数据是 31×30＝930 个地区生产总值。

混合截面数据（pooled cross-section data）主要是通过对不同组个体在若干年内的某些指标或数据进行整理而获得的。例如，我的学生在 2008 年和 2009 年分别进行了一次返乡农民工创业方面的调查，试图对金融危机对农民工创业的影响问题进行分析，但是因为农民工流动性较大，2009 年的调查很难找到与 2008 年完全相同的调查对象，因此，两次调查的截面个体是不同的，为了能够更好地进行数据分析，建议采用混合截面数据的分析方法。

通过混合调研获取数据是未来对于社会经济进行深入分析的更好方法，但相对于横向调研和纵向调研而言，混合调研获取资料的难度更大，分析方法更为复杂。当然，随着社会经济的发展，各种混合数据越来越多，同时伴随着计算机技术、统计学、计量经济学的发展，人们采用混合数据进行研究的情况也越来越多。

第三节 探索性调研、描述性调研和解释性调研

依据农村社会经济调查研究的目的和侧重点的不同，我们可以把调研分为探索性调研、描述性调研和解释性调研三种类型。

一、探索性调研

探索性调研是一种试图对调研对象进行初步认识或了解，从而获取对调研对象某些特征或问题的认知，为今后更加深入、全面地研究某些社会现象或问题提供基础积累和前进方向的调研类型。有时候，因为研究者打算研究的问题或现象比较特殊，或者比较新奇，或者研究者本人对打算研究的问题或现象不是非常熟悉，了解也比较少，所以在进行深入研究之前，研究者需要先进行初步探索。

一般来讲，通过探索性调研，调研人员可以形成关于调研对象的某些特征或问题的感性认知，甚至可以提出关于所要研究的现象或问题的初始命题或假说；同时，通过探索性调研，调研人员可以确定对于所要调查的现象或问题进行下一步深入调查研究的可

能性、方向和方法等几个关键点。因此，在这种意义上，学者们一致认为探索性调研是一种先导性的调研类型。

根据探索的具体目的，探索性调研在搜集资料方面通常采用的方法有参与观察方法、无结构式访问方法和以评价调查问卷质量为目标的问卷访谈调查方法等。探索性调研对象的规模通常比较小。通过探索性调研所搜集的资料一般不用来进行以由部分推断总体为目的的研究，也不用来检验某种理论假说，而主要用来“探测”某类现象或问题的基本范围、内容或特征，给人们一个大致的轮廓或印象。

二、描述性调研

描述性调研是一种试图发现具有某些特征的总体的单位分布状况的调研类型。描述性调研重在对调研对象的分布状况进行描述，而非解释为什么调研对象的总体会存在这样的分布。

描述性调研的主要目的是搜集资料、提供信息、发现问题。通过描述性调研，调研人员试图从纷繁复杂、内容庞大的现象中找出调研对象所具有的主要规律和特征。

描述性调研通常需要采取严格的随机抽样方法来选择研究对象，并且研究样本的规模要比探索性调研中的样本规模大得多。描述性调研中以封闭式问题为主，通过自填、邮寄或结构式访谈等方式进行问卷调查，从而搜集资料；必须对所搜集的资料进行统计处理，得出以数量形式为主的各种结果，并将这些结果和结论推论到总体中去。

调研人员在描述调查研究对象的时候，需要注意准确性和概括性两个方面的特点。准确性意味着描述能够准确反映调查研究对象的实质；概括性意味着描述提纲挈领地总结了调查研究对象的主要方面或主要特征，而不是面面俱到，或冗长累赘。对于刚刚涉足调查研究的学生或研究人员而言，要体会和把握这一点。

三、解释性调研

解释性调研是一种试图在认识到社会现象或问题“是什么”“什么样”的基础上，进一步弄明白其“为什么是这样”的调研类型。

解释性调研的目标是回答“为什么”，也就是说，通过调研，研究者试图解释社会现象或问题发生或存在的原因，并进一步分析和说明这种因果关系，因而解释性调研的理论色彩往往更浓重。

解释性调研在研究方案的设计上与描述性调研一样具有系统性和周密性，同时，它比描述性调研更为严谨，针对性也更强。解释性调研的方案设计通常是从理论假设出发，深入实地，搜集经验资料，并通过对资料的分析来检验假说，最后达到对社会现象或问题进行理论解释的目的。

解释性调研的内容不必具有广泛性，即不必面面俱到，但是，它特别注重研究内容的适用性和针对性。它要求调研内容紧紧围绕所要验证的理论假说。

通过以上关于农村社会调查研究的一些分类可以看出，调查研究因为侧重点不同而呈现出多样性，同时，各种不同类型的调研又不是仅仅具有某一种特征，而是可能既具有理论性，又具有应用性；既可描述现象，又可解释现象。因此，在对实际问题的调研过程中，对各种调查研究方法的运用要结合进行，例如，在以解释性调研为目的的社会问题研究中，为了使调研设计更加符合实际情况、更好地达到目标，可以在实地调研之前有针对性地进行探索性调研。

除了以上的调研分类外，根据调查研究中调查对象选择的方法不同，还可以将调查研究分为非抽样调查和抽样调查。非抽样调查和抽样调查是调查的主要类型，我们将二者作为独立的两章，分别在第四章和第五章中进行介绍。

本章小结

1. 理论性调研是通过对农村社会现实问题的调查和研究，向人们提供有关农村社会经济发展的一般过程和一般规律的认识，从而完善和丰富农村社会经济理论，并为指导农村社会经济实践提供依据。

2. 应用性调研侧重于解答农村实际工作部门在工作中遇到的具体农村社会经济问题。

3. 横向调研是在同一时间（时期或时点）内（上）选取不同的调查对象进行调查，从而对于某一时期（时点）的调查对象有一个全面的认识或了解，进而推断农村社会经济中调查对象的总体情况的调研方法。

4. 纵向调研是对调查对象在不同时期或时点的特征进行调查，从而对调查对象在未来的发展趋势进行判断、预测和分析。

5. 混合调研，又称为时间序列截面数据调研。混合调研所获取的数据是二维的，既包含了若干个截面个体的数据，又包含了每个个体在时间层面上的数据。

6. 探索性调研是一种试图对调研对象进行初步认识或了解，从而获取对调研对象某些特征或问题的认知，为今后更加深入、全面地研究某些社会现象或问题提供基础积累和前进方向的调研类型。

7. 描述性调研是一种试图发现具有某些特征的总体的单位分布状况的调研类型。描述性调研重在对调研对象分布状况进行描述，而非解释为什么调查研究对象的总体会存在这样的分布。

8. 解释性调研是一种试图在认识到社会现象或问题“是什么”“什么样”的基础上，进一步弄明白其“为什么是这样”的调研类型。

思考练习

1. 何为理论性调研、应用性调研？

2. 何为横向调研、纵向调研和混合调研？

3. 何为探索性调研、描述性调研和解释性调研？它们的研究目的分别是什么？

4. 请你到网络上搜索“第七届中国农村发展研究奖”获奖论文的名单，阅读其中的两篇文章，思考并分析其采取了何种调研类型。

本章思维导图

第四章

非抽样调查类型

第三章所介绍的调研类型是在明确调研人员的科学研究目标的基础上，综合考虑调查对研究的贡献，进而将二者结合起来所划分出来的。为了实现研究目标，调查类型的选择和具体技术的应用也是非常重要的。按照是否遵循抽样原则选择调查对象，可以将调查分为非抽样调查和抽样调查两大类型，本书分别在第四章和第五章对二者进行介绍。本章主要介绍普遍调查、典型调查、重点调查、个别调查等非抽样调查类型。

第一节　普遍调查

普遍调查，简称普查，是一项全面调查活动，是对调查对象的全部单位逐一地、全面地进行调查，以了解调查对象总体情况的调查方式。普查常用于政府部门的行政统计工作中，如全国人口普查、农业普查、经济普查等。

普查的主要目的是了解、把握某一社会现象的总体情况，得出具有普遍意义的结论。由于普查是无一例外地全面调查，所以普查所获得的资料具有反映基本国情、省情、市情，或者某一行业全面情况的性质，最能反映社会总体的特征，是各级政府部门制定政策、计划的重要依据。

根据调查对象涉及范围的大小，我们一般可以将普查分为宏观、中观和微观等不同层面的调查。一般意义上的普查指宏观调查，调查范围涉及全国、全省、全市（县），或者某一行业系统的全部调查对象。较小范围内的普查的范围可以是一个工厂、一个村庄内的全部调查对象，这种小范围的普查虽然也涵盖了每个调查对象，但相对于一个较大范围的调查而言，它仅仅是其中的一个组成部分。因此，我们不将这种小范围的调查列入普查的范围，而是将这类调查作为抽样调查中的一个“样本”，或者典型调查中的一个“典型”来看待。

一、普查的形式

（一）从资料搜集方式上看，普查可以分为报表式普查和直接登记式普查

1. 报表式普查

报表式普查是政府相关部门日常工作的一部分，通常由上级机关制定具有统一格式和内容的普查表，由下级机关根据已经掌握的资料如实填报。例如，国家统计部门每年进行的国民经济和社会发展状况普查就属于此类。

2. 直接登记式普查

直接登记式普查是根据需要定期或不定期进行的一种大规模、有组织的调查。调查需要直接组织专门的普查机构，派出专门的调查人员，对调查对象进行直接的、逐一的登记。例如，1949 年以来的 7 次全国人口普查、3 次农业普查和 4 次经济普查等，都是根据需要进行的直接登记式普查。

（二）从组织方式上看，普查可以分为一次性普查、周期性普查、经常性普查和快速普查

1. 一次性普查

一次性普查通常适用于完成一次调查的难度比较大、费用比较高、时间比较长的调查工作。这样的调查不能经常进行，完成一次之后，需要若干年才能再进行第二次。例如，一个国家的国土面积普查或农业耕地面积普查等都属于这种类型。

2. 周期性普查

周期性普查强调了需要对某一社会现象或问题进行的周期性调查的特征。例如，我国的人口普查现在已经形成了周期性惯例。为了进行普查，一般需要临时调配人员负责普查的领导、组织、安排、培训等相关工作，待普查完成后，调查机构解散，调查人员回归原单位。

我国目前实施周期性的普查制度，明确规定人口普查、第三产业普查、工业普查、农业普查每 10 年进行一次，分别在年份末位数字逢 0、3、5、6 的年份实施；基本单位普查每 5 年进行一次，在年份末位数字逢 1、6 的年份实施。

3. 经常性普查

经常性普查是一种不必组织专门普查机构的自上而下的普查形式。经常性普查利用既有的机构设施和组织系统，利用日常的登记、核算、定期报告等形式，以一定的时点为标准，以统一的表格汇总成全面的普查资料。

4. **快速普查**

快速普查是指在调查项目上只搞一两项，在调查手段上尽量使用电话、电报、传真、电子计算机等先进的通信手段的调查形式，其主要特点是调查速度快。

二、普查的规则

普查的地域广，对象多，时间长，参与调查的人员多，组织工作十分复杂。因此，要想做好普查工作，就必须在普查的组织方面遵循如下规则：

（一）普查项目应少而精

普查项目越多，普查的难度和工作量就越大，误差也越大。因此，普查项目应限于一些必不可少的基本项目。

（二）普查必须有同一的标准时间

普查必须搜集同一时间的调查资料，而不允许有不同时间的调查资料，以免资料重复或遗漏，进而造成调查误差。必须指出的是，调查时间有“时点”和“时期”的区别。

“时点”是指某一确定的具体时间，如某年某月某日几点。例如，我国第五次人口普查的标准时点为 2000 年 11 月 1 日 0 时，目的就是要反映这一时点上我国人口的实际状况（参见专栏 4.1）；我国第三次农业普查的标准时点为 2006 年 12 月 31 日 24 时。

“时期”是指两个时点之间的一段时间，如某年某月某日几点至某年某月某日几点之间的一段时间。在普查时期内，各调查单位或调查点尽可能同时进行登记，并在最短的期限内完成调查，以便在方法和步调上保持一致，保证资料的准确性和时效性。

（三）正确选择进行调查的具体时间

普查工作进行的具体时间一般应选择普查对象最集中、变动最小和登记、填报最方便的时间。例如，人口普查经常需要在下班之后的晚上进行，这时家庭成员比较集中，填报也比较方便。经济普查则需要在白天企业正常经营、员工正常上班的时间进行，这样填报的资料才比较全面、准确。

（四）普查的项目和指标有统一规定

普查一般会设计标准的普查问卷，调查时调查对象必须按照统一规定的项目和指标进行填写，不能任意增减，以免影响最后的资料汇总。对于同一种普查，要尽可能做到每次调查的项目和指标一致，以便于对历次调查资料进行对比分析和观察社会经济现象发展变化的趋势。当然，随着社会经济的变化，普查所涉及的对象也会出现新情况、新问题，对普查项目进行适度的调整也是必要的，但要注意保持普查项目的连续性。

专栏 4.1

中国的 7 次人口普查

1953 年：中国进行了历史上第一次科学的人口普查。这次普查主要是为全国人民代表大会及地方人民代表大会选举做好选民登记工作，并为国家的经济、文化建设提供确实的人口数字。普查标准时点是 1953 年 7 月 1 日零时，全国人口数为 60 193 万余人。

1964 年：第二次全国人口普查，目的是为编制“三五”计划和长远规划提供依据。普查标准时点是 1964 年 7 月 1 日零时，全国人口数为 72 307 万人。

1982 年：第三次全国人口普查。普查标准时点是 1982 年 7 月 1 日零时，全国人口数为 103 183 万人。完成第三次全国人口普查后，中国政府规定每 10 年进行 1 次普查，在年份末位数字逢 0 的年份进行。

1990 年：第四次全国人口普查。普查标准时点是 1990 年 7 月 1 日零时，全国人口数为 114 333 万人。

2000 年：第五次全国人口普查。普查标准时点是 2000 年 11 月 1 日零时，全国人口数为 129 800 万人。

2010 年：第六次全国人口普查。普查标准时点是 2010 年 11 月 1 日零时，全国人口数为 137 054 万人。

2020 年：第七次全国人口普查。普查标准时点是 2020 年 11 月 1 日零时，全国人口数为 141 178 万人。

说明：全国人口数是指内地（大陆）31 个省、自治区、直辖市和现役军人的人口，不包括居住在 31 个省、自治区、直辖市以外的港澳台居民和外籍人员。

三、农业普查

农业普查是一项全面搜集有关农村、农业和农民情况的信息，为研究制定农村社会经济发展规划提供依据，为农业生产经营者和社会公众提供统计信息的重大专项国情、国力调查。农业普查按照政府制定的统一方法、统一时间、统一表式和统一内容，主要采取普查人员直接到户、到单位访问登记的办法，搜集“三农”信息。

我国第一次全国农业普查的标准时点是 1997 年 1 月 1 日，标准时期是 1996 年 1 月 1 日至 12 月 31 日。此次普查要在 1 个月的时间内，完成对全部 38 个调查项目、687 个指标的入户登记。为了完成普查工作，全国各地选配了 724 万名普查工作人员，举办了 14 万期培训班，并在正式普查之前开展了各个层面的农业普查试点。1996 年 3—4 月，全国农业普查办公室在广东省中山市组织开展了国家级综合试点，在此基础上对普查方案进行了修改和完善。1997 年 1 月，全国各地同时开始了农业普查的入户登记工作，普查工作人员对全国 2.14 亿多个农户、74 万多个行政村、4.3 万多个乡镇和 140 万余家乡镇企业进行了逐个查点和填报。普查登记完毕后，各地依照各种平衡关系和人工逻辑检查规则，逐表、逐项地进行了审查和互查，对发现的问题，再次入户核对，据实纠正。随后对数据采取光电录入的方式进行处理、汇总。①

为了科学、有效地组织实施全国农业普查，保证农业普查数据的准确性和及时性，我国于 2006 年 8 月 23 日发布了《全国农业普查条例》，该条例共 7 章 42 条。其中第八条规定：农业普查每 10 年进行一次，尾数逢 6 的年份为普查年度，标准时点为普查年度的 12 月 31 日 24 时。特殊地区的普查登记时间经国务院农业普查领导小组办公室批准，可以适当调整。

我国第二次全国农业普查的标准时点为 2006 年 12 月 31 日，时期为 2006 年度。普查对象为我国境内的农村住户、城镇农业生产经营户、农业生产经营单位、村民委员会和乡镇人民政府。普查的主要内容包括：农业生产条件、农业生产经营活动、农业土地利用、农村劳动力及就业、农村基础设施、农村社会服务、农村居民生活，以及乡镇、村民委员会和社区环境等方面的情况。第二次全国农业普查共调查了 2.25 亿多个住户，65.6 万多个村级组织，4 万多个乡级行政单位。通过普查，掌握了我国有关农业、农村、农民的基本情况。②

按照国际通行做法，国务院农业普查领导小组办公室组织了数据质量抽查，评估了普查数据质量：一是采用分层两阶段整群随机抽样的方法，在全国抽选了 2 万多个住户进行再次访问，并与普查登记结果进行比较核实；二是随机从每个省份抽选 100 个普查区的基础数据，对普查表的抄录、填报、识别等方面的差错进行全面检查。综合抽查结果显示，农业普查应登记户的净漏报率为 0.20%，原始数据差错率为 0.14%，数据质量达到设计标准。③ 我国第三次全国农业普查的标准时点为 2016 年 12 月 31 日，时期为 2016 年度。普查对象为：农村住户（包括农村农业生产经营户和其他住户）、城镇农业生产经营户、农业生产经营单位、村民委员会和乡镇人民政府。普查行业包括：农作物种植业、林业、畜牧业、渔业和农林牧渔服务业。普查内容主要包括：农业从业者基本情况，农业土地利用与流转情况，农业生产与结构情况，新型农业经营主体与农业规模化、产业化发展情况，新农村建设情况，农村人居环境与农民生活方式变化情况。④

四、对普查方法的评价

（一）优点

（1）普查对象的确定比较简单、容易，一般是某一群体中的所有成员。

（2）资料准确性高。普查资料的搜集都是利用统一的统计报表或调查表格，要求每

---

① 根据全国农业普查办公室关于《第一次全国农业普查快速汇总结果公报》（第一号）整理而得。http://www.stats.gov.cn/tjsj/tjgb/nypcgb/qgnypcgb/200203/t20020331_30460.html，查阅时间为 2017 年 10 月 9 日。

② 根据《第二次全国农业普查主要数据公报》（第一号）整理而得。http://www.stats.gov.cn/tjsj/tjgb/nypcgb/qgnypcgb/200802/t20080221_30461.html，查阅时间为 2017 年 10 月 9 日。

③ 根据《第二次全国农业普查主要数据公报》（第一号）整理而得。http://www.stats.gov.cn/tjsj/tjgb/nypcgb/qgnypcgb/200802/t20080221_30461.html，查阅时间为 2017 年 10 月 9 日。

④ 根据《国务院关于开展第三次全国农业普查的通知》（国发〔2015〕34 号）整理而得。http://www.gov.cn/zhengce/content/2015—06/22/content_9964.htm，查阅时间为 2017 年 10 月 9 日。

一个调查对象都按统一要求填写，因此，资料的准确性、精确性和标准化程度均较高，可以用于统计汇总和分类比较。

（3）普查结论具有普遍性。普查结论具有很强的概括性和普遍性，可以精确地反映社会总体的一般特征。这是对所有调查对象进行全面调查的结果。

（4）普查所获得的数据为抽样调查和其他调查提供了基本依据。

（二）局限性

（1）普查的工作量大、时间长、花费大、组织工作复杂。由于普查的对象多、分布广，因此，工作量必然很大，无法在短期内把资料搜集齐，这就需要投入相当多的人力、物力、资金、时间。而这样支出巨大的普查，一般个人和单位无力实施，只有政府部门支持并动员社会力量才能完成。

（2）普查的内容有限，缺乏深度。普查对象比较多，因此在普查内容的设计上不可能面面俱到，否则工作量会进一步增大；同时，因为普查工作量大，调查内容所涉及的具体项目不可能很细，即不可能对每一个调查对象进行深入细致的调查。因此，普查往往限于对社会现象的最基本、最一般的描述，无法反映社会现象深层的变化、细致的差别、本质的原因。

（3）普查多以政府部门为主体进行组织调查，在适用范围上比较有限，仅适用于对事物的宏观了解。为了深入认识某一个问题，通常需要将普查与其他调查方式结合起来使用。

第二节　典型调查

典型调查属于非全面调查，是调查者根据调查目的和要求，在对调查对象有初步了解的基础上，有意识地从调查对象的总体中选择具有代表性的一个或几个单位进行全面、深入、细致的调查，借以认识同类社会现象的发展变化规律和本质特征的一种调查方式。

典型调查的主要目的在于通过少量典型来真实、迅速地了解同类社会现象的情况，因此，典型调查要求选择的典型具有一定的代表性，这是保证典型调查的科学性的关键。为了选好典型，调查者必须对调查对象的总体情况有所了解，在此基础上才能选择出能够代表同类总体的典型。

一、典型调查的规则

（一）要正确选择典型

选择典型必须坚持实事求是的态度，不能按主观愿望或长官意志确定典型，更不能人为地树立“典型”，必须坚持发展的观点，根据不断发展变化的农村实际情况，选择具有代表性的新的典型；必须根据调查的目的和要求有重点地选择某一方面的典型，而不应把典型理想化、绝对化；要多层次、多类型地选点调查。如果选择的典型没有代表性，那么无论怎样调查，都不可能正确地说明想要调查的问题。

（二）要注意把握典型与非典型之间的关系

既要防止把那些不具备代表性的个体人为地选作典型，也要防止把好的典型遗漏。

（三）要慎重对待调查结论

对于典型调查的结论，要注意区别哪些可以代表一般情况，哪些属于特殊情况。特别是对于那些由典型本身的特殊条件和特殊环境所决定的、只具有特殊意义的东西，不可不顾时间、地点、环境条件而随意地应用调查结论。

（四）调查中要将调查与研究结合起来

典型调查主要是定性调查，它不仅要求全面了解典型案例各个方面的具体情况，而且要求进一步认识被调查者的本质及其发展规律，有的典型调查还要求进一步探索解决农村社会问题的方法和途径。因此，典型调查不能仅满足于一般的搜集材料，还必须把调查和研究紧密结合在调查过程中，把认识问题和解决问题的方法结合起来，这样才能取得令人满意的结果。

二、选择典型的方法

（一）择优选典

择优选典是指选择总体中某类社会现象发展比较好的个体作为典型，以总结和推广经验为主，并展望社会现象发展的趋势。例如，在对我国农产品出口现状和发展趋势进行调查时，可以选择山东省安丘市作为典型，因为在我国农业部门流传这样一句话："中国的农产品出口看山东，山东的农产品出口看安丘。"这就是一种典型的择优选典。

（二）择中选典

择中选典是指选择总体中某类社会现象发展处于中间水平的个体作为典型，借以了解总体的一般情况和共性问题。例如，我们试图了解一定区域内的农民就地城镇化问题，这时就可遵循择中选典的原则，选择农民就地城镇化发展水平居中的区域作为典型调查对象。

（三）择劣选典

择劣选典是指选择总体中某类社会现象发展处于劣势水平的单位，以便总结经验教训，采取相应措施，促进总体的进步和发展。例如，我们要试图了解农民专业合作社经营发展中的不良行为，进而为规范这些行为提供实际依据时，可遵循择劣选典的原则，选择存在不合规或者问题较多的合作社进行调查研究。

（四）划类选典

如果调研目的是了解总体的基本情况，且总体中各个单位的情况差异很大，那么就可进行划类选典，即在了解调研总体的大致情况的基础上，把总体分成若干类型，按每一类型占总体的比例，选择出若干单位作为典型进行调查。

一般来说，如果调查总体中各单位的差异较小，则可少选；如果调查总体中各单位的差异较大，或所研究的问题较复杂且具有综合性，则需多选。在具体操作时应注意如下问题：一是必须对总体各单位进行认真的观察和全面的分析，在反复比较研究的基础上，选择出具有代表性和普遍性的典型。二是倾听多方面意见，切忌从农村社会现象中找出一两个个别事例来证实某种观点或某种结论。

三、对典型调查方法的评价

（一）优点

1. 深入细致

典型调查往往要了解被调研者的方方面面，调查内容比较广泛、丰富，是一种深度调查。此外，它便于把调查和研究结合起来，有利于揭示事物的本质及其发展规律。

2. 省时、省力、省钱

由于典型调查选择的调研对象是少数几个单位，因此需要的调研人员较少，花费的财力和物力也较少。

3. 了解和反映情况及时，适用性强

通过典型调查，可以及时发现农村社会经济发展中存在的问题和成就，及时总结教训和经验，提出解决问题和推广经验的办法。

（二）局限性

典型的选择易受调查者主观意志的左右，选择出来的调查对象是否具有代表性决定了调查结论的适用性，得出的调研结论能不能适用于总体或全局，必须慎重考虑。而调查者对调查单位的了解程度和调查者的判断能力对典型调查的代表性起着决定作用。

第三节　重点调查

重点调查也属于非全面调查，是对调查总体中一个或几个对某些社会经济现象或问题具有决定性影响和作用的单位进行调查的一种方式。通过重点调查，可以很好地掌握调查研究总体某一方面的基本情况。

一、重点调查的特点

重点调查与典型调查不同。重点调查的调查对象不必具有典型性，而且重点调查的目的也不是说明调查总体中其他单位的特征或情况；重点调查的对象不一定具有代表性，也不必很多，但是依据所要研究的标志性特征，每一个对象在总体中都占有较大的比例或重要的地位，因而仅通过对少数几个对象的调查研究，就可以了解总体情况。例如，为了掌握全国小麦生产的总体情况，我们只需对河南、安徽、山东、陕西等几个重要小麦主产区进行调查就可以了。一般情况下，当行政或科研工作只需要了解一些基本情况，而部分单位又能较集中地反映所需要了解的情况时，就可以采用重点调查方法。

总体来看，重点调查的特点之一是调查投入少、速度快，能够较为准确地反映调查的基本情况或趋势。特点之二是调查对象不一定要有代表性或典型性，但必须在总体中占有重要地位，或在总体的数量总值中占有较大比重。特点之三是取得的数据只能反映总体的基本情况或趋势，不能像抽样调查一样推断总体情况，因为重点不能代表总体中的非重点的情况，所以重点调查通常是作为一种补充性的调查方法。

二、重点的选择

重点调查的关键在于确定重点单位。根据调查目的和任务的不同，重点单位可以是一些企业、行业、部门、城市或地区等。此外，重点调查既可以通过组织一次性的专门调查来进行，也可以通过向重点单位颁发定期统计报表来进行。重点，是指依据某种标志性特征在总体中占有举足轻重的地位的单位。这些单位虽然数目不多，但在总体中占了绝大部分比重。对这些单位的调查能够反映出整个研究总体的基本情况。因此，当调查任务只要求对总体的基本情况进行了解，而部分重点单位又能集中反映所研究的问题时，便可采用重点调查的方式。

选取重点单位时应遵循两个原则：一是要根据调查任务的要求和调查对象的基本情况来选取重点单位。所选取的重点单位应在某个或某些特征上对总体的性质、发展规模、速度等具有重要作用或决定性作用。按照这个标准，凡是在总体中起到关键作用的单位，都可选为重点单位。通过选择重点单位，能够达到既可以减少调查研究的工作量又可以全面了解总体情况的目的。二是要注意搜集资料的便利程度和可行性，一般我们会选取那些管理比较健全、业务力量较强、统计工作基础较好的单位作为重点。

三、对重点调查的评价

重点调查的适用范围较小，调查项目较少且缺乏深度，因为一般的调查总体都包括成千上万个单位，很难通过对少数几个单位的调查来掌握总体的情况，所以重点调查只适合少数调查总体，只限于了解少数几个统计指标或调查项目。

第四节　个别调查

个别调查，也称个案调查，是指为了解决某一具体问题而对特定的个别对象进行调查的一种方式。它的主要目的不是由个体推论总体，而是深入、细致地描述一个具体单位的全貌和某项活动的具体社会过程，更注重对一个过程、事件、行动的深度描述。①

个别调查不要求调查对象具有代表性或典型性，它也不试图以少量单位来概括或反映总体的状况。一个具体的个案就是一个研究对象。例如，调研人员可以从村庄、农户、农民等单位中选取一个或几个调查对象作为个案，详细、深入地了解每一个调查对象的社会生产方式、生活模式、家庭收入来源、子女教育观念、人际交往情况等。个别研究中的案例受时间、地点的约束，是一个有限系统。

一、个别调查的特点

与典型调查、重点调查相比较而言，个别调查的主要特点是：可以任意选择调查对象，不要求调查对象具有代表性或典型性；调查范围比较小，只需要有针对性地选择一个、几个或者更多的调查对象就可以进行调查；个别调查的目的不在于以个体来推论总体，而是着重于对个案本身的分析和研究，因此，个别调查属于一种深度调查。

个别调查的深度在于所搜集的调查对象的资料必须全面、完整，以便通过大量的事实、材料详细描述和分析个案情况，找出影响个案的某方面特征的内部因素与外部因素，从而使认识能够深入，从本质上可以达到对调查对象进行深入了解和研究的目的。

在个别调查中，研究者需要通过多种方式，例如观察法、访谈法、音频和视频资料、文献、档案、报告、政策文件等来搜集资料，资料的形式可以是照片、音频、视频、电子邮件、田野笔记等。通过对这些资料的搜集、整理和分析，研究人员可以对案例进行深度描述。

个别调查中调研人员大多采用描述技术，将调查的个案呈现和报告出来。在调研中，研究者不可能操纵任何变量，因此，个别调查中对于所观察到的个体的特点、行为等的原因往往不能确定，研究者通常会采用不同的理论或者从不同的视角来解释可能的原因，因此个别调查相对比较灵活，需要更多地发挥研究者的主观能动性。

二、个别调查的过程

个别调查像其他调查方法一样，有一个完整的过程。

首先，确定调查对象。根据调查目的和要求，选出个体或单位作为调查对象，并对

---

① 德尔伯特·C. 米勒，内尔·J. 萨尔金德. 研究设计与社会测量导引（第六版）. 重庆：重庆大学出版社，2004：148-150.

其进行专门的登记、编号、制作档案卡片、归档等工作，使调查对象的管理规范化。

其次，调查了解被选定对象的具体情况，尽可能详细、全面。例如，我们要了解一个农户的情况。根据调查目的和任务的要求，可以确定调查研究的内容。如果我们要调查了解农户的家庭收入水平，那么我们可以深入调查该农户的家庭人口数，每一个家庭成员的受教育程度、工作情况、收入高低等，家庭收入中的农业收入情况、农业收入结构、非农收入情况、非农收入结构等。通过农户收入调查，我们可以清楚地了解到被调查家庭的收入水平、农业收入和非农收入的结构、家庭货币收入和非货币收入的结构以及家庭各成员的收入贡献等具体情况，从而加深对农户家庭收入情况的了解。

再次，精心搜集和记录调查资料。调查者在进行个别调查的过程中必然综合利用观察、访谈等多种搜集资料的方法，以达到深度调查的目的。为了达到预期的调查目标，调查者必须尽可能搜集以各种形式存在的资料，并尽量记录和保存搜集到的资料。例如，访谈资料必须及时记录，以保证搜集到的资料不会被遗忘；同时，家庭信件、日记、家谱、照片、书籍、档案等资料也是搜寻有价值的东西的重要来源，因而要尽可能多地搜集一些。

最后，通过对资料的整理和分析，总结经验、查找问题，提出解决某些方面问题的意见、建议或者方案。在个别调查报告中，必须将调查对象的情况、调查过程及调查结论写清楚，以使读者了解个案的背景、情况，从而对个案问题形成客观、公正的认识。

三、对个别调查方法的评价

个别调查注重把调查对象放到社会、文化背景中加以考察，以搜集到丰富的、翔实的一手资料。同时，个案调查注重调查者和调查对象之间的互动交流，特别注重调查者和被调查者之间的情感沟通，这有利于对个案进行质的研究。个案调查的内容能够将调查对象的历史状况与现实情况结合起来讨论，能够获取更为全面的动态信息。因此，个案调查具有深度调研的特征。当然，个案不具有代表性，因此难以通过个案调查推出一般规律。

本章小结

1. 普遍调查，简称普查，是一项全面调查活动，是对调查对象的全部单位逐一地、全面地进行调查，以了解调查对象总体情况的调查方式。依据不同的分类标准，普查可以分成不同的类型。

2. 普查应遵循普查项目应小而精、普查必须有同一的标准时间、正确选择进行调查的具体时间、普查的项目和指标有统一规定等规则。

3. 农业普查是一项全面搜集有关农村、农业和农民情况的信息，为研究制定农村社会经济发展规划提供依据，为农业生产经营者和社会公众提供统计信息的重大专项国情、国力调查。

4. 典型调查属于非全面调查，是调查者根据调查目的和要求，在对调查对象有初步了解的基础上，有意识地从调查对象的总体中选择具有代表性的一个或几个单位进行全面、深入、细致的调查，借以认识同类社会现象的发展变化规律和本质特征的一种调查方式。

5. 选择典型的方法主要有择优选典、择中选典、择劣选典、划类选典等。

6. 重点调查也属于非全面调查，是对调查总体中一个或几个对某些社会经济现象或问题具有决定性影响和作用的单位进行调查的一种方式。重点调查的关键在于确定重点单位。

7. 个别调查，也称个案调查，是指为了解决某一具体问题而对特定的个别对象进行调查的一种方式。它的主要目的不是由个体推论总体，而是深入、细致地描述一个具体单位的全貌和某项活动的具体社会过程。

思考练习

1. 何为普查？普查应该遵循哪些规则？

2. 何为典型调查？选择典型的方法有哪些？

3. 何为重点调查？如何选择重点？

4. 何为个别调查？个别调查的优势和局限是什么？

5. 请你在国家统计局网站“普查数据”中找到“人口普查”栏目，以第七次和第六次人口普查数据为基础，比较分析我国人口的城乡结构、年龄结构和受教育程度结构的变化情况，撰写一份简要的分析报告。

6. 毛泽东同志在《大兴调查研究之风》（一九六一年一月十三日）中指出：“调查研究极为重要，要教会所有的省委书记加上省委常委、省一级和省的各个部门的负责同志、地委书记、县委书记、公社党委书记做调查研究。公社内部平调的情况，公社的党委书记不一定都知道。一个公社平均有三十个生产队左右，他怎么会知道那么多呢？不可能嘛！但是，有一个办法，三十个生产队他调查三个就行了，一个最坏的，一个中等的，一个最好的。”

根据毛泽东同志的讲话，认真思考并回答如下问题：

(1) 从三十个生产队中选择“一个最坏的、一个中等的、一个最好的”进行调查属于哪种调查方法？

(2) 如何从三十个生产队中选出所要调查的“一个最坏的、一个中等的、一个最好的”生产队？

(3) 你觉得在什么情况下可以应用该调查方法？

本章思维导图

第五章

抽样调查类型

抽样调查是从调查对象的总体中抽取一部分单位组成样本，将样本作为调查对象开展调查活动，并根据样本调查的结果来推断总体特征的调查类型。抽样调查属于非全面调查，是随着近代数学和计算机技术的发展而形成的一种调查类型。

在农村社会经济调研中，我们可以采用抽样调查，抽取农村社会经济中的主体、对象，采取具体的调查方法进行资料搜集，并进行分析研究。抽样调查的目的之一是获取统计数据，这是与其他一些不以获取统计数据为目标的调查方法不同的地方。本章介绍的主要是以获取统计数据为目标的各种抽样调查方法。

第一节 抽样调查中的关键概念

一、随机抽样和非随机抽样

根据抽样是否遵循随机原则，抽样调查可以分为随机抽样和非随机抽样两类。① 也有学者认为，抽样可以分为概率抽样和非概率抽样两类。② 我们的理解是，这两种分类方法本质上无大的差别。随机抽样一般是概率抽样，它遵循随机原则，所以抽取的每一个样本单位都是可以计算概率的；非随机抽样一般是非概率抽样，它不遵循随机原则，所以抽取的每一个样本单位都是无法明确计算概率的；普遍调查、典型调查、重点调查、个

① 万崇华，许传志．调查研究方法与分析．北京：中国统计出版社，2016：38－39.

② 金勇进，杜子芳，蒋妍．抽样技术．2版．北京：中国人民大学出版社，2008：3－5.

别调查等本身不使用抽样方法，所以也是非概率抽样的。

（一）随机抽样的概念和特点

随机抽样，是遵循随机原则，按照某种事先设计的程序，从总体中抽取部分单位的抽样方法。随机抽样一般是概率抽样。概率抽样又可分为等概率抽样和不等概率抽样两种类型。概率抽样是指总体中的每个单位都有一定的非零概率被抽中，且每个单位被抽中的概率是已知的，或是可以计算出来的。如果每个被抽中单位的概率相等，那么这样的抽样被称为等概率抽样；如果每个被抽中单位的概率不相等，那么这样的抽样被称为不等概率抽样。

随机抽样的主要特点是：调查对象是总体单位中的一部分，而不是全部，但也不是个别或少数几个单位；样本单位是按随机原则抽取的，而不是按照调查者的主观意愿选择或确定的；抽样调研的目的不仅仅是了解样本本身的情况，而且是要通过样本来推断总体、说明总体。

（二）非随机抽样的概念和特点

非随机抽样，是指抽样时并不遵循随机原则，而是依据研究者的主观意愿、判断或方便与否来抽取调查对象的方法。

非随机抽样的优点是简单、快捷、经济，不需要样本框就可以搜集数据，应用范围比较广。其局限是难以保证样本的代表性，不能计算抽样误差，且容易产生较大的系统性误差，因此常常被用在研究的初期阶段或者探索性研究上。如果样本不够大，就不能用样本数据对总体情况进行推断。如果样本足够大，那么非随机抽样数据也可以被用来推断总体。

二、目标总体和抽样总体

总体是指所要调查研究的对象的全体，在实际的调查研究工作中又可以分为目标总体和抽样总体两个概念。目标总体是指所要研究的对象的全体，是由所有性质相同的个体所组成的。组成总体的每个个体被称作总体单位。例如，我们要调查研究某县农户的农业生产经营情况，那么目标总体是该县所有农户。在一项调查中，要对目标总体的范围做出具体规定。

抽样总体是指从中抽取样本的总体。通常情况下，抽样总体与目标总体应该是一致的，但是在实践中可能出现两者不一致的情况。例如，目标总体是某县所有农户，但是可能有一些早已农转非的家庭没有及时更改住户信息，而仍保留在目标总体中，这实际上造成了抽样总体与目标总体的不同。还有农村家庭的分家、搬迁等行为会造成农户增加或减少等情况，如果没能及时更新信息，那么也会造成目标总体与抽样总体存在差异。因此，理想的状态是：抽样总体由目标总体决定，但在实践中，可以构造的抽样总体却有可能反过来决定调查中的目标总体。①

---

① 金勇进，杜子芳，蒋妍．抽样技术．2 版．北京：中国人民大学出版社，2008：9.

三、总体参数和统计量

（一）总体参数的概念和类型表达

在统计学中，总体的特征被称为参数。也可以说，总体参数是总体的某个特征值，是总体的某个特征的数量表现。只要确定了总体的范围，总体参数就客观存在了。总体参数值是数据的理论值，是唯一确定的，但是是未知的，需要通过抽样调查的结果来对总体参数进行推断。

假定总体有 N 个基本单位，Y_1，Y_2，…，Y_N 为基本单位的数值，Y_i 表示总体的第 i 个单位的数值。可以计算的总体参数包括：

（1）总体均值（$\overline{Y}$），也称作总体平均数，例如某一地区的人均纯收入、亩均粮食产量、户均居住面积。数学表达式为

$$\overline{Y}=\frac{1}{N}\sum_{i=1}^{N}Y_i$$

（2）总体总值（Y），也称作总体总量，例如某一地区的生产总值、家庭总收入、粮食总产量。数学表达式为

$$Y=\sum_{i=1}^{N}Y_i=N\overline{Y}$$

（3）总体比例（P），是指总体中具有某一特征的单位的数量占总体数量的比例，例如，某一地区农业总产值占地区生产总值的比重、赞成某项公共政策的人数占总人数的比重。数学表达式为

$$P=\frac{\sum_{i=1}^{N}Y_s}{N}$$

其中，Y_s 为示性变量，当第 s 个单位具有某个特定的特征时，$Y_s=1$，否则 $Y_s=0$。

（4）总体比率（R），是指两个不同总体的总量值（Y、Z）或者均值（$\overline{\overline{Y}、\overline{Z}}$）之比，例如，两个地区的粮食总产量之比、人均收入之比。数学表达式为

$$R=\frac{Y}{Z}=\frac{\overline{Y}}{\overline{Z}}$$

（二）统计量的概念和类型表达

假定从总体中抽取的样本中包含 n 个样本单位，即样本规模为 n。y_1，y_2，…，y_n 分别代表样本单位的观察值，y_i 表示样本中第 i 个样本单位的观察值。

统计量，也叫估计量，是根据样本中 n 个单位的变量值计算出的一个量，用于对总体参数的估计。总体参数通常用大写字母表示，估计量通常用小写字母表示。在简单随

机抽样下，与总体参数相对应的常用估计量分别为

（1）均值估计（$\hat{\bar{Y}}$），即用样本均值作为总体均值的估计。数学表达式为

$$\hat{\bar{Y}}=\bar{y}=\frac{1}{n}\sum_{i=1}^{n}y_i$$

其中，$\bar{y}$ 代表样本均值。

（2）总值估计（$\hat{Y}$），即用样本均值乘以总体单位数而得。数学表达式为

$$\hat{Y}=N\bar{y}=\frac{N}{n}\sum_{i=1}^{n}y_i$$

（3）比例估计（$\hat{P}$），即用样本比例作为总体比例的估计。数学表达式为

$$\hat{P}=p=\frac{1}{n}\sum_{i=1}^{n}y_s$$

（4）比率估计（$\hat{R}$），即用样本比率作为总体比率的估计。数学表达式为

$$\hat{R}=r=\frac{\sum_{i=1}^{n}y_i}{\sum_{i=1}^{m}z_i}=\frac{\bar{y}}{\bar{z}}$$

其中，n、m 分别表示两个样本的规模。

统计量（估计量）是样本的函数，是随机变量，其结果取决于抽样设计和被选入样本的总体基本单位的特定组合。如果从同一个总体中抽取若干个样本，那么即使每个样本的规模相同，样本统计量的结果也会不同。当然，统计量的真正价值并不在于自身结果的数值大小，而在于它所反映的有关总体参数的信息。①

四、抽样框和样本规模

抽样总体，也称作抽样框，是抽样的范围。具体来看，抽样框可以是一份包含所有抽样单位的名单，如果给每一个抽样单位编上一个号码，就可以按一定的随机程序进行抽样。

样本规模的推算

抽样框可以是按照名录排列的名录框，可以是按照地域排列的地域框，当然也可以是将名录和地域结合起来的样本框。例如，我们在一个村庄进行农户抽样时，抽样框可以是全村的农户名单，可以是农户住宅的地理位置信息，也可以是农户名单与地理位置信息的结合。

① 金勇进，杜子芳，蒋妍．抽样技术．2版．北京：中国人民大学出版社，2008：10-12.

从抽样框中抽取样本的过程被称作抽样。抽取的样本是由从总体中随机抽选出来进行调查的一部分单位组成的，是抽取的若干单位的集合。当从抽样框中抽取样本后，样本中的每一个单位就被称为样本单位。样本单位可以是一个农户、一位农民、一个乡镇企业或一个学校等。例如，从某乡 5 000 个农户中抽取 100 个农户进行农户负担状况调查。在这里，5 000 个农户的综合体即“总体”，抽取出的 100 个农户为“样本”，其中被抽中的每一个农户即一个“样本单位”。总体单位数通常用 N 表示，样本单位数通常用 n 表示。从统计学上讲，样本只能代表样本框中的总体，而不能代表样本框之外的单位。因此，在使用抽样调查方法时，如何使抽样框与所要描述的总体保持一致就是关键问题。[①] 例如，当我们利用电话调查方法来调查家庭对于维护良好生态环境的支付意愿的时候，没有电话的家庭就已经被我们排除在抽样框之外了，于是出现了抽样框里的总体与目标总体不一致的情况。因此确定抽样框时，必须保证抽样框的全面性，即要将具有某种特征的单位全部包括在抽样框中，并且使每个单位具有非零的被抽取概率。如果我们要排除某些单位，那么我们必须对排除哪些单位，以及被排除单位的情况做一个明确的交代。当然，如果我们把所有单位全部归入抽样框也是可以的，但这样做可能会增加工作量。

抽样调查主要包括调查准备、抽样选取调查对象（利用各种抽样方法和技术抽取样本单位）、进行调查（利用各种调查方法，包括实地观察法、问卷调查法、访谈调查法等搜集资料）、总结和整理分析资料、最后形成调查研究报告等几个主要的阶段。其中，抽样环节直接决定了调查研究的可行性和调查数据的质量。为了保证抽样的质量，科学、有序地完成抽样过程是非常必要和重要的。

第二节　抽样的一般程序

一、界定目标总体和抽样总体

目标总体是我们在设计调研方案时的理想调查对象的范围，但是现实情况往往与理想状态不符，为了使调研方案中的调查工作能够操作和落实下去，调研人员必须进一步明确抽样总体。

二、确定和编制抽样框

抽样框是具有操作意义的调查对象的集合，也就是调查总体中能够被找到的调查对象的名单。没有抽样框，就没有办法进行实际的抽样。当抽样被分成几个阶段、在不同的层次上进行时，需要分别编制几个不同的抽样框。抽样框是计算样本单位入样概率的依据。抽样框的质量决定了样本的质量。一个样本只能代表一个抽样框。

---

① 〔美〕弗洛德·J. 福勒. 调查研究方法. 重庆：重庆大学出版社，2004：13.

例如，2008年，受国际金融危机的影响，大量农民工返乡，政府采取了鼓励返乡农民工创业的政策。如果我们采用抽样调查方法研究返乡农民工创业意愿或实际创业情况等，那么我们就必须到农民工返乡比较集中的农村地区进行调查，因为只有这样我们才能找到返乡农民工，可以确定抽样框是所有农民工中的返乡农民工，而排除了没有返乡的那一部分农民工。当然，返乡农民工名单可以通过县、乡、村三级对农民工返乡情况的及时统计获取。

一般而言，抽样框的确定有两条路径：

一是利用现有的相对完整的农户、农民、企业、村庄、乡镇等的名单进行确定。例如，我们打算对某县农户流转农地的意愿和行为进行抽样调查。假设该县有10个乡镇，每个乡镇有10个村，每个村有200个农户。如果我们要随机抽选400个农户进行调查，那么我们如何确定抽样框呢？在这里我们根据随机抽样方法的不同，可以确定不同的抽样框。

如果我们采用直接简单随机抽样的方法抽取400个农户进行调查，那么抽样框为全县20 000个农户的名单。这份名单可以按照全县农户的姓氏笔画排列，也可以按照拼音首字母排列，还可以不做任何排列，直接体现为一份大名单。

如果我们采用多阶段抽样的方法抽取400个农户，那么可以先抽取乡镇，再抽取村庄，最后从村庄里抽取农户。不管是采取简单随机抽样，还是采取分层抽样等方法，可以确定的抽样框都是10个乡镇，从该框里抽取的样本单位是乡镇。假如我们采取分层抽样的方法抽取了经济发展水平分别处于高、中、低3个层次的3个乡镇。接下来，我们要从这3个乡镇的30个村里随机抽取要前往调查的村庄，那么这里的30个村即为二级样本框，从该样本框中抽取的样本单位为村。假定我们利用分层抽样的方法从30个村里随机抽取了5个村。最后，我们要从这5个村里随机抽取400个农户作为最终的调查对象。选取的方法不同，在这一阶段的样本框也是不同的。如果我们要在5个村里各选80个农户做调查，那么每个村的200个农户分别是这一阶段的抽样框。另外，如果我们不是在各村做均等数量的农户调查，那么我们可以将5个村共1 000个农户的名单作为一个抽样框，从中抽取400个农户。多阶段抽样的这个过程说明抽样框的确定也是多阶段的、多层次的，每一阶段的抽样框不同，样本单位也不一样。

二是由在某处开展或参与某项活动的人组成。例如，我们从参加某个农业经济专题会议的专家学者中随意选择参加会议的某些调查对象进行调查访问。假设抽样之前没有这些参加会议的人员的名单，因此，这些调查对象的选择和抽样框的确定是同步的。最终可以确定，参加会议的人员名单即为抽样框。

三、设计抽样方案

具体的抽样方法有多种，不同的抽样方法有不同的特点和适用范围。在进行社会经济调查研究时，应该根据不同的研究目的，选择恰当的抽样方法，并综合考虑各种可能影响抽样进程和效果的因素，做好预案，以保证抽样过程的顺利进行和抽样结果的合意。

在抽样方案设计中，要考虑的一个关键点是确定抽样类型和抽样方法。如果确定采用的是随机抽样这一类型，那么意味着我们选择了概率抽样的方法，需要进一步确定是采取等概率抽样的方法还是不等概率抽样的方法。如果确定采用的是非随机抽样这一类型，那么意味着我们选择了非概率抽样的方法。

概率抽样的特征是：遵循随机原则，样本单位的入样概率是已知的，从而可以达到对总体数量特征进行描述及统计推断的目的。概率抽样的关键之一是调查者事先知道样本单位进入样本的概率，其目的是计算“权数”，权数又被称为“扩张因子”，其计算方法是“取入样概率的倒数”，其作用在于将样本调查结果放大，从而达到推断总体的目的。概率抽样又可以分为等概率抽样和不等概率抽样。例如，简单随机抽样就是等概率抽样的方法，每一个单位都有同等的被抽中概率；分层抽样中同一层内的抽样是等概率抽样，但是不同层的抽样可能是不等概率抽样。

不等概率抽样的特征是不完全遵循随机原则，而是遵循方便原则或者目标原则，便于样本单位的选取，并且可以提高估计精度，减少抽样误差。但是，它的使用必须具备一定的条件：一般是通过设置辅助变量（单位规模、地区远近）来确定每个样本单位的入样概率，以使大的或重要的单位入样的概率大，而小的或不重要的单位入样的概率小。

四、落实抽样方案

落实抽样方案就是完成样本抽取的工作。在实际抽取样本的过程中，可能会遇到各种困难以及非预期的情况，特别是涉及复杂抽样方法的运用的时候，可能需要一边调查一边抽样。因此，调研人员在实际抽样阶段要有耐心、信心和决心，同时还要把握四个基本原则。

一是高效率，即精度和费用的关系要合理。效率高就是在尽可能少用经费的条件下取得尽可能高的精度。高效率有两种情况：在规定的费用之内达到尽可能高的精度；以尽可能少的费用达到规定的精度。

二是目的性，即一个样本选择的好坏不能仅从样本本身来看。抽样本身不是目的，而是手段，是工具，样本选择的好坏还要从样本能否很好地为调查服务这一方面来看。

三是可度量性，即从样本能算出抽样误差，可以用样本来推断总体。这是样本设计中最基本的问题。

四是可行性，即必须考虑调查能否实地实施。

五、评估样本质量

抽样过程中产生的误差主要分为非抽样误差和抽样误差两类，二者均会影响所抽取样本的质量。非抽样误差是指在抽样误差之外，由其他原因引起的样本统计量与总体真值之间的差异，包括抽样框误差，受访者无回答误差，调查者提问错误、记录错误甚至访问作弊等造成的调查误差，以及其他由测量工具不科学或不准确、数据录入错误等原因造成的误差。抽样误差又称为抽样平均误差，是指多个样本单位误差的平均数，可以用来测定抽样指标与总体指标的离差的平均数，是所有样本平均值的标准差。在统计学中，抽样平均误差也被称作“标准误差”或“标准误”，它反映了样本统计量与相应总体参数的平均误差程度，表示用样本统计量推断总体的精度。抽样误差是由抽样的随机性引起的，是用样本统计量估计总体参数时出现的误差。当从总体中随机抽取样本时，待选样本很多，从中选出的任何一个样本都是随机的，而抽到的样本不同，对总体的估计就会不同，这就是抽样误差产生的原因。

因此，抽取样本工作的完成并不意味着抽样过程的结束。调研人员还需对样本的质量、代表性、偏差等进行初步的检验和衡量，即进行样本评估。样本评估的目的是避免样本与总体之间出现过大的偏差，从而导致推断结果出现失误甚至是错误。样本评估的基本做法是：根据调研人员对抽样总体特征信息的了解，选择一个或多个特征指标，将其与样本中的同类指标进行对比，如果二者相差不大，则样本的质量可能比较高，代表性比较强；相反，如果二者相差比较大，则样本的质量可能比较差，代表性也不太强。① 例如，我们以一个有 2 000 位村民的行政村中的 200 位村民作为样本。我们从行政村的人口统计报表中得知，该村村民中男性占比为 62%，女性占比为 38%。如果我们对抽取的 200 位村民的性别统计显示，男性占比为 60%，女性占比为 40%，那么与已知的性别比例相比较，可以认为，我们所抽取的样本在一定程度上具有较好的质量和较强的代表性。如果我们不仅比较性别特征指标，而且加入年龄特征指标进行比较，那么对样本质量的评估就更有效。

第三节　随机抽样的方法

一、简单随机抽样

简单随机抽样（simple random sampling），又称为纯随机抽样，是对总体单位不进行任何处理，仅按随机原则直接从总体（抽样框）中抽取样本的方法。调查总体中的任何单位都有同样的被抽取的机会，即总体中每一个单位的入样概率是一样的。

（一）简单随机抽样的具体方法

1. 直接抽选法

直接抽选法就是直接从调查总体中随机抽取样本单位的方法。俗话说的“闭着眼睛摸一个”就是这种方法的生动展现。例如，我们打算调查食品标签标识是否规范，就可以直接从货架、摊位上抽取商品。

2. 抽签法

抽签法就是先将总体的每个单位编上序号，将号码写在纸片上捏成团，做成签，掺和均匀后，再从中随机抽选，一直到抽满预先预定的样本量为止。

3. 随机数表法

随机数表法，也称作乱数表抽样法。② 具体做法是：首先把调查总体中的所有单位编

① 风笑天．社会学研究方法．北京：中国人民大学出版社，2009：125－127.

② 随机数表由统计工作者用计算机生成的随机数组成，表中每个位置上出现哪一个数字是等概率的。利用随机数表抽取样本保证了每个个体被抽取的概率是相等且已知的或可计算的。

号，根据编号的最大位数确定使用随机数表中若干列或行数字的栏数，以组成需要的抽样数字；然后从任意组成的行或列的任意一个数字开始，向任何方向数过去；碰上属于总体单位编号范围内的数字号码，就摘录下来，作为样本单位。如果不属于总体单位编号范围内的数字号码，就越过去；如果是不重复抽样，那么碰到重复的数字就跳过去。抽样一直持续到抽足预定的样本量为止。

表 5－1 是从随机数表中摘取的一部分，下面让我们举例说明如何运用随机数表抽取样本。

表 5－1　随机数表的一部分

1	8	1	8	0	7	9	2	4	5	4	4	1	7	1	6	5	8	0	9
2	6	6	2	3	8	9	7	7	5	8	4	1	6	0	7	4	4	9	9
2	3	4	2	4	0	6	4	7	4	8	2	9	7	7	7	7	7	8	1
5	2	3	6	2	8	1	9	9	5	5	0	9	2	2	6	1	1	9	7
3	7	8	5	9	4	3	5	1	2	8	3	3	9	5	0	0	8	3	0
0	6	7	6	5	0	0	3	1	0	5	5	2	3	6	4	0	5	0	5
2	0	1	4	8	5	8	8	4	5	1	0	9	3	7	2	8	8	7	1
3	2	9	8	9	4	0	7	7	2	9	3	8	5	7	9	1	0	7	5
8	0	2	2	0	2	5	3	5	3	8	6	6	0	4	2	0	4	5	3
5	4	4	2	0	6	8	7	9	8	3	5	8	5	2	9	4	8	3	9

说明：随机数表是无限大的表。此表只选用了 10 行 20 列。

例 1：从 50 个总体单位中抽取 5 个样本。

抽样步骤：

第一步，将总体单位按 01～50 编号，编号最大的数 50 是一个两位数，故取两位数为抽取单位；

第二步，在随机数表中任意选定两列，然后从任一数字开始，由上而下，或由左至右，抽取 50 范围内的数字作为样本。

这里随机选取数字表中的第 5、6 列，然后以 07 为起点，由上而下，抽取的样本为 07、38、40、28、50；或者由左至右，抽取的样本为 07、45、44、17、16。

例 2：从 1 000 个总体单位中抽取 50 个样本。

抽样步骤：

第一步，将总体单位按 0 001～1 000 编号，编号最大的数 1 000 是一个四位数，故取四位数为抽取单位；当然，总体单位也可以按 000～999 的顺序变化。

第二步，在随机数表中任意取定四列，然后从任一数字开始，由上而下，或由左至右，抽取 1 000 范围内的数字作为样本。

这里随机选取数表中的第 1、2、3、4 四列，然后以 1818 为起点，由上而下，抽取的一部分样本是 0676、0792、0253、0687、0830、0505、0453。由左至右抽取的一部分样本是 0792、0830、0676、0505、0253、0453、0687。需要说明的是，由于我们选取的随机数表过小，因此对于大样本的抽样，数字容量不够，所以只抽出了 50 个样本中的一部分。实际上，随机数表可以很大，完全能够满足抽样的需要。

4. 计算机抽取法

计算机抽取法是指利用计算机生成符合总体单位编码要求的随机数，将其作为抽取样本单位的方法。这种方法适用于抽取的样本规模比较大的情况。具体过程是：对总体（抽样框）中的所有单位进行唯一编码；然后利用 Microsoft Excel 中的随机数生成函数，计算机可以很容易地、快速地生成一列或一行、多列或多行的随机数；调研人员将生成的随机数与总体单位的编码进行匹配，按照样本规模要求，选择足够数量的随机数，就可以形成一个样本。如果有重复的随机数，则直接跳过，不再选用。

专栏 5.1

利用计算机生成随机数的方法

用 Excel 中的随机数生成函数，可以快速地生成一个随机样本。你只需要在 Excel 的单元格里输入相应的函数命令，就可以完成抽取样本的工作。通常使用的函数公式如表 5－2 所示。

表 5－2　Excel 中常用的随机数生成函数

函数	功能
＝RAND()	生成大于或等于 0 且小于 1 的随机数字
＝RAND() * 100	生成大于或等于 0 且小于 100 的随机数字
＝RAND() * 1000	生成大于或等于 0 且小于 1 000 的随机数字
＝INT(RAND() * 100)	生成大于或等于 0 且小于 100 的随机整数
＝INT(RAND() * 1000)	生成大于或等于 0 且小于 1 000 的随机整数
＝RANDBETWEEN(a,b)	生成位于两个指定数之间的随机整数

例如，生成 10 个大于或等于 0 且小于 100 的随机整数。

步骤：在单元格 D1 处输入函数表达式“＝INT(RAND() * 100)”，回车，得到第一个随机整数“46”；依此复制，按样本规模要求可得到一个随机样本或多个随机样本（见图 5－1）。如果在一个随机样本中遇到相同的随机数，那么将重复的数跳过，直至抽够需要的样本单位数。

fx　=INT(RAND()*100)

C	D	E	F	G	H	I
	46	38	91	0	87	97
	71	13	47	30	94	93
	91	9	44	35	61	23
	30	30	54	73	6	23
	34	55	9	72	4	97
	11	37	20	13	82	33
	17	54	8	14	84	7
	27	63	22	83	28	63
	4	8	5	59	70	43

图 5－1　利用 Excel 中的随机数生成函数抽取样本

（二）对简单随机抽样方法的评价

简单随机抽样是一种最基本的概率抽样方法，是其他抽样方法的基础。此法的优点是符合随机原则，简单易行，只要有总体单位的名册和登记表就行了，但其只适用于总体单位数量不多且分布较均匀的调查总体，否则无法保证样本的代表性。

二、等距抽样

等距抽样，又称作机械抽样或系统抽样，是把总体中所有单位按某一标志排列，然后依照固定顺序和相等的间隔来抽取样本单位的方法。

（一）等距抽样的步骤

首先，把总体单位按一定顺序排列，这个排列可以是完全随机的，可以按抽样框原有的顺序，也可以按一定的标志排列，如按姓氏笔画、时间先后、地理位置等排列。

其次，确定抽样间距。用总体规模（N）除以样本规模（n）即可得出抽样间距（k）。

再次，选择随机起点（r）。在第一个抽样间距（1～k）内随机抽取一个单位作为第一个样本单位。第一个样本单位的抽取完全是随机的。

最后，以第一个样本单位（r）为起点，每隔固定间距（k）抽取一个样本，直到抽取完最后一个样本为止。

例 3：采取等距抽样的方法，从某乡 2 000 个农户中抽取 100 户调查农民负担状况。

抽取样本的具体步骤为：首先，将 2 000 个农户按一定标志（如按行政村或自然村位置）加以排列，分别编上 0001～2000 的序号；然后，用总体单位数除以样本单位数，求出抽样间距，即 2 000÷100＝20，并在第一个抽样间距 1～20 号内，随机抽取一个单位作为第一个样本单位（假定是 11）；最后，依据间距大小依次确定样本单位，即 31，51，71，…直到抽取完第 50 个样本单位为止。

例 3 体现了总体规模 N（2 000）是样本规模 n（100）的整数倍，也就是说，等距抽样中的间距是整数的情况，因此，不难看出，随机选取一个随机数 r 后，其后的样本单位就可以确定了。

如果总体规模 N 不是样本规模 n 的整数倍，也就是说，k 不是整数，那么该如何按照随机原则选取样本呢？通常的处理方法有两种：

一是循环等距抽样。将 N 个总体单位首尾相接，形成一个封闭的圆圈，间距 k 可以采取四舍五入的方法，取一个整数；在 1～N 的总体单位中任意选取一个随机起点 r，然后按照一定的方向，在封闭的圆圈中依次选取样本，直到达到预定的样本数量。这样可以保证每个入选样本被抽取的概率是相同的。

二是调整直线等距抽样。这种方法是将非整数的抽样间距 k 的小数点后移，使其成为整数，然后在扩展后的第一个间距之间任意选取一个随机起点 r；接下来，将随机起点 r 的小数点移动回来，使其转变成非整数的随机起点；在此起点上，可以依次计算出非整数的随机样本单位的号码；最后，将抽取的非整数号码的小数点后面的部分略掉，即可确定为选中的样本单位的号码。例如，从 1 700 个总体单位中选取 200 个样本单位，抽样间距 k＝1 700/200＝8.5；利用调整直线等距抽样，将 1～8.5 间距的小数点后移，确定为10～85，在此间距间任意选取一个随机起点 r（假定为 56）；然后将此号码的小数点重新移回来，得到非整数的随机起点 r＝5.6；在此起点的基础上，可以抽取的随机号码依次为 5.6，14.1，22.6，31.1，…；接下来，将所有号码后的小数去掉，就可以得到选中的抽样单位，它们依次为 5，14，22，31，…，利用此方法抽取的样本单位被选中的概率都是相同的。①

（二）对等距抽样方法的评价

等距抽样方法的优点在于：抽取的样本单位在总体中的分布比较均匀，所以与简单随机抽样相比较而言，等距抽样的样本的代表性较强；同时，等距抽样比较简便易行，只要选定第一个样本单位，整个样本也就选定了。等距抽样的不足之处在于：调查总体的单位不能太多，否则对总体单位进行编号的工作量非常大；同时，等距抽样需要有调查总体单位的完整的登记册，否则就难以进行操作。

需要注意的一个问题是：等距抽样要避免抽样间距与调查对象本身的生产活动的周期一致，否则等距抽样就会产生周期性偏差。例如，采取等距抽样的方法调查某一种农产品在某个季度的平均销售价格时，如果总体单位是某个季度的 120 天，就要注意避免以 7 天为一个抽样间距而出现的与销售活动有关的周期性价格，因为通过这样的周期性抽样选择出的样本单位很可能是每一个星期中固定的某一天，而一个星期当中每天的农产品价格都是变化的，倘若以某星期当中固定的某一天的产品价格进行平均，这样的样本平均值对总体的代表性就很弱。要解决这种问题，就要对总体单位进行重新排列，或者不使用等距抽样方法。

三、分层随机抽样

分层随机抽样（stratified random sampling），又称为类型抽样，是将总体的所有单位按某种属性或特征进行分层（或者称作分类），然后按照随机原则在每一层或每一类单位中分别独立地、随机地抽取样本单位，最后将抽中的每一层或每一类中的样本集合起来，即为抽取的所有样本的抽样方法。

（一）分层随机抽样的步骤

首先，按照某一种或几种特征对总体单位进行分层或分类。例如，我们可以把农村中的务农人员按年龄划分为青年、中年和老年三个层次；按性别划分为男性和女性。如果我们同时按年龄和性别对调查对象进行划分的话，可以将他们分为青年男性、中年男性、老年男性、青年女性、中年女性、老年女性等不同类型。

之所以进行分层或分类，主要是因为要把总体单位中性质相近的单位分在一起，使

---

① 郝大海．社会调查研究方法．北京：中国人民大学出版社，2005：27.

按照某种性质划分的每一类或每一层内的单位的差异尽可能地小，而类与类之间、层与层之间的差异尽可能地大，这样分类或分层抽取的子样本对每一类或每一层的代表性就更强，子样本的集合对调查总体的代表性也就会更强。因此，在分层或分类的时候，各层或各类的划分务必明确，不能混淆或遗漏，当然分层也不宜过多，否则操作起来就很困难。

其次，确定从各层或各类中抽取样本的数量。通常采用等比例分层抽样和非等比例分层抽样两种方法来确定各层的样本单位数。

等比例分层抽样（proportionate stratified sampling），是指各层样本单位数占样本总单位数的比例与各层单位数占总体单位数的比例相同，即各层样本单位数/样本总单位数＝各层单位数/总体单位数的抽样方法。

非等比例分层抽样（disproportionate stratified sampling），是指各层样本单位数占样本单位总数的比例与各层单位数占总体单位数的比例不相同的抽样方法。这种抽样方法一般适用于分层后各层的单位数相差较大的情况。如果仍按照等比例分层抽样的方法抽取各层的样本，那么可能会出现从单位数比较少的层中抽取的样本单位数也比较少，从而该层因为样本单位数太少而不能代表该层，有的层甚至会因为该层单位数过少而被忽略或遗漏的情况。因此，在这种情况下必须人为增加层内单位数较少的层的样本单位数的抽取量。

在非等比例分层抽样中，不同层的单位的入样概率会出现不同，因此，非等比例分层抽样是不等概率抽样，在利用样本数据推断总体的时候，应进行加权处理，否则容易出现推断偏差。一般而言，为了避免出现推断偏差，对那些入样概率比较大的单位，应该赋予一个较小的权重；而对于那些入样概率比较小的单位，应该赋予一个较大的权重，从而保证用样本推断总体的无偏性。

最后，采取简单随机抽样、等距抽样等方法从各层中抽取样本单位。

例 4：我们试图了解某市 400 家工业企业的生产经营情况，决定选取 20 家进行调查。

按工业企业产值规模分层后进行的等比例分层抽样的具体做法是：首先，将 400 家工业企业按产值规模大小分为三层（类）。假定大型企业共 60 家，占企业总数的 15%；中型企业共 160 家，占企业总数的 40%；小型企业共 280 家，占企业总数的 45%。其次，确定各层抽取的样本单位数占样本单位总数的比例。根据等比例抽样原则，我们从大、中、小型企业中分别抽取的样本单位数应该占样本单位总数（20 家）的比例分别为 15%、40%和 45%，则抽取的各层样本数分别为 3、8 和 9 家。最后，根据确定的各层样本数，采用简单随机抽样或等距随机抽样的方法，从各类企业中抽取如上数量的样本单位。

按工业企业所有制性质分层后进行的非等比例分层抽样的具体做法是：首先将 400 家工业企业按照所有制性质进行分类。假定其中的国有工业企业有 20 家，民营工业企业有 380 家。如果按照等比例分层抽样的方法进行样本抽取，那么国有工业企业这一层次中只能抽取 1 家样本单位。然而因为国有工业企业的产值和利税在该市的工业企业中占较大比重，因而调查者想增加 1 家国有工业企业作为样本，那么工业企业的抽样比为 1∶10；民营工业企业的抽样比为 1∶20。最后将抽取的国有工业企业和民营工业企业的样本单位数合并在一起来推断总体的时候，国有工业企业的权重要减少一半，才能表示国有企业的抽样比为民营企业抽样比的 2 倍。

（二）对分层随机抽样方法的评价

分层随机抽样方法适用于总体单位数量多且各单位间差异大的调查对象。分层随机抽样方法的优点在于：由于分层，同一层次中每个单位间的差异较小，并且各种类型的情况都能包括在所抽取的样本中，这就保证了抽取的样本中包含具有各种特征的抽样单元，样本的结构特征与总体的结构特征相近，从而不仅可以对各类型的目标量进行估计，而且可以进一步估计总体参数；分层后，各层间的差异不再影响抽样误差，为有效估计总体提供了基础；同时，分层随机抽样方法便于组织实施，例如按照行政区域或者农户类型进行抽样都是比较容易的；与简单随机抽样方法和等距随机抽样方法比较，在样本数量相同的情况下，分层随机抽样方法的抽样方法误差要小，样本的代表性更强。其主要局限是，调查者必须对总体各单位的情况了解较多，否则便无法对其进行恰当的分类。

专栏 5.2

一个分层随机抽样的实例

在一项关于京津风沙源治理工程的防风固沙效益的消费者调查中，研究者采用了分层随机抽样方法抽取北京市消费者的电话号码，然后采用电话调查的具体方法进行问卷调查。具体做法如下：

预调研：从北京市前四位为 6491 的号码段中随机抽取 80 个电话号码进行了预调查，总计拨打了 69 个电话，共收到有效问卷 10 份，随机抽样电话的有效受访率为 14.49%。

修正调研方案：在预调研的基础上，研究者对问卷进行了修订，并确定了正式调查的方案。正式调查的对象为年满 18 周岁、在北京市居住 3 年以上的常住人口。计划调查 400 个有效样本单位。调查时间为两个星期（规定具体的日期）。

抽取样本：采取分层随机抽样的方法抽取调查对象的电话号码。操作方法是：电话号码的前四位从北京地区前四位的有效号码段数据库中随机抽取 30 个，电话号码的后四位是针对某具体号码段由随机数发生器从 0～9 999 中产生的不重复的 160 个数。

与简单随机抽样相比，分层随机抽样提高了有效电话号码的比例，减少了调查工作量。但是，由于电话号码的后四位由随机数发生器产生，可能存在产生的号码为空号或企事业单位电话等无效号码的情况，为了保证抽样规模达到要求，在正式调查中，研究者总计抽取了 4 800 个电话号码作为调查备用的电话号码库。

四、整群抽样

整群抽样，又称聚类抽样、分群抽样，它是先将总体各单位按一定标准分成许多子群体或集体，然后以子群体为抽取样本的单位，运用简单随机抽样、等距抽样、分层抽样等方法从中抽取若干子群的方法。被抽中的子群体内的所有单位都会被进行全面调查。

（一）整群抽样的步骤

首先，将调查总体分群。一般以地理区域或时间为标准划分子群体，如以村落、街区、行政单位等为抽样单位，则村、街区、行政单位即为群。如工厂按日期抽检产品质量，则一天的产品即为一群。整群抽样与分层抽样两者都要将调查总体划分为许多组，但二者分组的作用不同。分层抽样分组是为了归类，使组内差异减小，组间差异加大；整群抽样却正好相反，它要求群间差异小、群内差异大，使之对于总体更有代表性。

其次，以群为单位随机抽取样本。没有抽中的群内单位都不作为样本，而抽中的群内单位全部作为样本。

最后，对抽中的子群内的所有单位进行全面调查。

例 5：我们拟在某县进行农民收入状况的随机调查。

该调查活动的调查对象是农民，因此，我们必须按照随机抽样的方法抽取样本单位农民。具体做法是：以农民所在的村庄为一个子群，全县的所有村庄为调查的总体单位；采用简单随机抽样、等距随机抽样或分层抽样的方法，从所有的村庄总和中抽取若干村庄作为样本单位；最后对样本村中的全体农户进行调查。

（二）对整群抽样方法的评价

整群抽样的优点在于：抽取样本只需要编制以群为单位的抽样框，这简化了抽样框的编制工作，使调查工作便于组织，调查样本容易抽取，以达到节省人力、财力和物力的目的。在抽样面较广、涉及层次较多、对总体情况又不太了解的情况下，使用这一方法较简便。整群抽样的局限性在于：虽然我们在分群的时候要求群体内部各单位的差异性尽可能大些，但是群内的各单位之间或多或少存在相似性，因此样本的代表性和精度都会差些。与其他抽样方法相比，在样本量相同时，整群抽样的误差较大。当然，为了提高精度，可以采用增加基本调查单位数量的做法。

五、分段抽样

分段抽样，又称为多阶段抽样，是把从调查总体中抽取样本的过程分成两个或多个阶段来进行的方法。它是在整群抽样的基础上发展起来的。

（一）多阶段抽样的步骤

首先，将调查总体各单位按一定标准分成若干集体，作为抽样的第一级单位；

其次，从被抽取的第一级单位中抽取第二级单位；

再次，从被抽取的第二级单位中抽取第三级单位；

依此类推，不断抽取第四级、第五级单位等，直至抽取到最后需要进行调查的样本单位为止。

例 6：假定某县有 20 个乡镇，每个乡镇有 30 个村（包括行政村或自然村），每个村有 200 个农户。这样，全县共有 600 个村、12 万个农户。现采用分段抽样方法对该县农户收入来源状况按 5‰的比例做抽样调查，共抽取 600 户。

一段抽样：由县抽乡。这里的抽样可以采用简单随机抽样、等距抽样、类型抽样、整群抽样等方法。我们在这里采用类型抽样法抽取样本。假定将经济发展状况作为分类标准，该县经济发展状况较好的乡有 4 个，一般的乡有 2 个，较差的乡有 4 个。假定在总体中抽取 25%的单位，按此比例，在经济发展状况较好、一般、较差的乡中分别随机抽取 1、3 和 1 个，共计 5 个乡作为第一级样本单位。

二段抽样：由乡抽村。这里的抽样也可以采用简单随机抽样、等距抽样、类型抽样、整群抽样等方法。在这里我们采用等距抽样方法，将第一级样本中抽取的 5 个乡，共计 150 个村，按 20%的比例，从中抽出 30 个村作为样本单位。首先按一定标准将 150 个村编号为 1～150，抽样间距为 150÷30＝5。假定在 1～5 的间距中抽取的村的编号为 3，那么依次确定抽取的 30 个村的编号应为 3，8，13，18，23，28，…，这 30 个选定的村就是第二级样本。

三段抽样：由村抽取农户。在这里，我们可采用简单随机抽样的方法，当然也可以采用简单等距抽样、类型抽样、整群抽样等方法。第二级样本有 30 个村，共计 6 000 个农户，按一定标准将农户编号为 1～6000，利用随机数表，从中抽取 600 户作为最终的调查单位。

（二）对分段抽样方法的评价

分段抽样方法的优点在于：可以把各种抽样方法的优点综合起来加以利用，用于研究总体单位多、分布面广且各单位之间差异大的情况。其局限性在于：每段抽样都可能产生误差，因此，经过多阶段抽样得到的样本误差也相应会增大。

六、对随机抽样方法的评价

随机抽样调查是一种技术性非常强的调查方法。其优点在于：样本具有较强的代表性和客观性，因为样本一般是按随机原则抽取的，用其来进行总体推断就会比较准确，适宜对总体做定量研究。与普查相比，抽样调查花费少、速度快，因为调查是针对总体中的部分样本单位进行的。其局限性在于：抽样调查中对抽样技术有严格的要求，且涉及较多的数学知识、统计知识、计算机知识等，所以缺乏这方面知识的人应用起来非常困难。同时，与典型调查、个别调查相比，抽样调查涉及的调查对象数量多，因此其调查内容的深度和广度受到一定的局限。

第四节　非随机抽样的方法

非随机抽样是指抽样时并不遵循随机原则，而是依据研究者的主观意愿、判断或方便程度等来选取样本的方法。非随机抽样具有很强的主观性，抽取的样本单位很难确定抽样概率，因此也被称作非概率抽样。常用的非概率抽样方法有偶遇抽样、判断抽样、定额抽样、滚雪球抽样、自愿抽样等。

一、偶遇抽样

偶遇抽样（accidental sampling），又称为任意抽样、方便抽样，是调研人员凭借偶然的机会或方便的条件，任意地抽选样本的抽样方法。例如，我们深入农村调查时，经常是在田间、地头、马路等地方，随便选择一些农民作为调查对象进行调查。这样的抽样方法简便易行、省时省钱，但样本的代表性弱，有很大的偶然性。

二、判断抽样

判断抽样（judgemental sampling），又称立意抽样、目的抽样，是调查者根据自己的主观判断来抽选样本的抽样方法。样本的代表性取决于调查者对总体的了解程度和判断能力。判断抽样主要适用于两种情况：一是调查总体范围较小，总体各单位之间差异较小，或由于调查时间、设备的限制而无法进行随机抽样的情况；二是用于探索性研究的情况。例如，为了设计调查问卷，检验问卷题条的设计是否得当，而采用判断抽样的方法进行研究探索。

三、定额抽样

定额抽样（quota sampling），又称为配额抽样，它与分层抽样的相似之处是，先将总体中的所有单位按其属性或特征，以一定的分类标准划分为若干层次或类型，然后在各层中抽样。与分层抽样不同的是，定额抽样在抽样时并不遵循随机原则，而是由调查者主观确定各层中抽取的样本，只需在各层中抽取样本时保持适当比例。定额抽样简单易行，快速灵活，在民意调查或市场调查中经常使用。

四、滚雪球抽样

滚雪球抽样（snowball sampling），是先从总体中的少数几个成员入手调查，然后通过对他们的调查，得到更多合适的调查对象或单位，从而进一步扩大调查范围的抽样方法。依此调查下去，就如同滚雪球一样，我们可以找到越来越多具有相同性质的群体成员；如果总体不大，有时会达到近似饱和的状况，后面访问的人再介绍的调查对象可能都是以往已经调查过的。

五、自愿抽样

自愿抽样（volunteer sampling），是指调查对象自愿成为样本中的一分子，向调查人员提供信息的抽样方法。例如，我们在做农村地区某一重大疾病的防控调查时，由于预先不知道哪些人患有该疾病，抽样总体是未知的，无法开展调查活动，这时就可以通过募集志愿者的方式获取自愿样本以完成该项调查。

非随机抽样对样本的选取，主要取决于调查者的主观因素，样本的代表性和客观性差。另外，不能随便根据样本资料推断总体的全部情况，因此，非随机抽样主要用于不可能或不需要推断总体的社会调查研究。

随机抽样和非随机抽样的主要区别之一就是样本选择的随机性。这里需要注意："随机"不等于"随便"。"随机"有严格的科学含义，可以用概率来描述，而"随便"带有人为的主观因素。①

第五节　在线调查抽样

在线调查是在互联网上获取调查样本，并完成调查问卷填写的一种调查类型。因为填写在线问卷调查表的对象来源不同，所以在线调查样本的生成可以有多种路径。在线调查抽样适用于对产品需求、消费者满意度等的市场调查。在线调查抽样的样本选择可以采取从在线样本库中随机抽样和从在线调查平台上非随机抽样两种方法。

一、从在线样本库中随机抽样

从在线样本库中随机抽样是指采取随机原则从在线样本库中抽取样本。在线样本库包括在线客户名单数据库、电子邮件列表清单、在线企业名录、在线电话名录等。从在线样本库中抽取样本，可以把抽样时间段内的样本库看作一个抽样框，从中随机抽取在线调查对象。这个抽样过程研究者或者样本需求方是看不见的，但这个抽样获得的样本数据应该是对此阶段抽样框总体具有代表性的。

研究者可以向在线样本库提供商购买一个用于分析的样本库，支付标准根据研究者对抽样的严格程度、样本规模大小等由双方商定。当然，研究者在付费购买高质量样本库的同时，也有权利要求样本库提供商提供如下信息：样本单位是如何抽选的？样本库的规模有多大？样本库成员是如何被招募的？如何控制样本数据质量？

在线样本库一般是由专业互联网公司投资进行建设和维护的。它们会在互联网上招募愿意参与在线调查的人员，构建在线样本库②，并且依据加入样本库时个人提供的年龄、性别、学历、家庭规模、工作行业、生活方式、居住地址等多方面的信息，构建基于不同特征的在线样本组，这样寻找调查对象时就容易找到符合研究者（数据需求方）要求的人选。

在线样本库中成员的招募有开放式招募和封闭式招募两种方式。③ 开放式招募的环境

---

① 金勇进，杜子芳，蒋妍．抽样技术．2版．北京：中国人民大学出版社，2008：5.

② 赵国栋，黄永中．网络调查研究方法概论．北京：北京大学出版社，2008：112－118.

③ 小卡尔·麦克丹尼尔，罗杰·盖茨．当代市场调研（第10版）．北京：机械工业出版社，2019：145，146.

宽松，只要是能够上网并且愿意接受调查的人都可以选择加入。通过这种方式招募成员的好处是可以快速建立起一个在线样本库。但是，也存在样本库中成员质量参差不齐的情况，特别是在线调查中职业问卷填答者的出现使得这一情况更加严重。这些职业问卷填答者加入各种在线样本库，填写各类问卷，从而获得各种奖励。当参与在线调查成为一种职业时，主要的潜在问题是填答者对于问卷的填答仅以完成为标准。有的填答者在几个在线样本库中注册，有时一天需要完成多份问卷，要是他们思考不认真、填写随意，研究者获得的调查数据质量就得不到保障。更有甚者，在线问卷并不是由样本库中的调查对象填写完成的，研究者可能根本不知道填答的人是谁。因此，在线调查数据出现偏差或不具有代表性一直是困扰研究者的问题。

采取封闭式招募方式招募的在线样本库成员是应邀参加调查的，一般只允许具有某一特征的人或者通过验证的人加入样本库。在这种招募方式下，提供在线样本库的互联网公司或服务商通常会与大公司、大品牌、特定行业企业建立合作关系，向它们的客户发送邀请，建立起具有某种特征、能够服务于某种具体需求的在线样本库。因为市场上的企业行业分布广泛、类型多样，所以构建多个在线样本库需要在线样本库提供商与企业进行沟通，因而会花费比较多的时间和精力。封闭式招募的好处是在线样本库提供商的服务对研究者来讲更珍贵，样本数据的代表性相对较好，也可以大大减少职业问卷填答者所引发的问题。

在线调查的问卷回答率并不高，有效回答的比率可能更低。因此，在线问卷调查中，给予问卷回答者激励是鼓励在线样本库中的成员参与在线调查的一种手段。通常参与在线调查可以获得现金、代金券、积分换购、抽奖等多种奖励，但这也是出现职业问卷填答者的主要原因。

除了构建在线样本库、积极鼓励成员参与调查外，在线样本库提供商还必须持续加强对在线样本库成员的管理，控制好成员参与问卷调查的次数，保护好成员的个人隐私和信息，及时更新成员信息，保持在线样本库的规模等。

二、从在线调查平台上非随机抽样

因为调查成本低和便利性等原因，很多研究者经常使用在线调查平台提供的免费在线调查服务，从在线调查平台上非随机抽样。在这种情况下，样本选取没有抽样框，回收问卷的数量依赖于填答者的网络偶遇，或者调查者的运气，属于非随机在线抽样。这样的抽样没有代表性，适用于预调查或者仅限于对搜集的资料进行描述。比如，利用免费的问卷星进行网络问卷调查，利用微信朋友圈或者互联网论坛发放问卷等方式，均属于从在线调查平台上非随机抽样。

本章小结

1. 抽样调查是从调查对象的总体中抽取一部分单位组成样本，将样本作为调查对象开展调查活动，并根据样本调查的结果来推断总体特征的调查类型。

2. 随机抽样是遵循随机原则，按照某种事先设计的程序，从总体中抽取部分单位的抽样方法。随机抽样一般是概率抽样。

3. 目标总体是指所要研究的对象的全体，是由所有性质相同的个体所组成的。

4. 抽样总体是指从中抽取样本的总体。

5. 总体参数是总体的某个特征的数量表现。较常使用的总体参数有总体均值、总体总值、总体比例、总体比率等。

6. 统计量也叫估计量，是根据样本中 n 个单位的变量值计算出的一个量，用于对总体参数的估计。与总体参数相对应的常用估计量有均值估计、总值估计、比例估计、比率估计等。

7. 抽样总体，也称作抽样框，是抽样的范围。具体来看，抽样框可以是一份包含所有抽样单位的名单，如果给每一个抽样单位编上一个号码，就可以按一定的随机程序进行抽样。

8. 样本规模，也称作样本量，是指样本中所包含的单位数量。

9. 影响样本规模大小的因素有总体规模大小，总体中各单位的异质性程度，允许的抽样误差大小，样本推断的可靠程度，调研时间、经费、人力的约束情况等。

10. 确定样本规模的方法主要有：凭借研究经验确定规模、利用统计公式计算规模。

11. 抽样的程序一般包括五个步骤，分别是：界定目标总体和抽样总体、确定和编制抽样框、设计抽样方案、落实抽样方案、评估样本质量。

12. 随机抽样的方法主要有：简单随机抽样、等距抽样、分层随机抽样、整群抽样、分段抽样。

13. 简单随机抽样是对总体单位不进行任何处理，仅按随机原则直接从总体（抽样框）中抽取样本的方法。简单随机抽样的具体方法有：直接抽选法、抽签法、随机数表法、计算机抽取法。

14. 等距抽样是把总体中所有单位按某一标志排列，然后依照固定顺序和相等的间隔来抽取样本单位的方法。

15. 分层随机抽样是将总体的所有单位按某种属性或特征进行分层（或者称作分类），然后按照随机原则在每一层或每一类单位中分别独立地、随机地抽取样本单位，最后将抽中的每一层或每一类中的样本集合起来，即为抽取的所有样本的方法。

16. 整群抽样是先将总体各单位按一定标准分成许多子群体或集体，然后以子群体为抽取样本的单位，运用简单随机抽样、等距抽样、分层抽样等方法从中抽取若干子群的方法。

17. 分段抽样是把从调查总体中抽取样本的过程分成两个或多个阶段来进行的方法。

18. 非随机抽样是指抽样时并不遵循随机原则，而是依据研究者的主观意愿、判断、或方便程度等来选取样本的方法。非随机抽样也被称作非概率抽样。常用的非概率抽样方法有偶遇抽样、判断抽样、定额抽样、滚雪球抽样等。

19. 在线调查抽样有从在线样本库中随机抽样和从在线调查平台上非随机抽样两种方式。

思考练习

1. 什么是抽样调查？抽样调查有哪几种分类？

2. 什么是抽样框？如何确定抽样框？

3. 什么是抽样？简述抽样的一般程序。

4. 什么是抽样规模？影响抽样规模的因素有哪些？

5. 什么是随机抽样？随机抽样主要有哪几种方法？

6. 什么是简单随机抽样？简单随机抽样的具体方法有哪几种？

7. 什么是等距抽样？简述等距抽样方法有哪些优点和不足。

8. 什么是分类抽样？简述分类抽样的步骤。

9. 什么是整群抽样？简述整群抽样有哪些优点和不足。

10. 什么是非随机抽样？非随机抽样主要有哪几种方法？

11. 什么是偶遇抽样？什么是滚雪球抽样？

12. 在线样本库中成员的招募方式主要有哪两种？分别具有哪些特点？

13. 某项目组受托进行某县农村集体经营性资产利用、收益、分配情况的调查工作。项目组计划在全县300个行政村中抽取50个村进行问卷调查。如果你是该项目负责人，你会选择哪种方式进行抽样？请具体阐述抽样过程。

14. 在一些研究论文中，你经常会看到“本文采取了随机抽样的方式选取样本”这种对调查方法一语带过的表述。对于这样的表述，你会有哪些基本判断？请给出相应的理由。

本章思维导图

第六章

文献调查法

文献调查法，是通过查阅和搜集各种文献资料，获得与调查研究课题相关的历史信息的方法。它是一种间接获取信息资料的方法，是进行社会经济调查的基础性工作，是所有调查研究工作开始之前的必要工作。社会科学工作者都十分重视对文献的搜集和利用，因为开展任何一项社会调查工作都离不开对前人的科研成果的调查和了解，对调查研究课题相关资料掌握得越多，越能深入全面地把握当前所要研究的课题。农村社会经济调查也不例外。

第一节　文献的类型和特点

一、文献的类型

文献，是指以文字、图像、符号、音频、视频等方式记录和储存的有关人类各种知识和情报信息的资料，是文献调查的对象。文献资料的种类很多，按照不同的分类标准，可以分为不同的种类。

（一）按文献的载体形式和记录技术的不同，大体可将文献分为书面文献、视听文献、缩微文献、机读文献等

（1）书面文献，指利用以文字、数字、符号等形式记录的各种历史资料，其现代的承载形式一般是纸张。当然，在古代，书面文献的承载形式可能还有兽皮、骨头、竹子、树皮等。对于查阅古籍资料的人来讲，这些历史承载物都是价值连城的文献，具有非常

重要的研究价值。书面文献一般包括各种公开发行或不公开发行的报刊、书籍、科研报告、会议文献、各种数字统计资料等。具体来说，在农村社会经济调查中经常涉及的几种文献类型为：

1）专业性图书。它主要包括专著、教科书、年鉴、辞典、手册、目录、索引等。

2）学术期刊。那些与“三农”问题紧密相关的学术期刊是农村社会经济调查研究中非常重要的文献信息的来源。而这些期刊中，社会科学信息丰富，发文质量高，被转载、引用比率高的期刊就是更为重要的信息源。

3）报纸。报纸的出版周期短、时效性强，阅读报纸能够帮助调查者更好地把握农村社会经济问题中的热点和焦点问题。

4）非正规文献。一般指不公开发表的、具有一定保密性质的、较难获得的、具有重要参考价值的文献。这些文献一般能够反映科研进程和农村社会经济发展中的关键问题、真实情况和发展趋势，是社会经济调查中不可忽视的文献信息来源。

5）会议文献。是非正规文献的一种，通常是指国内外学术会议上公开交流、出版的论文集或册子。这类文献通常会反映当前社会经济问题研究中的前沿信息，使研究人员可以及时了解当前社会经济研究中的热点、难点问题和研究方法等信息，是及时了解社会经济研究动态和趋势的最为重要的路径。相对于专业期刊而言，会议文献所提供的信息更为重要，更接近现实情况。

6）学位论文。它是另外一类非正规文献，通常包括学士论文、硕士论文和博士论文三类。这类文献通常是作者在老师的指导下完成的，所提供的信息具有文献的系统性、研究的独创性等特点，是了解相关专业研究方向、内容和方法的重要文献。

7）涉及政府的各类政策、法规等文件。这些文件也是了解相关社会经济文化政策的重要文献资料。对于进行实际问题研究和分析的学者来讲，这类文献也具有重要的价值。

（2）视听文献。它是指运用录音、录像和摄影技术直接记录声音与图像的文献形式，包括电影、电视、录像、录音、唱片、照片、绘图等。

（3）缩微文献。它是指以感光材料为载体，利用光学记录技术，使书面型文献缩小许多倍的文献。查阅时，可通过一定的仪器将缩微文献还原成文字或图像。

（4）机读文献。它是指利用电子计算机阅读的文献。传统的机读文献是以一定的磁体为介质，以磁盘、光盘为载体形式，以计算机作为记录和查阅手段的文字或图像。当然，随着社会的进步和科学技术的发展，除了具有一定磁体载体的文献外，网络资源也可以理解为一种范围更为广泛、内容更为丰富的机读文献。所有书面文献、视听文献、缩微文献等都可以被转化成网络资源，从而成为一种具有信息容量大、保存时间长、占用空间小、查阅方便、节约人类物质资源等特点的主要文献资源。

（二）按照文献内容加工程度的不同，可将文献分为零次文献、一次文献、二次文献、三次文献等

（1）零次文献，是指未经正式发表或尚未形成正规载体的一种文献形式，如书信、手稿、笔记、会议记录等。其最大的特点是内容新颖，信息来源直接、真实，是非常难得和重要的文献资料。

（2）一次文献，是指由亲身经历某一事件或行为的人所写的资料，也称为原始文献。例如，《杜润生自述：中国农村体制变革重大决策纪实》① 就属于介绍我国农村体制改革历史的重要一次文献。

（3）二次文献，是指对一次文献进行加工整理并使之有序化和浓缩化的文献，如索引、目录、文摘等。

（4）三次文献，是指在二次文献的基础上，经过分类、综合而编写的文献，如综述、评述、年鉴、手册、辞典、字典、百科全书等。

文献调查可从任何一种类型的文献入手，尽可能全面地了解调查课题所涉及的各种文献，然后根据调研需要查阅所需的一次文献。当然，在调查研究中，相对于二次、三次文献而言，零次文献和一次文献的价值更大。

在农村社会经济调查中，应特别注意利用我国特有的一种文献资料——地方志。地方志是对某一地区的自然、地理、历史、人物、政治、经济、文化等社会各方面情况进行全方位记述的一种文献资料，它记载的资料一般都比较详细、真实、客观，成为了解一个地区社会发展变迁过程和历史、现状等资料的一种重要参考文献。

此外，按文献涉及的学科领域，可将其分为社会科学文献、自然科学文献、综合文献；按文献设定的密级划分，又可将其划分为公开文献、内部文献、秘密文献等。总之，在文献调查过程中，应根据不同类型文献的特点，选择适当的文献资料进行调查，以准确获取更为有效的调查资料。

二、文献的特点

文献调查的对象是各类文献，因此，文献的特点也决定了文献调查法的特点。

（一）历史性

文献最大的特点之一是历史性，也就是说，文献记录的资料和信息必然是已经发生的、过去的农村社会经济状况、观点、思想，反映的也必然是当前调研人员无法亲历的过去。因此，文献的历史性特点决定了调研人员通过资料查阅，可以了解 5 年、10 年，甚至 5 000 年以前人类社会的农业发展等状况。文献是对人类历史的记载。

（二）间接性

文献调查是对他人发掘或整理过的资料进行的调查，不是调研人员亲自到实地进行调查而搜集的资料，因而，通过文献调查搜集的资料具有使调研人员间接感受农村社会经济现象和时间的特点，这就是所谓的间接性。调研人员为了能够更加准确地获取信息和判断信息的真伪，就必须尽可能广泛地搜集各种文献资料，并对这些文献资料进行比较分析，为自己理解过去的农村社会经济问题提供尽可能多的参考和帮助。

---

① 杜润生．杜润生自述：中国农村体制变革重大决策纪实．北京：人民出版社，2005．

（三）继承性

文献调查所做的工作是对前人研究成果的一种继承和发扬，通过文献调查，我们可以发现前人在相似问题上的研究角度、提出的观点、采用的方法等，为我们继承历史研究中的精华，发现以往研究中的不足，从而进一步深入研究该问题提供参考资料和帮助。

第二节　搜集文献的要求和方法

文献调查一般是从搜集文献开始的。搜集文献既要遵循一些基本要求，又要掌握一些具体的方法。

一、搜集文献的要求

搜集文献要按照一定要求，有目的、有计划地进行。总的说来，文献的搜集应尽可能全面、多样，但更要求精、求准。

（一）对文献资料的要求

一般来说，从满足调研工作资料需要的角度出发，所搜集的文献要符合以下几点要求：

（1）有用。有用是指调查所搜集的文献资料对于所要研究的课题是必需的，是符合研究需要的。一份文献资料，无论其科学价值多高、内容多丰富，如果与调查者所调研的课题无关，就不具有搜集的意义。找到一份有用的、能满足研究需要的文献资料，对于课题的研究可以起到事半功倍的效果。

（2）全面。调查研究文献的搜集要尽可能做到内容丰富，涵盖不同研究角度（定性和定量的、典型和综合的、本专业和相关专业的）、不同研究层面（正面的和反面的、宏观的和微观的）、不同历史阶段、不同语言的文献等，以使搜集的文献内容尽可能全面、丰富地反映学者们对于此问题的认识和研究，从而使调查研究的课题能够更好地继承和创新。总之，从文献内容上来看，搜集文献的内容越全面，对于调研人员全面把握好课题的方向和内容越有意义。

（3）多样。调研课题搜集的文献资料形式要多样。因为文献的表现形式是多种多样的，所以搜集文献资料的时候要注意以下几点：既要搜集书面文献，也要搜集图片、音频、视频等资料；既要搜集公开出版物，也要搜集内部资料和各种档案文件。所搜集的文献形式越多，将来可以选择利用的空间越大。

（4）连续及时。文献资料的搜集要尽可能具有时间上的连续性和及时性。在搜集文献资料的时候，要按照所要研究的问题的发展变化过程，尽可能地搜集各个历史阶段的相关文献，使搜集的文献资料在时间上保持连续性，能够反映社会现象的发展变化过程，使调查研究者能够从纵向上较好地把握调研课题的相关历史变迁。同时，对于与课题有关的各种新资料、新信息，要及时了解、及时搜集、及时研究、及时利用，以增强调研的时效性，增加调研成果的实际应用价值。

（二）对调查者的要求

搜集文献资料要求调查者具备一定的知识和技能。例如，搜集文献资料的时候，调查者要具备一定的语言知识，不仅要具备一定的中文阅读和理解能力，还要具备一定的外文阅读和理解能力，以使搜集到的资料全面、丰富，能够更好地适应调查研究的需要。

搜集文献资料还要求调查者具备一定的专业知识。专业知识较一般的语言知识而言，专业性更强，能够帮助调查者结合课题更好地从众多的文献资料中选择出调研所需要的资料，并且对资料做出更准确的判断和分析，从而达到去伪存真的目的。

此外，搜集文献资料还要求调查者掌握必要的计算机技能，如信息检索技能、网络搜索引擎使用技能等。

总而言之，调查者在搜集文献资料的过程中，不仅要具有基本的人文科学素质，而且要具备特有的专业知识和技能，这对于提高文献资料搜集的效率、准确性、全面性，都是非常重要的。

二、搜集文献资料的方法

搜集文献资料的关键是查找文献。只有找到与调查研究课题相关的文献，才能进一步对文献进行选择和评价。因此，下面我们首先学习如何查找文献。

（一）手工检索

手工检索工具按其著录形式可分为目录、索引和文摘等。目录、索引是一种题录性检索工具，一般只列出原文献的题目、作者、出处及文种等。

（1）目录。常用的有《全国总书目》《全国新书目》《科技新书目》等。

（2）索引。常用的有《全国报刊索引》《国内内部期刊索引》《复印报刊资料索引》等。此外，各种报刊和经济情报部门还编有专用索引，如《人民日报索引》《光明日报索引》《财务会计资料索引》《国外经济文献索引》等。

（3）文摘。常用的有《经济学文摘》《国外经济文献摘要》《工业经济文摘》等。

（4）年鉴。包括：综合性年鉴，如《世界知识年鉴》；专科性年鉴，如《中国经济年鉴》《农村统计年鉴》《农业统计年鉴》；地区性年鉴，如《上海市年鉴》《天津农业统计年鉴》等。年鉴是经济写作中搜集统计数据的主要渠道之一。

（5）辞典。如《经济科学大辞典》《经济大辞典》等，是查找词语意义的工具书。

利用检索工具查找文献资料的方法有顺查法和倒查法。

顺查法，即由远到近，逐年逐月按顺序查找；倒查法，即由近至远，回溯而上，按时间顺序往前查找。一般来说，顺查法有利于了解与调查课题有关的各类问题的发展全貌，但要花费较多的时间和精力；倒查法可以节省时间和精力，能够较快地了解到与调查课题有关的各类问题的最新动态，但查找的文献可能不系统、不全面。

无论采用顺查法还是倒查法，都应该按照调查课题的时间跨度来决定查找文献的时间跨度。例如，要调查我国农村专业户的有关情况，就要查找20世纪70年代末80年代初出现专业户以后的文献。

（二）机读检索

机读检索多以计算机文献信息检索为主。目前，机读检索在一些大学、科研机构、公共图书馆等应用广泛。机读检索的内容是由专门机构开发、设计和完成的。这部分信息包括各类专业数据库、图书馆的各类藏书资源等。这些资源需要在特定的场所、通过特定的渠道去获取。

计算机检索文献包括文献的存贮和检索两部分。文献的存贮主要是把原始文献进行筛选、加工和整理，按照它们的外部特征（如文献名称、著作者、出版者、出版时间等）以及文献的内容（如关键词、学科类别等），将文献按照一定的格式和顺序存贮在磁带、磁盘或光盘上，形成文献数据库。进行机读检索的时候，按照研究人员的需要，将需要查找的文献信息以一定的格式输入计算机，由计算机按照一定的程序查找与研究者需要相符（相匹配）的文献，即为“命中”。研究人员可以从“命中”的文献中挑选出需要的文献。文献存贮的方式、内容是机读检索的基础。

例如，查找某个图书馆的某种图书、期刊或者学位论文等资源，需要在特定图书馆或者在授权可以进入图书馆资源系统的情况下，利用机读检索工具进行资源检索。通常的检索方式主要有以下几种。

（1）快速查找馆藏论文及英文原版书。具体方法是：选择“快速检索”或“词组短语”检索方式→输入主题词→选择“主题”字段→单击“限制检索”按钮→选择“馆藏位置”等参数→单击“主题”字段按钮。

（2）查找馆藏期刊。具体做法是：选择“复杂检索”方式→选择参数→输入期刊题名→单击“检索目录”按钮。

（3）查找馆藏丛书。具体做法是：选择“复杂检索”方式→选择参数→输入丛书题名→单击“检索目录”按钮。

（4）主题检索。具体做法是：选择“快速检索”方式→单击“主题”按钮。

（5）著者检索。具体做法是：中文著者姓名检索，可选择“快速检索”或“拼音检索”方式。英文著者姓名检索，可选择“快速检索”方式，然后输入著者姓、名或名、姓；另外，还可选用“词组短语”检索方式，输入著者姓、名。

（6）题名（书名）检索。如果只记得部分题名（关键词），可选用“快速检索”方式；如果记得准确题名，可选用“词组短语”检索方式。

以上检索方法实际上是从图书馆存贮的文献信息资源中，按照不同的存贮路径来寻找相关信息。

（三）互联网检索

互联网的发展拓展了研究者可以获取和拥有的信息资源的范围。网络信息资源量大，传播广泛，只要有可以连接网络的电脑，研究者就可以搜寻和传播信息资源。网络中的文献资源有的是免费的，有的是收费的，在使用时研究者可以根据自身的研究需要进行选择。同时，网络信息资源的发布通常有较大的随意性，因此，不同信息资源的可信度、有用性不同，研究人员在搜集网络资料和信息的同时，也要注意判别信息是否可信、是否有用。

在浩如烟海的网络资源中寻找与自己的研究课题紧密相关的参考文献，是研究者必须掌握的基本技巧。研究者不仅要了解在网络资源检索中如何使用计算机能识别的检索语言，而且要熟悉一些经常用到的网络资源。在农村社会经济问题研究中，我们经常用到的可以通过网络进行文献信息搜集的路径有很多，这里我们重点介绍比较常用的网络资源。

（1）可免费使用的网络共享资源。利用这些免费的网络资源，我们可以检索、下载一些免费的专业资料。对于经费比较少、没有购买专业数据库的研究者来说，如下的一些资源可能有较大的使用价值。

1）谷歌学术搜索（scholar. google. com）。该搜索引擎可以帮助研究人员搜索到与专业非常切合的中、外文资料，有些开放的资料可以直接下载。

2）社会科学研究网（www. ssrn. com）。该网站提供了关于经济、金融、公共政策、食品经济、可持续发展等不同学科领域的研究论文，包括工作论文、期刊论文、会议论文等。

3）经济学研究论文（www. repec. org）。该网站也提供了大量可以检索和下载的关于社会经济研究的论文、图书、数据资料，内容非常丰富。

4）农业经济学搜索（ageconsearch. umn. edu）。该网站是由美国明尼苏达大学的应用经济系和图书馆共同提供和维护的，它提供了大量农业经济学领域相关主题的研究论文，可供农业经济学研究者免费使用。

（2）需付费使用的数据库资源。数据库资源一般由一些特定机构开发、维护，需要付费购买方可使用。目前经常使用的数据库资源有以下几个。

1）万方数据知识服务平台（www. wanfangdata. com. cn）。这一数据资源系统主要包括科技信息子系统、商务信息子系统、数据化期刊子系统等，提供期刊论文、学位论文、会议论文等资源的使用服务。

2）中国知网（www. cnki. net）。知网是国内最大的文献库之一，提供期刊论文、博硕士论文、会议论文、报纸、外文文献、年鉴、百科、词典、统计数据、专利、标准等资源，内容丰富，使用广泛。

3）国务院发展研究中心信息网（www. drcnet. com. cn）。这一数据库主要提供国研报道、财经数据、宏观经济、行业经济、统计数据、调查报告等多种数据资源。

4）中国资讯行（www. infobank. cn）。这一数据库包括中国经济新闻库、中国行业报告库、中国法律法规库、中国统计数据库、中国上市公司文献库、香港上市公司数据库等多个子数据库。

5）中国人民大学复印报刊资料数据库（ipub. exuezhe. com）。这一数据库包括全文数据库、数字期刊库、报刊摘要库、报刊索引库、目录索引库、专题研究库等。其中，全文数据库囊括了人文社会科学领域中的各个学科，包括政治学与社会学类、哲学类、法律类、经济学与经济管理类、教育类、文学与艺术类、历史学类、文化信息传播类以及其他类。每个类别分别涵盖了相关专题的期刊文章。

6）EBSCO数据库。EBSCO公司是世界上最大的提供期刊、文献订购及出版服务的专业公司之一。该公司旗下有多个数据库，包括期刊全文数据库、美国经济学会Econlit全文数据库等，内容涵盖了自然科学、社会科学、人文和艺术、教育学、医学等多个学科领域。

7）Elsevier Science Direct数据库（www.sciencedirect.com）。该数据库的内容涵盖了经济学与金融学、环境科学、心理学、社会学与人文学科等不同的学科，收录了大量的全文期刊、电子图书等。

8）Jstor数据库（www.jstor.org）。该数据库是专门收录过期学术期刊、电子书的数据库。该数据库覆盖的学科领域包括经济学、教育学、金融学、人口学、社会学、统计学、公共政策与管理等多个学科。

9）ProQuest数据库（search.proquest.com）。该数据库的内容涵盖社会科学、历史、艺术、科技等多个学科。该数据库中的学位论文数据库非常有特色。

10）Wiley公司全文期刊库（onlinelibrary.wiley.com）。该数据库的学科领域包括社会科学及人文、自然科学、技术和医学等。

除了由民间组织和出版公司开发的专业信息检索资源外，各个国家的政府及其部门、国际组织的官方网站也会提供研究者需要的很多资源，包括各类出版物（研究报告、图书）、社会经济统计数据等，例如，世界银行（www.worldbank.org）、联合国粮农组织（www.fao.org）、美国农业部经济研究局（www.ers.usda.gov）、国际食物政策研究所（www.ifpri.org）、中国国家统计局（www.stats.gov.cn）等。

（四）循环查找

循环查找法，又称为分段查找法，它的特点是将检索工具查找法和参考文献查找法结合起来，交替使用。可以先采用检索工具查找法查找出有用的文献资料，然后根据文献中所开列或提到的参考文献名目去查找更早一些的文献；也可以先采用参考文献查找法查找出更早一些的文献，然后采用检索工具查找法扩大查找文献的线索，如此分阶段地交替使用两种查找文献的方法，直到查找出自己所需要的文献为止。

同时，利用已有研究的参考文献进行信息资料的搜集也是非常有效的一条途径。在农村社会经济文献调查中，我们经常利用一些作品（文章、专著）末尾或作品中所提供的参考文献目录查找有关文献资料，这种方法被称作参考文献查找法，也称追溯查找法。其具体做法是：从已经掌握的文献资料开始，根据文献中所开列的参考文献和所提到的文献名目，直接去查找较早一些的文献，再利用较早文献中所开列的参考文献和提到的文献名目，去查找更早一些的文献。如此一步一步向前追溯，直到查找出比较完整的文献资料为止。

用追溯调查法查找到的参考文献资料不如用检索工具查找法所查找到的文献资料那样全面和广泛，但它查找到的文献资料比较集中，有效性相对较高，而且有助于调查者及时了解一些最新的科研成果。

第三节　文献信息的摘录

搜集文献的目的是获取与调研课题有关的情报资料和信息。为了有效地获取所需的文献资料，提高调查工作效率，按照一定的程序和方法做好文献信息的摘录是非常必要的。

一、快速浏览

浏览是将搜集到的文献资料普遍地、粗略地翻阅一遍，使自己对所搜集的文献有个初步的认识和大致的了解。通过浏览，可初步判断文献资料的价值，抓住主要内容，排除次要内容。浏览要善于抓要点，了解概况性的内容。如果浏览的是书籍文献，要特别注意文献的著者、提要、目录、前言、后记，以及注释、参考文献、索引等，使自己对全书的体系、框架有大体的了解。如果浏览的是论文或其他体例的文献，那就要抓住文章的大小标题、层次、结构、主要观点和论据等。浏览就是要抓住文献的要点，并对文献价值做出初步的估计。

浏览的速度要快。可以采取一目十行的“扫描式”阅读，以迅速了解文献的全貌；也可以采取有选择的“跳跃式”阅读，略过无关紧要的内容，寻找结论式的观点或有价值的数据。快速阅读的关键是要视读，不要音读；要有选择地读，不要通篇阅读；要善于抓住要点，不要任何东西都记。

二、认真筛选

筛选就是在全面浏览的基础上，根据调查目的的需要，将数量众多的文献进行分类整理的过程。

筛选文献应该分层次进行。首先，按文献有无价值，将所搜集到的全部文献分为可用和不可用两类；然后，将可用的文献进行分析比较，从中选出具有代表性和参考价值的文献作为调研的必用资料，其他文献作为备用资料。通过筛选，可以为实际调查研究工作提供一个层次清楚、主次分明的参考文献资料系列。

文献筛选的主要目的是找出对调查研究最有用的文献，并按照研究目的或研究内容将文献进行分类，以便进一步阅读或总结。

三、仔细阅读

阅读是从文献中摘取信息的重要步骤。阅读实际上是认识文献资料、理解文献资料、评价文献资料的过程，通过阅读可以全面掌握文献资料的实质内容，从中确定供分析研究使用的有关资料。阅读一般可分为粗读和精读两个阶段。

粗读时要搜寻表达文献基本观点的重点句子和主要事实、数据，抓住文献的主旨和脉络，把文献中的观点与观点、观点与事实、事实与事实联系起来思考。粗读的主要目的是掌握文献的基本内容，明确该文献与调查课题的关系，以决定是否需要进一步精读。

精读是一种深入探究、得其精髓的读书方法。通过精读，可以认真阅读和思考所选参考文献的内容，并通过与其他文献的对比和研究，客观全面地判断和评价文献所表达的思想和所提出的观点，从而明确该文献与调研课题的关系，以决定其参考应用的价值。值得说明的是，精读文献的过程也是鉴别文献真伪的过程，真实的材料可以为我们得出正确结论提供可靠的基础，而假材料或者信息不全面的材料则会导致错误的结论，是相当危险的。

专栏 6.1

如何有效地阅读论文?

有效地阅读论文可以帮助你提高研究工作的效率。一般来讲：

首先，读摘要。它会告诉你研究的目的、所使用的调查和研究方法，以及主要的研究结论。读摘要的主要目的是帮助你判断论文是否有继续读下去的必要，同时激发你对有关方法或结论的质疑、疑问。只有带着这些问题研读论文，才会达到研究和思考的效果。

其次，读结论。为了了解论文的观点，你可以直接看文章末尾的小结或结论，探究论文的创新点、问题，判断论文对自己研究的帮助有多大。

再次，浏览全文。在这一工作中，你要学会提高阅读速度和阅读能力。你可以通过记录论文标题、画出论文框架图、写出论文整体或部分内容提纲等方式，了解论文的整体结构和作者的构思。

最后，总结记录有效信息。在浏览了感兴趣的论文之后，你可以通过记录各部分的分论点、重点阅读论文的核心分析方法等，进一步理解论文的逻辑、观点和方法，并记录和学习对你有帮助的方面。同时，对论文使用的方法、观点进行综合性的评价，形成文字，为你的研究提供借鉴。

四、及时记录

俗话说：“好记性不如烂笔头。”在我们搜集和阅读大量文献的过程中，必要的、适时的记录对于更好地整理、认识和分析资料是非常重要的。在阅读过程中，将有价值的资料和信息及时记录下来，以供进一步分析和研究使用，是相当重要的，否则需要应用时却找不到已阅读过的重要信息，就会引起很多的麻烦。下面介绍记录资料的几种常用方法。

（一）读书笔记

读书笔记是记录、整理文献资料的主要方法，也是加强对于文献的认识、理解和分析的一种好方法。

记笔记可用笔记本、活页纸或卡片。用笔记本和活页纸做笔记时，应分别留出3～5厘米的边白，供以后增加内容或评论。在电脑和网络日趋发达的今天，很多学习者不愿意记笔记，认为电脑可以代替人脑，实际上这是非常不好的习惯，很多研究和思考的灵感、信息如果等坐到电脑边再记录的话，可能已经晚了。因此，我们还是提倡：在调查研究中，在适当的时候要会记笔记、记好笔记。

做读书笔记的方式多种多样，一般有标记、批注、抄录、提纲、札记、综述等。

1. 标记

在书面文献的有关内容上做记号，即为标记。例如，我们常用直线表示比较重要的内容；用曲线表示特别重要的内容；用夹线表示定义或经典论述；用惊叹号表示对某些内容的欣赏；用问号表示对某些观点的疑问；用三角号表示一段文字中并列的观点；用双圈号表示一段重要内容的结束。此外，还可根据自己的习惯做标记，如√、×、□等。标记这种方法简便省时，可一边阅读一边标记，用起来非常方便。

2. 批注

在文献上下左右的空白处写上简单的评语、疑问、体会等，即为批注。这种记录形式和标记一样，具有简单、方便、不受限制等特点。

3. 抄录

抄录是把文献中有价值的、有用的部分摘抄下来的做法。抄录有全录和摘录两种方式。全录是将文献资料一字不漏地全部抄录下来；摘录则只将有价值的自己需要的信息抄录下来。摘录可将与原文一模一样的整段整句抄录下来，也可以根据自己的需要，用自己的语言，把原文的基本观点、主要事实和数据简单地抄录下来。摘录时，不要打乱原文的结论、顺序和曲解原意，更不要随意发挥。

在抄录中，卡片通常是记笔记、形成信息块的一种很好的方式。通常，每张卡片只记一条资料。卡片用质量较好的纸制成，大小一致。每张卡片正面分为四栏：一是摘录栏，用来记录摘录下来的内容；二是分类栏，一般在卡片左上角留出1.5厘米的空白，供编号和分类用；三是著录事项栏，用来注明所读文献的作者、题目和出处；四是补白栏，即在卡片上的一侧留出五分之一以上的边白，用来写旁批、注释、补充以及感想等。卡片的使用灵活、方便，有利于分类、保存和提取。

4. 提纲

在认真阅读和全面理解文献资料的基础上，将其内容或逻辑结构记录下来，便于加深对原文献思想脉络的认识。提纲要力求全面清楚、简明扼要。

5. 札记

在全面阅读文献后，将阅读心得、感想、疑问、意见等记下来，即为札记。札记是一种带有初步分析研究性质的文章摘录方式，在对文献的分析研究和选择应用上，比其他摘录方式更进了一步。

6. 综述

研究者围绕某一问题，对一些文献资料进行阅读和思考后，将各种资料综合归纳，融入自己对资料中观点的评价，形成文字，记录下来，即为文献综述。综述的最大特点是全面性和概括性。综述是对已知信息的整理、加工、评价，因此，客观、准确地反映别人或原有文献的观点，是写综述时应遵循的原则。

文献综述是农村社会经济问题研究过程中前期重要的工作任务之一，它可以为研究的各个部分提供有益的信息。写文献综述时要注意两个方面的问题：

一是要注意"综"。这意味着和研究主题相关的文献要尽可能看全面、综完整。一方面，调研者要把资料搜集全；另一方面，研究者在阅读文献的时候不仅要关注文献中的证据、结论和观点，而且要关注文献中资料的分析方法和技术，确保自己对文献的分析较为完整。在此基础上，研究者再将文献的研究成果进行综合表述。

二是要注意"述"。这意味着在占有大量资料的基础上，不仅要对与主题相关的各类观点、研究方法进行综合，而且要对它们进行陈述和评述。这里要注意的是，陈述不意味着将别人的观点进行简单的罗列，而是要用自己的语言，将不同作者的观点或思想表达出来，使读者能够对前人的研究成果了如指掌，同时做到前后连贯、有序，层次清楚。评述意味着研究者要对文献中的观点进行点评、评价，对赞同、反对、值得商榷的地方要说明理由，同时还要提出自己的意见或者未来研究可能的发展方向。

因此，"综述"所要达到的效果是信息丰富、全面，表述灵活而不拘谨。贵在"综"，重在"述"①。学会写综述、写好综述是研究者的基本技能之一。现在本科生和研究生撰写的论文中，很重要的一部分就是文献综述。通过文献综述，我们不仅可以看出研究者在研究工作中是否投入了足够多的时间、精力，而且可以看出作者对某一问题的研究深度和广度，进而可以对论文的研究价值做出判断。

专栏 6.2

文献综述的撰写过程

文献综述的撰写过程主要包括以下几个环节：

（1）选择主题/问题；

（2）文献检索、阅读、筛选；

（3）文献论证、判断、选择；

（4）文献研读、分析；

（5）文献评价；

（6）综述撰写，即分门别类地将已有文献的方法、观点进行综合阐述和评价，在这个过程中也可以加入自己的理解、启发、思考等。

（二）剪报和复印

剪报是将报纸上有价值的内容剪下来，分类保存，以便日后使用时查找。

复印是将有价值的、有用的资料部分或全部复制下来，既方便又快捷。目前，人们

① 张蓉．社会调查研究方法．北京：高等教育出版社，2005：77.

已经普遍采用了复印、打印等方式对资料进行搜集和整理。

此外，记录资料时还可以采用扫描、计算机输入等现代化方式，将内容存储到计算机中，这样做既方便、快捷、卫生，又只需占据很小的空间。

第四节　对文献调查法的评价

古今中外，关于农村社会经济研究的资料非常丰富、涵盖的范围也十分广泛。通过查阅文献，研究者可以了解过去、吸取精华，思考当下、展望未来，进而在继承中发展思想。只有这样博古通今、融会贯通，才能客观地做好社会科学研究工作。因此，在农村社会经济调查中，文献调查法的应用具有重要的意义。

一、文献调查法的优点

（一）可以超越时空条件的限制

采用文献调查法，可以超越时空限制，广泛了解古今中外的各类文献。就时间跨度而言，可以调查了解几十年上百年，甚至上千年的农村社会现象；就空间跨度而言，不仅可以了解国内各个农村地区的社会状况，也可以了解其他国家或地区的农村社会政治、经济、文化等的发展状况。这一优点是其他任何一种社会调查方法所不可比拟的。

（二）具有调查对象无反应的优点

相较于访谈法、观察法，文献调查法不需要与人打交道，具有调查对象无反应的特点，因此，文献调查法不会受调查者的主观好恶或被调查者的心理和行为反应的影响，不会由于外界条件的变化而影响调查结果。

（三）方便易行，花费较少

文献调查法比实地观察法、访谈调查法等直接调查的方法更加方便易行，只要找到文献，就可随时随地查阅，较少受外界因素的干扰。相对于其他调查法而言，文献调查法具有省钱、省时、省力的优点，并且可获得比其他调查法更多的历史资料。

（四）是实施其他调查方法的基础和前提

在实地调查之前先进行文献调查可以对调查课题及调查对象有一个初步了解，并且对于前人的研究方法、研究结论有一个大致的了解，从而为进行更为深入的调查研究工作以及进一步开展实地调查设计更为科学、合理的方法，并提供诸如怎样设计问卷、怎样观察或者访问调查对象、怎样控制实验对象等方面的经验积累，最终提高资料搜集工作的质量。

二、文献调查法的不足

相对于现实的农村社会经济情况而言，文献调查的对象是文献，而文献是一种不完全的调查资料，其所反映的内容和调查者试图了解的内容不可能完全一致。因此，在使用文献调查法的时候必须注意其不足之处。

（一）缺乏现实性

文献调查法所取得的资料往往缺乏现实性。文献资料都是历史性的，不是即时的，而现实社会无时无刻不在发生变化，新事物、新现象、新问题总是不断地出现，其中总有一些来不及记录，所以文献调查法所获得的资料与现实情况之间往往存在一定的差距，缺乏现实性，这是文献调查法最大的不足之处。当然，随着社会科学技术的进步，文献承载体的形式变得多样，文献资料从形式到内容也都发生了多种变化，特别是音像制品的出现使文献资料也变得生动起来，在某种程度上弥补了某些类型的历史资料缺乏生动性的不足，使人们对于历史长河中的事实有了较为清楚的认识，但是即使如此，也无法改变文献资料具有历史性的特点和缺乏现实性的不足。

（二）文献资料受到时代和个人素质的限制

任何文献都是一定时代、一定社会条件的产物，是由具有一定个人素质的撰写者完成的，因此，任何文献的内容都会受到时代背景、社会条件的限制，也会受到文献撰写者的个人理论水平、文化背景、价值观念等多方面素质的影响。研究者在搜集、整理和使用文献资料时，必须考虑这一约束条件。

（三）文献调查的方向和最终结果有时难以控制

调查者在搜集资料的过程中虽然大致可以确定调查的范围和种类，但是能否从既有的资料中挖掘出研究需要的资料则往往是不确定的。有时，研究者可以轻而易举地查找到所需要的资料；有时，研究者经过长期艰苦的搜寻，最终可能还是很难找到比较有参考价值的资料。

此外，在信息爆炸的当今社会，仅靠个人的能力和条件很难将资料搜集齐全，文化知识水平有限的调查者更是难以充分利用文献调查法。

基于以上对于文献调查法的优点和不足的考量，在农村社会调研工作中，文献调查法可以作为一种先导调查法，通过了解与调查研究课题有关的前人研究成果，对当前的社会经济调查工作起到参考和借鉴作用，但是文献资料不能作为调查结论的现实依据。要真正了解现实社会的发展变化情况，必须深入农村，深入基层，进行直接的实地调查。

本章小结

1. 文献，是指以文字、图像、符号、音频、视频等方式记录和储存的有关人类各种知识和情报信息的资料，是文献调查的对象。

2. 文献具有历史性、间接性和继承性的特点。

3. 搜集文献时，要保证搜集到的文献资料有用、全面、多样、连续及时，这就要求文献调查者具备语言知识、专业知识、计算机技能等。

4. 搜集文献的方法主要有手工检索、机读检索、互联网检索、循环查找。

5. 文献信息的摘录包括快速浏览、认真筛选、仔细阅读、及时记录几个环节。

6. 文献调查法既有优点也有不足，在研究中一般作为一种先导调查法使用。

思考练习

1. 什么是文献？文献具有哪些特点？

2. 搜集文献有哪些要求？

3. 如何撰写文献综述？

4. 文献调查法具有哪些优点和不足？

5. 请使用有效的检索工具，分别按“农业技术进步贡献率”“莫迪利亚尼消费理论”“虚拟变量”“农民生产行为”等关键词查找 20 篇 2010 年以来的学术文献；并选择其中一个关键词，就搜集到的 20 篇文献资料，撰写文献综述。

本章思维导图

第七章

农村社会经济测量

测量体现在生活中的方方面面。当我们走在马路上碰到一个水坑，试图跳过去的时候，我们会用眼睛目测水坑的宽度，以决定我们要用多大的力气跳过去，此为眼睛对距离的测量。当然，这种测量不是非常精确，于是人们发明了更为精确的测量距离的工具，例如尺子。在现实生活中，不仅有测量距离的工具，还有测量重量、体积的工具等。这些工具为准确地测量事物或现象提供了条件。

测量是农村社会经济研究中的重要工作，也是每一个科学研究者需要掌握的基本技能。在第八章将介绍的问卷调查方法中，问卷就是为了达到一项科学研究的目的而对某一个现象和问题所设计的测量工具。问卷的每一个题条都是为了完成关于社会经济某一方面内容的测量任务而设计的，它可以使调研人员对社会经济问题的认识更加深刻、更加准确，从而使研究分析更加科学、合理。除了问卷之外，指标、量表也是重要的测量工具。

第一节　测　量

一、测量的含义

测量（measurement）是采用测量工具，对社会经济中研究对象、研究内容及所研究问题的属性和特征等进行有效、可信的数量化度量。在任何涉及数量描述和不同数量关系分析的研究中，都需要对社会经济现象和活动进行测量。在社会经济问题调查中，测量也广泛存在。例如，可以利用数字来表述农村的人口数量、农产品产量、土地面积等。这些数字通常是比较精确的。利用符号也可以对某个事物或某种现象的某个方面进行测量，如用“♀”和“♂”来分别表示女性和男性，用“Y”和“N”来分别表示人们“知道”和“不知道”某件事情。符号测量通常是按照既定的规则告知大众的，大众可以按照符号规定的意义来统一认识被测量的客体。如果我们规定利用“1”和“2”来测量人口性别，也是可以的，只是此时的“1”和“2”仅仅是一个符号，而不具有数学意义。

因此，在农村社会经济调查中，测量被认为是“依据一定的规则，将某一农村社会经济问题或现象的属性或特征，用一定的数字或符号表示出来”。测量社会经济现象和问题的工具既可以是数字，也可以是符号。数字可用来进行定量测量，符号可用来进行定性测量。

二、测量的要素

测量是对具体的农村社会经济问题的属性或特征的反映。一般而言，在测量的时候，要考虑农村社会经济现象或问题的四个要素。

（一）测量对象

明确测量对象是谁、是什么，能够使测量具有针对性。在农村社会经济调查中，测量对象一般可以分为几类：

（1）人。例如，农民往往是农村社会经济调查中的主要测量对象之一。为此，我们经常要多角度、多层面地测量和反映农民的状况，从农民的衣食住行，到思想意识、行为特征等方面，都可以进行测量。例如，2008—2009 年，受全球金融危机的影响，大量农民工返回家乡，于是关于农民工返乡问题和就业问题的研究被提上议事日程。在这里，返乡农民工就成为调查研究中的测量对象。再如，调查现阶段农民对于宗教的态度、调查现阶段农民对于使用生物农药的态度、调查现阶段农民对于农业生产气候是否发生变化的认知等，都属于对农民主观态度的测量。

（2）组织。组织包括农村基层政府组织、非政府组织、企业、学校、社区组织、家庭（农户）等。非政府组织中的农民合作经济组织、环境保护组织、由个体组成的家庭都是测量中不同于个体的对象。虽然组织也是由人组成的，但是针对组织的测量内容与针对具体的人的测量内容存在差异，特征也存在差异，测量的复杂程度也存在差异。

（3）物。农村社会经济调研的物可以是土地、房屋、山林、机械、动物等。例如，关于农村耕地面积的测量就属于针对物的特征的测量。

（二）测量内容

测量内容，是指调查所要反映的特定测量对象的属性或特征，也就是说测量什么。例如，针对农民的测量内容可以有很多方面，包括农民的个人特征属性、农民的就业选择和行为特征属性、农民对待某一社会现象的态度和看法等价值特征属性等。又如，在关于组织的测量中，各类组织的规模、结构、财务、管理模式等都属于测量内容，在测量的时候，具体需要对哪些特征属性进行测量，取决于调查研究的主题和验证研究假说的需要。

（三）测量规则

测量规则是为了对测量对象的具体特征属性进行衡量而制定的、调查中要普遍遵守的一致的规则。在农村社会经济调查中，这类规则是实现准确测量的基础。例如，在《中国农村住户调查年鉴》中，对总收入的测量规则是：调查期内农村住户和住户成员从各种渠道得到的收入总和。收入按性质可划分为工资性收入、家庭经营收入、财产性收入和转移性收入。测量规则实际上规定了对某个特征属性进行测量的具体方法。只要依据统一规定的测量规则进行测量，那么无论调查人员是谁，其调查所依据的测量规则都一致，调查所搜集的资料也具有一致性、可比性、准确性。

因此，在测量过程中，规定统一的测量规则是非常必要的。在问卷调查过程中，为了实现测量的一致性、可比性、准确性，问卷设计者必须对测量对象的测量规则进行界定，形成指导手册，以方便调查员按照统一的测量规则进行问卷调查。

（四）测量手段

在农村社会经济调查中，数字、文字、符号等都可以成为测量社会经济问题的手段。例如，我们可以用数字来表示农民朋友的年龄和收入、农村家庭的人口数、耕地面积、最近的批发市场与农村社区的距离、被调查企业的财务情况等。我们也可以用文字或符号来表示婚姻状况、对事物的态度和看法等。虽然在进行量化处理的时候，研究人员经常会将用文字表述的测量结果转化为数字形式，但是这些转化只是为了满足统计分析的需要，而不具有真正的加、减、乘、除的算术意义。

三、测量的分类

农村社会经济调查所涉及的对象多，问题、现象复杂，其特征属性也各不相同，因此，为了更准确地测量社会经济问题，史蒂文斯（S. S. Stevens）[①] 1946 年在《关于测量量表的理论》[②] 中就提出了按照数学特性对测量进行分类，1951 年载入其编辑的《心理实验手册》中的《数学、测量和心理物理学》[③] 一文创立了测量层次分类法。调查研究人员可以利用该方法对不同层次问题的测量进行分类，从而有选择性地使用统计分析技术和方法。

---

① 史蒂文斯（Stanley Smith Stevens，1906—1973），美国心理物理学家，以研究声音强度的感觉性而闻名。他提出了新的感觉等级评定方法，这种方法可以用来比较不同感官的感觉强度；还提出了心理物理的幂函数定律，弥补了传统心理物理学的不足。1946 年，史蒂文斯当选为国家科学院院士，1960 年获美国心理学会颁发的杰出科学贡献奖。

② S. S. Stevens. “On the Theory of Scales of Measurement.” *Science*, New Series, Vol. 103, No. 2684, 1946, pp. 677-680.

③ S. S. Stevens. “Mathematics, Measurement, and Psychophysics.” //Stevens, S. S. (Ed.). *Handbook of Experimental Psychology*. Oxford, England: Wiley, 1951.

（一）定类测量

定类测量（nominal measure），是指对测量对象某一特征属性划分类别，标上不同的名称或符号。定类测量的数学特性主要表现为“是”或“不是”、“属于”或“不属于”。在农村社会经济调查中，对调查对象的性别、职业、婚姻状况、受教育程度、宗教信仰等特征的测量，都采用定类测量的方法。

定类测量是测量分类中数学特性最弱的一类，但是对于任何一个社会经济问题而言，分类都是最基础的工作，是其他测量分类的基础。

（二）定序测量

定序测量（ordinal measure），是指不仅可以对测量对象的某一特征属性划分类别，而且可以将各个类别按照一定的标准进行排序。例如，测量农村人口的受教育程度时，可以将“受教育程度”这一特征属性划分为文盲半文盲、小学、初中、高中、中专、大专、大学、研究生等类别，并按照受教育程度由低到高的顺序进行排列。又如，测量农村家庭的收入水平时，可以将“收入水平”这一特征属性划分为年收入在 1 000 元以下、1 000（含）～5 000 元、5 000（含）～10 000 元、10 000（含）～20 000 元、20 000 元及以上等类别。

通过定序测量，不仅可以反映测量对象所处的类型或阶段，而且可以将它们所处的社会经济地位、生产和生活水平、住房面积大小等进行等级排序。定序测量所体现的数学特性比定类测量要强，定序测量所获得的信息也比定类测量要多。为了进行定量分析，在处理定序测量分类的时候，研究人员习惯将每一个测量的类型按照顺序依次给予 1、2、3、4、5 或者－1、0、1 等数字。这里需要注意的是：这些数字仅仅代表各个分类的类型和顺序，而不具有实际的数学意义，不能进行加、减、乘、除运算。

（三）定距测量

定距测量（interval measure），是指不仅可以对测量对象的某一特征属性划分类别、等级，而且可以确定不同类别和等级之间的数量差异。例如，当调查收入特征的时候，A 农户的年家庭总收入为 5 000 元，B 农户的年家庭总收入为 10 000 元，这里可以清楚地确定两个农户之间的收入差距为 10 000－5 000＝5 000（元）。

定距测量所体现的数学特性比定序测量又强一些。定距测量所获得的信息也更多。定距测量的数值往往具有真实的数学意思表示，可以进行加、减运算。

（四）定比测量

定比测量（ratio measure），是一种比例测量，其目标是对数据进行比例分析，是所有测量中数学特性最强的一类测量。所得到的数据不仅可以进行加、减运算，而且可以进行乘、除运算，例如，可以计算农村人口的出生率、死亡率、离婚率、人口性别比例、收入增长率等。

以上四类测量的数学特性是由弱到强逐渐递升的（见表 7－1）。数学特性强的测量具有数学特性弱的测量的所有功能，在农村社会经济问题研究中，要根据论证调查研究假说的需要，确定测量对象的特征属性的数学特性，从而确定测量类型。

表 7-1 按数学特性总结的各测量类型的特点

	定类测量	定序测量	定距测量	定比测量
类别区分（=，≠）	√	√	√	√
次序区分（>，<）		√	√	√
距离区分（+，-）			√	√
比例区分（×，÷）				√

选择测量类型的基本规则是：在条件许可的情况下，尽可能对调查对象进行数学特性强的测量。具体来说，只要特征属性能够进行定比测量和定距测量，就一定要进行定比测量和定距测量，而不要选择进行定序测量和定类测量，因为数学特性强的测量结果包含的信息多，可以转化成数学特性弱的测量结果，而数学特性弱的测量结果转化为数学特性强的测量结果的可能性就非常小。

四、测量的实施步骤

测量的实施一般包括以下步骤：首先，确定拟观测或度量的某个描述农村社会经济现象的抽象概念；其次，将抽象概念转化为可以从现实生活中获得的一个或多个具体概念（指标），并选出最适合此次调查研究的；再次，将具体概念转化为问卷中的题条、量表中的问题，设计出科学的测量工具；最后，借助测量工具，采用实地观察法、访谈调查法等来获取测量数据。

在这个过程中，从抽象概念，到具体化概念，再到具体的调查问题，体现出农村社会经济现象测量的重点环节分别是：概念化、操作化、可测量。

概念化是研究者在人们对农村社会经济中的一些做法、行动、意愿、观念等的普遍认知的基础上构建出一个有所指代的概念（名词）。概念化包括了抽象概念和具体化概念两个过程，目的是达成共识，促进沟通交流。在这个过程中，研究者要反复琢磨拟用概念的准确性、严谨性，要能够对概念做出清楚的解释，不能出现模棱两可、语义不清等情况。操作化是按照与概念的"对应规则"，把社会经济现象以数量化方式描述出来。可测量是最终的结果表现，也就是说，概念最终是可以测量出来的，这是测量的最终目标。

例如，改革开放以来，农村实行了土地承包经营制度。随着改革的深入，农村劳动力、土地、资本等要素配置不断发生调整和变化，出现了农民之间、村组之间出租、代耕代种等现象，为了了解这种现象背后体现的农民意愿和行为等，为制定农村政策提供指导，我们需要对这种现象展开研究。下面我们就按照实施步骤来分析如何对这种现象进行测量。

首先，我们需要对"土地在农民之间、村组之间出租、代耕代种等现象"给出一个抽象的概念。在这里我们抽象出"农村土地流转"这一概念。

其次，我们需要将"农村土地流转"这一概念具体化为可观察、可测量的概念。在这里我们可以将其具体化为"农村土地出租""农村土地租赁""农村土地托管""农村土地转让""农村土地转包"等多个概念。在这里我们选择一个合意的具体概念"农村土地出租"作为例子。

最后，我们将“农村土地出租”这一概念转化为需要在农村现实生活中进行观察、访谈的问题并获取数据。为此，我们可以设计如下的具体问题展开调查：

（1）在过去的一年里，您家中有出租出去的土地吗？

（2）如果有出租出去的土地，那么是租给本村的，还是租给外村的？

（3）如果有出租出去的土地，那么每亩地的租金是多少？

（4）出租土地是否签了书面合同呢？

（5）出租土地的租期是多长？

…………

经过以上过程，调查者可以对农村土地流转相关问题进行数量化描述，进而实现对相关问题的测量。

第二节　指　标

指标（indicator）是用来具体描述社会经济现象的特征或属性的标志。测量是农村社会经济调查中反映各类社会经济现象特征或属性的一般概念，具有理论性和抽象性的特点；而指标是农村社会经济调查中可操作的、有针对性的、用以反映各类社会经济问题的具体概念。指标一般可以分为调查指标和社会指标两类。

一、调查指标和社会指标

调查指标是指在调查过程中用来反映社会经济现象或问题的类别、规模、状态、水平等特性的项目。例如，姓名、性别、年龄、产值、产量、人口规模等都是我们常用的调查指标。调查指标是农村社会经济现象或问题中某一概念、某一内容的指示标志，它表示的是经验层面的问题或现象。

社会指标是在调查指标的基础上完善并抽象出来的、用以反映具有普遍性的社会状况或意义的项目或标志。社会指标由调查指标抽象而来，同时又进一步成为调查指标的依据和指南。在调查过程中，调查指标获取数据的可操作性更强，而社会指标的抽象性更强。很多调查指标是在社会指标的基础上分解和细化出来的。

例如，“农地生产率”作为一个衡量土地产出状况的社会指标，在进行调查的时候是无法直接获取的，因为这个概念非常抽象，调查对象无法理解，所以在进行调查的时候必须将此指标分解为可以操作的调查指标。“农地生产率”可以分解为“农地产量（值）”和“土地面积”，后面两个调查指标的数据获取要简单得多。当然，根据研究的需要，调查指标还可以进一步细分。

当然，对于简单概念的测量，调查指标的设计就简单一些，需要的指标就少；而对于复杂概念的测量，调查指标的设计就复杂一些，需要的指标就多。例如，测量农民性别状况的指标可以简单设计为“性别”，测量农民年龄状况的指标可以简单设计为“年龄”；而测量农民的民主政治意识这种复杂概念的时候，其指标可以是针对农民设计的

“农民参与村级民主选举活动的次数”，针对村庄总体情况设计的“参与村级民主选举活动的村民（达到法定年龄）的人数”“在外务工人员参与村级民主选举活动的人数”等。可以看出，对于农民的民主政治意识这样的概念，单一指标设计不能全面测量其所包含的内容，因此需要设计复杂一些的指标。

指标是将复杂概念进行操作化处理的重要工具，而操作化处理后的指标实际上会进一步具体化为调查问卷中提出的内容，成为研究人员进一步验证假设所需要的素材。因此，总体而言，设计问卷时要遵循调查研究程序，围绕论证研究假说的需要，抽丝剥茧，将复杂问题进行分解和可操作化处理，从而达到搜集验证假说所需资料的目的。

二、调查指标的设计

调查指标是社会调查目的和调查内容的具体、集中的体现，是整个调查方案的核心部分。设计调查指标的时候要遵循以下原则：

（一）设计原则

1. 科学

科学是指调查指标的设计必须符合客观实际情况。在不同的历史时期，人、事、物的概念也是不同的，会随着社会经济的发展而发生变化。例如，在民主革命时期，社会阶层可分为地主、富农、资产阶级、小资产阶级等；而到了 20 世纪 90 年代，社会阶层发生了改变，可分为工人、农民、专业技术人员、党政机关工作人员、城乡个体户、私营企业主等。随着阶层的变化，测量农村分层的调查指标的设计也要因时而异、因地而异，否则就违背了科学原则。

2. 完整

完整一方面是指调查指标的设计要能够全面、准确地反映调查对象的整体情况；另一方面是指单一调查指标的设计要全面、正确地反映调查对象的某一特征属性。调查指标要完备而不能残缺不全、有所遗漏；要互斥而不能交叉、重复。例如，对于“婚姻状况”指标，不能仅设计“未婚”“已婚”两个备选答案，因为实际生活中还存在其他类型的婚姻状况，如“离婚”“丧偶”等。简单列出两个备选答案是不够完整的，正确的设计应该是列出“未婚”“已婚”“丧偶”“离婚”“丧偶再婚”“分居”“同居”等备选答案。只有这样才能穷尽“婚姻状况”的一切可能性，才算真正体现了完整这一设计原则。

3. 准确

科学、完整不仅意味着调查指标设计准确，还意味着调查指标的定义清晰，指标数据的计算方法和计量单位统一。例如，“农业总产值”这个指标的定义是“用货币计算的农业产品总量”。仍以产值为例，有的可以以“元”为单位，有的可以以“百元”“千元”“万元”为单位，有的甚至可以以“亿元”为单位。而且，我们还可以规定农业总产值的计算方法为：农业总产值＝种植业产品总量×价格＋林产品总量×价格＋畜产品总量×价格＋副业产品总量×价格＋水产品总量×价格。统一规定计算方法对量化“农业总产值”是十分重要的，这样易于计算和比较。

4. 简明

简明是指调查指标的设计要力求简单、明了，以能说明问题为原则。问卷所涉及的调查指标应该尽量简单，能够恰如其分地反映验证假说所需要的内容。问卷中的问题并不是越多越好，而是在满足调查研究需要的基础上，以尽量简单为好，因为多一个指标，调查时的工作量就会增加，同时在论证假说的时候就多一个变量，统计分析的工作量也会增加许多，所以，选择恰当的、简明的调查指标是问卷设计中非常重要的。

5. 可能

可能是指调查指标的设计要根据实际情况，充分考虑获取资料的可能性，特别是指标设计要关注调查对象能否理解调查指标的意义并对相关题条给出明确的答案。

（二）设计过程

指标设计必须以一定的研究假说为指导，围绕论证假说所需要的资料，逐步设计出一套社会指标体系，并将社会指标具体化为调查指标。

在将社会指标具体化为可操作的调查指标的时候，指标分解就成为关键。例如，影响农户种植粮食作物行为的因素大体可以分为两大类：家庭内部特征和家庭外部特征。在细化分解的时候，可以进行如图 7－1 所示的指标设计（因为内容较多，我们只将指标分解中的家庭人口特征、家庭生产支出特征、政府政策等进行了分解举例，供大家参考）。

- 家庭内部特征
  - 家庭人口特征
    - 家庭劳动力人数
    - 家庭劳动力平均年龄
    - 家庭劳动力健康状况
      - 都健康
      - 大部分健康
      - 小部分健康
      - 都不健康
    - 劳动力平均受教育年限
    - 户主年龄
    - 户主受教育程度
    - 户主接受农业技术和教育培训的情况
  - 家庭财产特征
  - 家庭耕地特征
  - 家庭生产支出特征
    - 每亩耕地的土地成本（租金）
    - 每亩耕地的化肥、农药等成本
    - 每亩耕地的劳动力成本
    - 每个劳动力每日的工钱
- 家庭外部特征
  - 交通、通信
  - 批发、零售市场地理位置
  - 气候条件
  - 政府政策
    - 政府粮食补贴方式
    - 政府每亩粮食补贴额度
    - 政府是否给予农业保险支持
    - 政府是否给予农业贷款支持

图 7－1　农户种植粮食作物行为的部分影响因素指标分解图

第三节 量 表

量表（scale）是由研究人员精心设计出来的、由系列问题组成的、用于测量调查对象对社会经济现象的认知、态度、意向、感受、倾向等主观评价或判断的一种工具。[①] 在社会经济调查研究中，量表经常被广泛使用在个体对社会经济现象的主观评判上。

一、量表的特点

量表是按照一定的逻辑结构或者经验，将多项问题综合在一起而形成的有序调查表，用于测量调查对象对某个社会经济现象的主观判断。量表中的问题一定是多个，而且每一个问题可能代表一个指标。因此，量表是由若干个指标构成。量表是特殊的问卷类型。

例如，我们要测量“消费者对新能源汽车的态度”“农民对气候变化风险的认知”“客户对企业售后服务的满意度评价”等，这些调查都是对调查对象的主观判断和评价的测量。

量表测量的结果通常是通过一个指数（index）来表现的，且通过该指数可以比较不同调查对象的主观评价差异。指数是对量表要测量的调查对象的主观特征的一种表示。在量表中，每一个测量问题（指标）设有一致的备选答案，且每个备选答案都被赋予了一定的分值，在调查结束后，按照一定的逻辑，将调查对象选择的答案所对应的分值进行汇总，可以得到一个综合的分值，就是指数值，也是我们测量的结果。指数是由被赋值的指标（数量化指标）综合运算而得。

与测量中使用单一指标或单个问题相比较，量表作为测量工具能获得更多、更真实、更准确的信息，能通过系列问题的间接、综合评价，将不能直接、客观地观测的社会现象度量出来。[②]

二、量表的编制

在社会经济研究中，根据测量内容的不同，量表的类型也是多样的，可以分为态度量表、认知量表、智商量表、情商量表、人格量表、社会距离量表等。在这里，我们重点介绍李克特量表的编制方法。

（一）李克特量表的表现形式

李克特量表是美国社会心理学家李克特（R. A. Likert）将原有的总加量表改进而成的。李克特量表由一组陈述式问题组成，对每一个问题均按照定序测量原则设置了 5 个备选答

① 艾尔・巴比．社会研究方法（第十一版）．北京：华夏出版社，2013：154.

② 袁方．社会研究方法教程．重排本．北京：北京大学出版社，2013：221－223.

案，分别是完全同意、比较同意、中立、比较不同意、完全不同意，对应分值依次为1、2、3、4、5。调查结束后，将每个调查者所选答案对应的得分加总，并根据总分的高低对调查对象的主观判断强弱进行评价，从而实现对调查对象主观态度等方面特征的一般了解。这些备选答案作为“描述程度的词”也被称作“锚点”，用来锚定被测量题项的程度。

李克特量表通常采用5点计分法，也就是每个问题对应5个计分的备选答案。在实际的量表设计中，还可以采用7点计分法、10点计分法等。分值划分得越细，对被调查对象的主观态度评价可能就越细致，但同时也会出现不同态度之间难以区别清楚的情况。

例如，在研究“农民创业机会识别的影响因素”时，我们考虑到“先验知识”可能是影响创业机会识别的一个因素，但是关于农民的先验知识情况是农民主观意识的表达，我们无法通过直接观察来获得，需要通过量表（见表7-2）进行测量。①

表7-2所示的量表采用的是李克特量表的编制方法，由9个问题组成，这些问题是根据研究农民先验知识的逻辑需要进行排列的。量表中的1～3题是用来测量农民先验知识中的创业经验的；4～6题是用来测量农民先验知识中的产业知识的；7～9题是用来测量农民先验知识中的特殊兴趣的。每一个问题有5个备选答案，每个备选答案的数字是其对应的得分。该案例中量表的9个问题的总分值最低为9分，最高为45分，分值越高，代表农民创业机会识别中的先验知识越丰富。在表7-2中，调查对象选择的答案对应的得分总计为：

$$1+4+5+4+3+5+4+3+4=33$$

该得分表明该农民的“先验知识”较丰富。

表7-2 关于农民创业机会识别中的先验知识评价量表

本量表中的问题答案无对错之分，请您根据实际状况在合适的选项上画“〇”，注意不要遗漏任何一个问题。

问题	备选答案				
	完全不同意	比较不同意	中立	比较同意	完全同意
1. 我接受过相关的创业培训	①	2	3	4	5
2. 我有过创业经历	1	2	3	④	5
3. 我和一些创业者交流过	1	2	3	4	⑤
4. 我对某一行业的顾客需求有足够的认识	1	2	3	④	5
5. 我对某一行业的技术知识有足够的认识	1	2	③	4	5
6. 我对某一行业的市场环境有足够的认识	1	2	3	4	⑤
7. 我对关注的领域充满好奇和兴趣	1	2	3	④	5
8. 我不断培养自身的能力来获取感兴趣的领域的知识	1	2	③	4	5
9. 我投入大量精力来了解感兴趣的产品的动态	1	2	3	④	5

① 在这里，表7-2的内容只是用于举例，虽然在实地样本研究中的信度、效度都较好，但不代表完美。

（二）李克特量表的编制步骤

1. 确定测量内容

在分析“农民创业机会识别的影响因素”这一问题时，除了农民的“先验知识”作为重要的影响因素之一需要通过量表进行测量外，农民的“创业机会识别能力”本身也是一个主观因素，也需要通过量表进行测量。可见，确定测量的内容对于开展研究设计以及后续顺利完成研究任务都是非常重要的。

2. 提出测量问题和计分标准

一个量表中的问题数量并没有固定的标准，以满足测量的需要为基本原则，同时兼顾精确、简洁、科学、有序。一般来讲，有5～20个问题的量表比较适合。特别需要注意的是，问题的提出可以是正向的，也可以是反向的，在赋予分值的时候，正向问题和反向问题的计分顺序应该是相反的。

3. 首次试调查和评估

选择部分调查对象进行量表的填答、测试称为试调查。通过试调查，我们要达到两个目的：一是了解被试者能否清晰理解量表所提出的问题、能否顺利完成量表的填答；二是对被试者填答的量表进行分析，检查量表中的每一个问题在实现测量内容上的辨识力。通过对量表中问题的调查和评估，我们对量表进行修正和完善。

量表问题的辨识力是指量表中的每一个问题在分辨不同调查对象的不同态度、不同倾向等主观评价差异方面的能力。如果一个问题的填答结果都是“完全同意”，那么这个问题就是没有辨识力的问题。通过量表的试调查和评估，我们要删除辨识力低的问题，保留辨识力高的问题，从而使量表更有效。

评估量表问题的辨识力的方法包括：

（1）按照每个被试者测试总得分的高低，将预调查中的被试者进行排序。

（2）找出测试总得分排序中前25%（高分组）和后25%（低分组）的被试者，分别计算这两组测试者在每一个量表问题上的平均分，然后进一步求出每个问题的平均分差值（每一个问题的高分组平均分减去低分组平均分）。

（3）差值越小的问题，辨识力越差；差值越大的问题，辨识力越好。

经过上述辨识力评估，我们选择将量表中辨识力差的问题删除，留下辨识力好的问题。

4. 二次试调查和专家咨询

经过首次试调查和评估后，我们将修订后的量表进行二次试调查。二次试调查不仅要完成与首次试调查一样的工作，而且要在对测试对象进行调查的基础上，进一步咨询相关研究领域的专家、学者等，对量表中问题的全面性、准确性、有效性等进行评估，再次对量表进行修订和完善。此过程可以再次或多次重复进行。

5. 定稿

只有定稿后的量表才能用于正式的调查研究。

（三）对李克特量表的评价

语意差异量表

李克特量表的优点是操作简单，容易编制，适用范围广；不足是以量表中多个问题的加总得分来代表调查对象的主观态度，这样做虽然可以区分得分高低，但是无法区分关于调查对象在每个问题上的主观认知的差异化程度。

第四节　测量的信度和效度

量表和问卷都是进行农村社会经济调查的工具。使用这些工具测量农村社会经济现象的特征时，我们关心的是这些工具测量出来的数据在多大程度上是可信的、有效的，这通常被称作测量的信度和效度。

一、信度

信度（reliability），是指用测量工具测量社会经济现象的特征时所测量结果的一致性或稳定性。它被用来评价针对调查对象而言的测量工具的质量。

我们将测量工具在同一对象上反复使用，若测量结果的一致程度高，则认为该测量工具是可信的、可靠的。信度大都以相关系数来表示，因而也称为信度系数。相关系数越大，表明测量的差异在越大程度上来自调查对象本身的差异，测量工具的测量误差越小，测量工具的信度越高。

在社会经济调查中，设计一份“完美”的量表或问卷的意义也体现在这里：只有信度高的测量工具所测量出来的结果才是社会科学研究重要的资料基础。我们经常使用的信度评价方法主要有以下四种：

（一）再测信度

再测信度（test-retest reliability），是用同一种测量工具，对同一群对象，在不同时间（T_1 和 T_2）先后测量两次，根据两次测量的结果计算出相关系数的方法。该相关系数被称为再测信度系数。再测信度的使用容易受到两次测量间隔期内各种活动或事件对被试者的影响，特别是间隔时间的长短也会对测试结果有一定的影响。再测信度采用计算相关系数 r 的方法进行度量。公式为：

$$r=\frac{\sum X_1X_2-\frac{(\sum X_1)(\sum X_2)}{n}}{\sqrt{\left[\sum X_1^2-\frac{(\sum X_1)^2}{n}\right]\left[\sum X_2^2-\frac{(\sum X_2)^2}{n}\right]}}$$

式中，X_1、X_2 分别代表前侧和后侧的数据。

（二）复本信度

复本信度（alternate-form reliability），是研究者设计两种内容、格式、难度等相似的测量工具，对同一调查对象进行测量，然后根据两次测量的结果计算出相关系数的方法。该相关系数被称为复本信度系数，其计算方法与再测信度计算相关系数的方法是一致的。使用复本信度的难点在于找到合适的复本，特别是内容、格式、难度和相关问题的提问方向完全一致的复本。

（三）折半信度

折半信度（split-half reliability），是研究者设计一种测量工具，其中的问题按照单双号进行编号（单号问题与双号问题在内容、难度等方面都具有相同的性质），在对调查对象进行测量后，把单号问题与双号问题的测试得分作为两组，计算这两组得分之间的相关系数的方法。该相关系数被称作折半信度系数。为了使用这一方法，研究者通常要设计双倍的测量问题。根据折半信度系数，可以进一步利用 Spearman-Brown 公式计算出整个量表的信度系数 r_u，计算公式为：

$$r_u=\frac{2r_{hh}}{1+r_{hh}}$$

式中，r_{hh} 为折半信度系数；r_u 为量表信度系数。

（四）内部一致性信度

内部一致性信度（internal consistency reliability）是利用量表中各个题条的同质性来测量构成量表的题条体系的信度。内部一致性信度适用于对项目分值累加求和的量表进行信度评价。每个题条的分值是量表总分值的一部分，且每个题条度量的内容与量表所要测量的变量内容之间具有相关性，因此，每个题条之间也具有较高的相关性，即内部一致性。

目前，社会科学中常用来测量内部一致性信度的系数是 Cronbach's α。它是指量表中由所有题条共同作用所引起的方差占总体方差的比例。其计算公式为：

$$\alpha=\frac{n}{n-1}\left(1-\frac{\sum\sigma_i^2}{\sigma_y^2}\right)$$

式中，σ_i^2 表示量表中第 i 个题条的方差，每个方差所包含的信息都是以单一题条为基础的、非共有的；σ_y^2 表示量表的总体方差，等于所有题条的方差和协方差的和；$\frac{\sum\sigma_i^2}{\sigma_y^2}$ 表示各个题条的非共有方差之和占量表总体方差的比例；$\left(1-\frac{\sum\sigma_i^2}{\sigma_y^2}\right)$ 表示各个题条共有方差的比例；n 表示量表中题条的个数；$\frac{n}{n-1}$是调整系数，用以把 α 的取值限定在 0 和 1 之间。

信度是用于评价利用测量工具搜集的资料的可靠性的统计测量标准。在采用信度进行评价时，一般先要看一下所搜集的数据是否适合或有必要做信度评价，或者采用哪种方法做评价比较合适。例如，对于一些客观指标、事实性的数据，可以采用重复检测法进行信度评价，而不适合采用内部一致性信度评价；对于李克特量表，采用内部一致性信度评价是非常合适的。

信度系数的大小是相对的。用相关系数来评价信度的时候，其值越接近 1，表明测量工具质量越好；其值越接近 0，表明测量工具质量越差。一般来说，0.9 以上可以认为很好，0.7 以上为好，低于 0.4 算差。其他评价信度的方法对评判标准的要求也不尽相同。

二、效度

效度（validity）是指测量工具中的问题或题项能够准确测量某一概念或特征的程度。它可以用来评价针对问题或题项而言的测量工具的质量。

研究者在分析所设计的测量工具的效度的时候，可以问自己几个问题："测量工具所设计的问题是要测量哪一个（几个）概念或特征？所设计的问题能够准确测量这些概念或特征吗？能够在多大程度上测量这些概念或特征？可以设计更好的问题来代替现有的问题吗？"这些经验性的问题可以帮助研究者初步判断测量工具的有效性，当然，要判断一种测量是否有效，还需要多方面搜集证据来进行效度验证。效度的评价方法有以下几种：

（一）表面效度

表面效度（face validity）是指对概念或特征的实际测量结果与我们头脑中的印象或者共识相吻合的程度。在研究中，很多概念或特征是具有学术共识的已知，例如，农民、农户、家庭承包经营、土地转让、出租、转包、集体经济组织等概念的测量都可以按照已有的共识进行操作化处理。

表面效度是一种主观评价效度的方法。当然，也有一些特征需要设计一个有效的问题予以测量。例如：我们要测量一个学生"学习是否刻苦"，那么我们可以用"学生每天/周待在图书馆的时间（小时）"作为测量的问题，这显然是合理的，并且无须过多解释，我们可以把这样的问题称作具有表面效度的问题。

（二）建构效度

建构效度（construct validity）是指研究者基于研究变量与其他变量在理论上的逻辑关系，建构实证分析中变量间的关系，并通过设计测量工具中的问题、进行实测和分析，来判断实证结果与理论逻辑一致的程度。如果一致的程度也高，那么测量工具的建构效度也高；如果一致的程度低，那么测量工具的建构效度也低。建构效度是一种客观评价效度的方法。

例如，我们要研究"影响企业员工工作满意度的因素"。在这里，除了要对"工作满意度"进行测量外，研究还应该有一定的理论预期，也就是说，要建构"工作满意度"

和“其他变量”之间可能存在的关系。我们以“企业忠诚度”作为建构中的那个“其他变量”，假设“对工作满意度高的员工比对工作满意度低的员工，对企业的忠诚度更高”。如果能够证明“工作满意度”与“企业忠诚度”之间有关系，那么测量就具有建构效度。但是，如果研究显示，“对工作满意度高的人和对工作满意度低的人，都对企业很忠诚”，那么测量的建构效度就有待商榷。

（三）内容效度

内容效度（content validity）是指测量工具在多大程度上反映出所测量的概念或特征的内涵和外延。只要研究者对测量工具中所包括的问题或题项是否符合测量的目的和要求、能否反映所测量的概念或特征的要义进行经验判断，就可以对测量工具的内容效度做出评价。内容效度也是一种倾向于主观评价效度的方法。

例如，我们要测量一个概念“歧视”。从歧视的内涵上看，它是指“不平等的对待”；从歧视的外延上看，歧视包括“种族歧视”“性别歧视”“年龄歧视”“户籍歧视”等，那么内容效度就是要检查研究者是否设计了足够的有针对性的问题，以达到全面测度“歧视”概念的内涵和外延的目的。

效度的评价是复杂的，需要从多个方面搜集证据。在农村社会经济调查研究中，测量工具效度低的原因主要是研究者设计的问题不能准确反映调查的目的，或者提出的问题过于笼统，概念不清楚，表达模糊。

（四）效标效度

如果预先假定一个有效的测量标准，那么符合这种标准的测量工具可以作为测量某一特定现象或概念的效标。在实际测量中，可以使用多种测量工具进行测量，每一种工具的测量结果与效标的一致性被称为效标效度（criterion validity）。依据产生效标的方式的不同，效标效度可以分为预测效度、共变效度、实用效度。① 效标效度是一种倾向于客观评价效度的方法。

三、信度与效度的关系

调查研究需要既有信度又有效度的测量。缺乏信度或效度的测量都是不合格的，对研究都是无用的。在社会经济调查研究中，对于测量工具的信度和效度的关系有如下几种判断：

信度高，效度可能高，也可能不高。

信度低，效度不可能高。

效度高，信度可能高。

效度低，信度可能低，也可能不低。

由这些判断可以看出，信度是效度的必要条件，但不是充分条件。信度低，效度必

① 袁方．社会研究方法教程．重排本．北京：北京大学出版社，2013：144－145.

然低，但是信度高，效度未必高。效度是信度的充分条件，但不是必要条件。效度高，信度必然高，但效度低，信度未必也低。

为了保证调查研究的可信和有效，研究人员需要做好两个方面的工作：

一是科学选择调查对象。适宜的调查对象能够正确理解和回答调查问题，这对于提高测量工具的信度是有用的。

二是科学设计适合调研需要的测量工具。研究人员在设计问题、筛选问题等环节上要谨慎、认真、科学，还要做好预调查、专家咨询等工作，尽量保证测量工具的高效度。

本章小结

1. 测量是采用测量工具，对社会经济中的研究对象、研究内容及所研究问题的属性和特征等进行有效、可信的数量化度量。测量工具有问卷、指标、量表等。

2. 测量包括测量对象、测量内容、测量规则、测量手段等要素。

3. 依据数学特性的强弱，测量可以分为定类测量、定序测量、定距测量、定比测量四类。

4. 测量的实施步骤是：首先，确定拟观测或度量的某个描述农村社会经济现象的抽象概念；其次，将抽象概念转化为可以从现实生活中获得的一个或多个具体概念（指标），并选出最适合此项调查研究的；再次，将具体概念转化为问卷中的题条、量表中的问题，设计出科学的测量工具；最后，借助测量工具，采用观察、访谈等调查方法来获取测量数据。

5. 指标是用来具体描述社会经济现象的特征或属性的标志。

6. 调查指标是指在调查过程中用来反映社会经济现象或问题的类别、规模、状态、水平等特性的项目。

7. 社会指标是在调查指标的基础上完善并抽象出来的、用以反映具有普遍性的社会状况或意义的项目或标志。

8. 调查指标的设计原则是科学、完整、准确、简明、可能。

9. 量表是由研究人员精心设计出来的、由系列问题组成的、用于测量调查对象对社会经济现象的认知、态度、意向、感受、倾向等主观评价或判断的一种工具。

10. 量表是按照一定的逻辑结构或者经验，将多项问题综合在一起而形成的有序调查表，用于测量调查对象对某个社会经济现象的主观判断。量表中的问题一定是多个，而且每一个问题可能代表一个指标。

11. 李克特量表的编制步骤是：确定测量内容、提出测量问题和计分标准、首次试调查和评估、二次试调查和专家咨询、定稿。

12. 信度是指用测量工具测量社会经济现象的特征时所测量结果的一致性或稳定性。它被用来评价针对调查对象而言的测量工具的质量。信度的评价方法有再测信度、复本信度、折半信度和内部一致性信度。

13. 效度是指测量工具中的问题或题项能够准确测量某一概念或特征的程度。它被用来评价针对问题或题项而言的测量工具的质量。效度的评价方法有表面效度、建构效度、内容效度和效标效度。

思考练习

1. 什么是测量？依据数学特性可以将测量划分为哪些类型？

2. 简述测量的实施步骤。

3. 什么是指标、调查指标和社会指标？调查指标的设计原则有哪些？

4. 什么是量表？量表有哪些特点？

5. 简述李克特量表的编制步骤。

6. 什么是信度和效度？

7. 请在中国国家统计局的网站（www.stats.gov.cn）上找到2011—2015年31个省（市、自治区）（不包括香港、澳门、台湾）的“农林牧渔业总产值”这一指标的数据，并了解这一指标所包括的各维度指标。

8. 如果我们要研究“消费者对有机蔬菜特性的认知对其购买行为的影响”，那么请你按照李克特量表的编制要求，设计一份能够测量“消费者对有机蔬菜特性的认知情况”的调查量表。

本章思维导图

第八章

问卷调查法

问卷调查法是调查者利用一份精心设计的调查问卷，通过由调查对象填写或者由调查对象回答、调查者填写的方式，进行资料搜集的方法。使用问卷调查法的关键是设计问卷。问卷调查法是抽样调查和研究中的重要工具，只有设计一份能满足调查研究需要的完美问卷，才能使调查的结果达到研究目的。因此，在这一章里，我们重点介绍问卷设计的基本程序以及问卷题条的设计方法。

第一节　调查问卷设计的程序

问卷是调查者在使用问卷调查法的过程中用来搜集资料的重要工具。问卷在很大程度上决定着调查的质量、回收率、有效率，以及调查的成败。因此，设计问卷成为问卷调查法中的关键环节和关键技术。在设计问卷的过程中，既要考虑调查研究内容和调研人员的需要，也要考虑调查对象的多种情况，使设计出来的问卷尽量合情合理。

为了设计一份科学、有效的调查问卷，研究者应该遵循一定的设计程序。设计问卷时，不要急于求成，一上来就动手写，而是应该先做一段时间的探索性工作，阅读文献，明确调查研究的目的，确定研究假说中的关键变量；接着才是设计问卷初稿，并对其进行试用和修改；最后才能形成正式的调查问卷。

一、问卷设计的准备工作

准备工作是调研者在设计问卷之前必须进行的一项重要工作。所谓“磨刀不误砍柴工”，只有将问卷设计的准备工作做好，才能达到事半功倍的效果。通常，问卷设计的准备工作主要有：认真阅读相关资料，进行理论上的准备；尽可能征求有关专家及实际工作者的意见，以获得经验和指导；与各种类型的调查对象进行一定时间的自由交谈和访问，了解他们对各问题的看法和回答等。准备工作可以为调查问卷的设计打下良好的基础，可以使问卷的设计既符合理论要求，又切合实际，能够满足调查研究的需要。

二、问卷设计的步骤

（一）明确调查研究的总体目标

调查研究的总体目标是问卷设计的出发点。问卷设计者在设计问卷的时候首先要明确：

（1）问卷设计如何达到调查研究所要实现的目标；

（2）研究的类型是探索性调研、描述性调研还是解释性调研；

（3）如果是解释性调研，其研究假说和关键指标变量分别是什么；

（4）关键指标变量的测量方法、问题描述方法和资料获取方法；

（5）问卷设计的具体细节，例如，题条的设计和排序，对敏感问题、价值判断问题、伦理道德问题等的处理。

通过对上述问题的思考，调查研究的总体目标、研究内容、研究思路得以进一步明确，设计者就可以非常有针对性地进行调查问卷设计了。

（二）明确调查研究对象

调查研究对象是调查问卷所要征询的对象。在问卷调查过程中，调查对象的类型决定了具体采用哪种调查方法和调查方式。例如，如果调查对象是企业，那么所采用的调查方法和调查方式就与以农户为调查对象时不同；如果调查对象是位于经济发达地区，那么与调查对象位于经济欠发达地区时相比，所采用的调查方法和调查方式也一定有所不同。因此，在设计调查问卷之前具体明确调查对象的类型、调查对象的地区分布等情况，对于问卷设计中的题条设计，包括问题的提法、问题的表述形式、语言的使用等都有非常积极的作用。

（三）列出调查研究的问题及征询该问题的题条

题条是调查研究问题的具体表现形式。题条一般可以分为三种类型：封闭型题条、开放型题条和半封闭型题条。封闭型题条一般包括问题和备选答案两部分，开放型题条仅仅包括问题，而没有备选答案。在问卷调查中，封闭型题条是问卷设计中的主要部分。封闭型题条具有明确的指标变量和标准化的数值选择，非常适合于做定量分析。

一个亟待研究的问题可能只需要通过一个题条就能搜集到相关信息，也可能需要通过两个甚至多个题条才能搜集到相关信息，因此，题条是具体化了的问题表述，其目标是围绕要调查研究的问题进行设计，使问题具体化、明晰化、条理化和可操作化。当然，如果对问题理解得不好，就可能得到不确定或不表态的回答。另外，调查对象群体的特征对问卷设计也有很大的影响，群体差异越大，设计一个完全适合整个群体特征的问卷就越困难。

（四）问卷结构设计和问题编排

当明确了调查研究的总体目标并就调查问题进行设计之后，我们的另外一项重要工作就是将这些问题和题条按照一定的、合理的顺序编排在一起，形成一份问题鲜明、主次清晰、符合调查对象逻辑思维习惯的调查问卷。因此，如何将问题编排在一起，哪个问题在前，哪个问题在后，就成为问卷设计中一个非常关键的问题。

编排问题的时候，我们比较关注的是，问题的编排要使调查对象易于接受并愿意回答、要考虑调查对象回答问题的质量、在测量具体变量时的实际效用要好等几个方面。

（五）问卷的试调查和修改完善

问卷调查一般用于大范围调查，涉及的人员多，而各类人员的文化水平、职业状况、对调查的态度等各不相同，再加上问卷设计者本身也有一定的局限性，所以设计问卷初稿时很难一次就将问卷调查中可能出现的各种情况和问题都考虑周全。因此，任何调查问卷都不可能一次就设计成功，往往要经过若干次修改。在修改和完善问卷的过程中，问卷的试调查是十分重要的。问卷的试调查就是把设计好的问卷初稿用于一次调查，从而对问卷的设计进行检验和评价，然后再对问卷进行修改。

用问卷初稿进行试调查的具体方法有两种：一是客观检验法，二是主观评价法。

1. 客观检验法

客观检验法的具体做法是：将问卷初稿印制若干份（一般为 30～100 份），然后从正式的调查对象中抽取一个小样本进行试调查，最后通过认真检查和分析试调查的结果，发现其中的问题和缺陷并对其进行修改，同时进一步完善组织问卷调查的措施。检查和分析试调查的结果时主要是看问卷回收率、有效问卷回收率、填写错误及填答不全等方面的情况。

2. 主观评价法

主观评价法的具体做法是：将设计好的问卷初稿 3～10 份分别送给问卷所要研究的主题所在领域的专家、研究人员和典型调查对象，请他们对问卷进行分析和评价，指出不妥之处，提出修改意见和建议。

从目前的情况看，以上两种方法中，客观检验法在实际中使用得较多，而主观评价法仅适用于某些小型调查。也有些大规模调查则往往需要同时采用两种方法进行试调查。只有通过试调查找出了问卷可能存在的问题并进行了修改之后，调查者才能把问卷用于正式的调查中。

在问卷经修改定稿以后，根据需要可进一步撰写问卷附信，并进行印刷等工作。印刷问卷时要注意尽量减少问卷的厚度，以免调查对象因为看到问卷过厚而产生放弃填答问卷的想法或心理不悦，进而影响问卷的填答质量。

通过上述过程，调研人员的最终目标是要设计出一份满足调查研究需要且信度和效度都很好的调查问卷。高质量的调查问卷是保证调查活动顺利完成的基础，也是保证搜集的资料科学、有用、完整的基础。

三、设计问卷的方法

设计问卷的方法可以根据调研者对于问卷调查主题的了解情况以及问卷设计者的已有经验进行选择，一般有卡片法和框图法两种。

（一）卡片法

1. 卡片设置

根据从准备工作中所取得的初步感性认识，研究者采取发散式思维方式，把问卷中所要询问的问题及其备选答案分别填写在卡片上，按一个问题一张卡片的原则填写。如果问卷包含 20 个问题，就分别将问题写在 20 张卡片上。

2. 卡片分类

根据卡片上问题的类型和主要内容，研究者将卡片进行分类：把问题主题词相同或相关联的卡片放在一堆，将所有的卡片分成若干堆。

3. 问题筛选

研究者将各类卡片进行梳理，补充缺失的问题，去掉不合适的、多余的问题，修改、完善表达得不充分、不准确的问题，最后筛选出有效的、必要的问题。

4. 卡片排序

研究者根据调查研究的需要，按照问题设置的逻辑，将每一类、每一堆中的卡片进行排序。

5. 类型排序

根据问卷整体的逻辑结构，研究者需要排列出各类或各堆卡片的前后顺序，并反复检查问题的前后顺序是否适当。

6. 形成问卷初稿

研究者把经过调整、排好顺序的卡片上的问题依次写到纸上，附上引言（附信）、问卷填写说明等，就可以形成问卷初稿。

（二）框图法

1. 绘制框图

根据调查问卷的主题及其调查内容，绘制调查问卷的整体结构图及各部分内容的前后顺序联系图。

2. 列出具体题条

根据框图的内容和结构，详细列出调查问卷每一部分的问题及备选答案，并安排好这些问题相互间的顺序。

3. 检查调整

从调查问卷的内容结构是否合理、调查对象阅读和填答问卷是否方便等方面，对设置的所有调查问题进行检查、调整和补充。

4. 形成问卷初稿

将经过慎重考虑后调整的问卷重新予以抄录，并附上引言、填写说明等，形成问卷初稿。

卡片法和框图法是两种不同的方法。前者从具体问题开始，再到局部问卷的设置，最后落实到整体。后者则正好相反，先从问卷主题的总体内容和整体结构的建构开始，然后再到问卷局部的内容设置，最后细化到具体问题。

卡片法易于操作，尤其是在调整问题的前后顺序及修改问题方面十分方便，但由于每一个具体问题是分散在一张张卡片上，所以很难从整体上进行安排、调整和修改。为了取长补短，我们可以将卡片法和框图法结合起来使用。例如，我们可以先在纸上画出问卷的各大部分及其前后顺序，然后在卡片上写出各部分的问题，并调整问题间的顺序，最后将经修改和调整的问题卡片抄在纸上，形成问卷初稿。

第二节　调查问卷的基本结构

正如研究者撰写的论文、描画的图表等作品一样，调查问卷也是研究者的作品之一。一份设计全面、完整的调查问卷不仅可以反映作者的研究思路、研究理念，而且可以体现研究者对某些问题所采用的设计技巧和设计方法。因此，一般来说，调查问卷通常也具有一定的结构，主要包括题目、引言（或附信）、指导语、题条和结束语等几个部分。

一、题目

一份考虑周全的调查问卷应该有一个能够反映调查对象、概括调查内容的题目，例如，“现阶段农民外出打工的职业选择意向调查问卷”“农民工子女的学前教育情况调查问卷”。这样的问卷题目既鲜明，又有特色；既简洁，又不笼统。通过调查问卷题目，我们就可以清楚地了解调查对象是谁，调查者的调查内容是什么。

当然，有的问卷题目多，篇幅很长，内容也很繁杂，用一个题目来表达所有调查内容可能不太现实，此时就可以仅用“调查问卷”这样一个笼统的题目来反映所有的调查内容，但是调查总问卷中的子问卷必须有具体的题目，以反映调查对象和调查内容，这样才能使设计出来的问卷条理非常清楚、调查内容布局有序。

二、引言

正如学术论文或作品一样，问卷的引言部分的主要内容包括：描述该项调查的目的、意义、主要内容、调查类型或方式；向调查对象提出填答问卷的请求或希望；表达问卷调查的匿名性和保密性原则；向调查对象阐明填答问卷的时间和方式；问卷调查活动的承办单位、组织或个人的身份等。

引言的主要作用是引起调查对象的重视和兴趣，打消调查对象在填答问卷时的一些顾虑，增进调查对象对问卷调查活动的理解，争取他们的支持和合作。因此，总体而言，引言表达应尽量言简意赅，不要太烦琐。

引言一般放在问卷的开头。如果引言较长，或者需要解释的问题比较多，那么也可单独作为问卷的一封附信，附在问卷前面。例如，《现阶段中国农民收入和消费状况调查问卷》的引言如下：

现阶段中国农民收入和消费状况调查问卷

农民朋友：

您好！

我们是来自中国人民大学的师生，受国家社会科学基金的资助，在全国二十多个省市进行“现阶段中国农民收入和消费状况调查”。

收入和消费反映了农民家庭生计的两大方面，是农民朋友最为关心的问题，也是党和政府最为关心的大事。此次调查的主要内容是现阶段我国农民的收入和消费状况。收入方面主要了解收入来源、收入形式、收入水平，消费方面主要了解消费方式、消费内容、消费水平等。此次调查研究既可以帮助我们了解您在收入和消费方面的基本情况，反映存在的问题，也可以进一步为党和政府制定提高农民收入和消费水平的相关政策提供依据。

填写此问卷是不记名的，希望您在填写时不要有任何顾虑，实事求是地回答，所有的信息只为我们研究所用，资料是绝对保密的，请您放心。

希望您按照问卷中的说明在□内打“√”，或在________上填写。

谢谢您真诚的合作。

现阶段中国农民收入和消费状况调查课题组

2020 年 3 月

这一份调查问卷的引言基本包含了“调查者是谁”“调查什么内容”“为什么调查”“调查有什么作用”“怎么填答问卷”“无损于调查对象利益”等相关内容。这份引言较好地表述了调查意图和调查者的想法，以及调查者可能想了解的基本情况。

如果问卷是一份访问调查问卷，那么还应该在问卷的附信或引言的下方印上其他与调查活动相关的内容。例如：

调查时间：________年________月________日

问卷编号：________

调查者姓名：________

被访问者合作情况：________

核查员姓名：________

三、指导语

指导语是用来告诉调查对象如何正确填答问卷，或提示调查者正确完成问卷的方法和要求的语句。

具有一般指导意义的指导语可以放在引言或附信中，并写上“填答说明”的标题，其作用是对填答的方法、要求、注意事项等做一个总的说明。具有特殊填答要求的指导语可以放在问题的后面。

指导语的主要作用是：（1）限定问题选择或填答的范围。例如，“若无特殊说明，每一个问题只能选择一个答案”这一指导语是告诉问卷填答者只能选择一个答案。（2）指出问题填答的方法。例如，“请在被选择答案后的□内打‘√’，或者在空白处填上适当内容”这一指导语是告诉填答者如何填答问题。（3）提出问题填答的要求。例如，“填写问卷时，请不要与他人商量”这一指导语是告知调查对象在填写问题的时候不要与他人商量。（4）指出问卷填答的次序。例如，“此题若选择‘不是’，采访即可结束”这一指导语是告诉调查者和调查对象，如果选择了“不是”这一备选答案，即可以结束调查采访工作。

另外，在具体的问卷问题中，指导语可以放在问题的前面或后面，用括号括起来，其作用主要是指导调查对象填写该问题，例如“可选择多个答案”“请按重要性排列”“请选择答案并排序”等。

总之，在问卷题条设计中，对于任何一个可能让问卷填答者产生疑问的地方，都要给予一定的指导和说明。指导语要简单易懂，不能过于复杂，否则容易再次造成难于理解的问题。

四、题条

题条是指调查问卷中一个一个的问题或题项，它是调查问卷的主体部分。根据问题或题项设计是否有备选答案，题条一般可以分成三类：封闭型题条、开放型题条和半封闭型题条。

（一）封闭型题条

封闭型题条，是指问题被提出来之后，问题的所有可能答案或几个主要可能答案全部被罗列出来，让调查对象在其中选择一个或几个符合他自身实际情况的答案，而且只能在其中选择，不能做备选答案之外的选择的一种题条。

封闭型题条中的问题设计不同于开放型题条之处主要在于有备选答案，且备选答案是为了满足研究对变量测量的需要而设计和安排的。下面，我们重点了解以下几种封闭型题条的设计方式。

1. 填空式题条

填空式题条是在问题后面画一条短线，让调查对象自行填写答案的题条。例如：

Q1：请问您家有几口人？________口；

Q2：您的年龄是________岁；

Q3：您家现有耕地面积为________亩。

填空式题条一般只适用于那些对调查对象来说既容易回答又容易填写的问题，通常只需填写数字。为什么把这一类填空式题条作为封闭型题条而不作为开放型题条来看待呢？主要原因是这一类题条虽然需要填写答案，但是其答案相对来讲是具体的，是相对固定的，而且在进行进一步的研究时，是可以根据研究需要进行分类的。另外，如果对这一类题条设置备选答案的话，调查对象只会感觉更加麻烦，而将其设置为填空式题条则更加简洁、方便。

2. 单选式题条

单选式题条是调查对象只能从备选答案中选择一个的题条。这类题条的备选答案的设置没有特殊的要求，填答简单，调查对象只需要简单地从中选择出适宜的答案就可以了，没有其他任何附加要求。

单选式题条可以分为两类：一类是两项式单选题条，另一类是多项式单选题条。

两项式单选题条的备选答案只有两个，而且备选答案经常设置为“是”和“否”两项。调查对象从中选择一个答案即可。例如：

Q4：您的户籍是在本村吗？

A. 是　　　　B. 否

Q5：您赞成在本村实行“减人不减地，增人不增地”的政策吗？

A. 赞成　　　　B. 不赞成

两项式单选题条的特点是答案简单明确，可以让调查对象很容易地做出选择，但两项备选答案提供的信息量太少，有时不利于全面地了解和分析调查对象中客观存在的不同层次。因此，这种方式最适用于互相排斥的、两选一的定类问题测量。

多项式单选题条至少有两个以上的备选答案，由调查对象根据情况自由选择其中的一个。例如：

Q6：您目前的家庭年收入水平为：

A. 5 000 元以下　　B. 5 000～10 000 元　　C. 10 000～15 000 元

D. 15 000～20 000 元　　E. 20 000～25 000 元　　F. 25 000～30 000 元

G. 30 000～50 000 元　　H. 50 000～100 000 元　　I. 100 000 元以上

Q7：您目前的家庭人口中，最高的受教育程度是：

A. 小学及以下　B. 初中　C. 高中　D. 中专　E. 大专　F. 大学　G. 研究生

Q8：您对当地小学的办学条件是否满意？

A. 十分满意　B. 比较满意　C. 一般　D. 不满意　E. 很不满意

关于满意程度的题条设计中，备选答案等级的确定非常重要，常用的等级有：非常喜欢，比较喜欢，一般，讨厌，非常讨厌；完全同意，同意，中立，不同意，坚决不同意，无可奉告；很好，可以，不好，很差，无所谓；等等。这种题条的设计适用于测量关于调查对象的意见、态度、感情的等级或强烈程度的定序测量。多项式单选题条的备选答案有多个，且各个备选答案的设置必须是互斥的和穷尽的。这类题条适用于预期进行频数统计和交互分析的问题研究。

3. 多项式多选题条

多项式多选题条是一个问题设计了多个备选答案，要求调查对象根据实际情况从中选择多个答案的题条。依据研究需要的不同，多项式多选题条可以分为两类：一类是多项式无序多选题条，另一类是多项式有序多选题条。这两类多选题条的差异主要是通过设计不同的指导语，提出不同的填答要求，进而实现不同的多选方式。

多项式无序多选题条就是调查对象只要将多个答案选择出来就可以了，不需要进行排序的题条。例如：

Q9：您目前的家庭农业生产中都遇到过哪些困难？（可以多选）

□A. 农资价格过高

□B. 缺乏农业技术指导

□C. 灌溉设施不足

□D. 地块过于分散

□E. 农产品运输渠道不畅

□F. 青壮年劳动力缺乏

□G. 天气预报不及时

与多项式单选题条不同，多项式无序多选题条要求调查对象选择出多个答案，一个多项式无序多选题条相当于询问了“多个”问题，因此在进行资料录入、整理的时候，多项式无序多选题条的处理比多项式单选题条的处理就复杂很多。

多项式有序多选题条是要求调查对象不仅要从备选答案中选择出一个或多个答案，而且要对选择出来的备选答案按照一定的规则进行排序的题条。例如：

Q10：您目前的家庭农业生产中都遇到了哪些困难？（可以多选，并按困难程度给选择出来的答案编号为 1，2，3，…）

□A. 农资价格过高

□B. 缺乏农业技术指导

□C. 灌溉设施不足

□D. 地块过于分散

□E. 农产品运输渠道不畅

□F. 青壮年劳动力缺乏

□G. 天气预报不及时

与多项式无序多选题条相比，多项式有序多选题条不仅要求调查对象选择出答案，而且要求调查对象将答案按照重要程度、影响程度等标准进行排序，这可以使研究者对问题的了解更深、更具体。这类题条非常适合对问题选项的重要程度的评价，特别适合政策需求评价、消费者认知评价等研究。例如：

Q11：在保护农村环境方面，您认为谁应该承担更多的责任（请选择并排序）：

A. 中央政府　　B. 地方政府　　C. 污染企业　　D. 城市消费者　　E. 农民

（　　）＞（　　）＞（　　）＞（　　）＞（　　）

4. 矩阵式题条

矩阵式题条是将具有相同的备选答案的相关的、同一类型的几个问题排列成一个矩阵，由调查对象进行对比并填答的题条。例如：

Q12：在未来的5年里，您希望家庭生活在哪些方面得到改善？（请在适当的□内打"√"）

	非常迫切	比较迫切	不迫切	不需要改善	无所谓
A. 吃	□	□	□	□	□
B. 穿	□	□	□	□	□
C. 用	□	□	□	□	□
D. 住	□	□	□	□	□
E. 行	□	□	□	□	□
F. 其他	□	□	□	□	□

这种矩阵式题条的设计非常简洁，由于同类问题集中在一起，回答方式也相同，因此节省了调查对象阅读和填答的时间，加之不同备选项之间具有一定的可比性，所以调查对象的选择更能反映实际情况。

5. 表格式题条

表格式题条是将同一类型的几个问题和答案排列成表格形式的题条，其本质是矩阵式题条的一种变体，形式与矩阵式题条十分相似。例如：

Q13：您认为下列因素在您购房时是否重要？（请在每一行适当的□内打"√"）

项目	很重要	比较重要	一般	不重要	无所谓
A. 价格					
B. 区位					
C. 交通					
D. 绿化					
E. 户型					
F. 面积					
G. 物业					

除了具有矩阵式题条的优点外，表格式题条的设计还具有整齐、醒目的特点。但是，这种类型的题条在一份问卷中不宜用得太多，否则容易给人一种呆板、单调的感觉，而

且这两种类型的题条只能减少问卷的篇幅，不能减少问题的数量。[①]

封闭型题条的备选答案是已经设计好的、标准化的，这不仅有利于调查对象正确理解和填答问题，节约填答时间，提高问卷的回复率和有效率，而且有利于对填答的结果进行统计分析和定量研究。此外，封闭型题条便于询问一些敏感性问题，因为调查对象对这类问题可能不愿写出自己的看法，但对已有的答案却可能进行真实的选择。

同时，封闭型题条的设计难度比较大，要求比较高。一是备选答案的设计比较困难，特别是对于一些比较复杂、回答类型很多或不太清楚的问题，要想设计周全，对问卷设计者的专业知识和把握问题的能力要求比较高，一旦设计有缺陷，调查对象就无法正确回答问题。二是封闭型题条的答案选择方式比较机械，没有弹性，难以适应比较复杂的情况，特别是难以发挥调查对象在调查中的主观能动性。

（二）开放型题条

开放型题条是指题条设计中仅仅包含问题，而不包含备选答案的题型。问题的答案由调查对象自由填写。例如：

开放型还是封闭型?

Q14：您认为农村土地二轮承包到期后，延长土地承包期是否可行？

开放型题条的设计形式简单，只需要将问题提好，然后在问题后留出一块空白以备填答时使用即可。开放型题条非常灵活，对于问题的答案没有一定的标准，只要是和问题相关的答案都是可以的。开放型题条适用于定性分析，比较多地用于案例调查、访谈调查等方面的资料搜集。

（三）半封闭型题条

半封闭型题条综合了封闭型题条和开放型题条的优点，在一个题条中既包括了封闭型题条，又包括了开放型题条。两部分题条的设计存在相倚的关系。例如：

Q15：您认为“实行农村土地家庭承包经营制度 30 年不变”好不好？（请在适当的□内打“√”）

A. 好　　□

B. 难说　□

C. 不好　□

为什么？

五、结束语

问卷结束语一般采用两种表达方式：一是在问卷末尾用简短的语言对被调查者的合作再次表示感谢，并请求被调查者复核填答好的调查问卷。采用这一表达方式的目的在

① 风笑天．社会调查中的问卷设计．3 版．北京：中国人民大学出版社，2013：104－111.

于展示调查者首尾一贯的礼貌态度，督促被调查者消除差错答案，保证问卷调查的质量。例如，我们可以在问卷末尾加上这样一段话："我们衷心感谢您对我们此次问卷调查的支持与合作。为了保证资料的完整与翔实，请您再复核一下填答过的问卷。谢谢！"

二是在问卷末尾提出1～2个关于本次调查感受等方面的问题，征询被调查者的意见。例如，"您填完问卷后对我们这次调查有何感想？"或"您还有什么需要补充的吗？"等等。或者，可以提出本次调查研究中的一个重要问题，请被调查者发表评论。例如，"您在增加自家收入的过程中，遇到过哪些主要困难？请写在下面的空白处。"

第三节　调查问卷中的问题

问卷调查通过题条展示了调查者想要调查的所有问题。在问卷调查中，各类题条反映的问题通常包括好几个类型。针对不同类型的问题，题条设计的技巧、在问卷中的编排结构和顺序都不同。因此，在设计问卷的过程中，问卷设计者要注意各类问题的具体设计要领，以使问卷能够很好地反映调查目的和研究内容。

一、问题的类型

调查问卷中的问题一般包括背景问题、行为问题、主观问题、检验性问题、筛选性问题、相倚问题六种。

（一）背景问题

背景问题，也称作特征问题，主要是指那些测量和询问调查对象基本情况的问题。例如，就农户调查而言，一般包括调查对象的个人特征和家庭特征两部分。调查对象的个人特征一般包括性别、年龄、民族、受教育程度、婚姻状况、职业、个人收入、宗教信仰、所属党派团体等。调查对象的家庭特征一般包括家庭人口规模、家庭收入、家庭耕地面积、家庭拥有农业机械的情况等。

背景问题通常是问卷调查中不可缺少的一部分，它们往往被作为自变量来描述、分析和解释某一现象的形成原因。

（二）行为问题

行为问题是用来测量和询问调查对象过去发生的或现在正在进行的某些事件的有关问题，一般包括已经发生的和正在发生的各种客观事实和行为情况，例如："您（农民工朋友）最早是哪一年出来打工的？""您从事过哪些行业？""您是否曾经返乡创业？""如果您曾经返乡创业，那么从事的是哪一个行业呢？""您后来为什么放弃创业，又外出打工呢？"

以上是关于农民工外出打工和返乡创业的行为调查，通过对这几个问题的调查，我们可以了解和把握调查对象（农民工朋友）打工和创业行为的历史状况、范围、现状等。

在问卷设计中，背景问题和行为问题有时很难严格区分开来。因为这些问题反映的都是调查对象曾经和现在的真实的、客观的情况，即基本事实，所以有时我们也将这两类问题统称为“事实问题”。

（三）主观问题

主观问题通常是指用来测量和询问调查对象对某一事物或现象的看法、意愿、情感、观念、认知等反映主观态度的问题。调查对象的观念、情感、认知等主观态度往往是其客观行为的基础，调查对象的很多客观行为是在主观态度、认知、动机等的支配下做出来的，因此，主观问题也是调查问卷设计中的重要内容，例如：“您对当前的工作满意吗?”“您未来是否会返乡创业?”“您认为创业最大的困难是缺乏资金吗?”

主观问题往往是对调查对象内心深处个性化、私人化的内容的测量和询问，很可能引起调查对象的心理防范，所以在调查中容易出现不理解调查活动、不愿意回答问题、不真实回答问题等情况。因此，相对于事实问题，对主观问题的调查难度要大一些。

在农村社会经济问题调查中，对主观问题的调查研究越来越多。例如，关于“农民使用农药的行为和态度调查”就不仅涉及事实（行为）问题，而且涉及主观问题；又如，关于“农民对于气候变化的认知和适应性行为调查”，也涉及同样的问题。

为了较好地了解调查对象对于主观问题的看法，在关于态度、意见、观念等主观问题的调查中，社会经济问题的研究者借鉴并采用了心理学家经常使用的研究思路和方法，即采用一种测量主观问题的工具——量表——来研究调查对象的主观态度、认知等情况对其行为或现象的影响。

在设计问卷问题时，除了要设计正向问题来测量调查对象的主观态度外，还要配备适当的反向问题和中性问题，而且要打乱问题的顺序，防止出现正向问题或反向问题过于集中的情况。

（四）检验性问题

检验性问题通常是用于检验调查对象已经回答的问题的准确程度的。例如，在调查问卷开始时，可能会提出“您是哪一年出生的?”这样的关于年龄的问题；如果在问卷随后的问题中再提出：“您孩子几岁啦?”和“您生孩子时多大年龄?”等问题，那么后面提出的这些问题就是针对前面的年龄问题的检验性问题。通过这样的检验，可以判断调查对象的填答是否前后一致，从而可以判断其填答的真实程度。

检验性问题可以根据调查研究人员的需要灵活设计，其目的是对于研究中需要采用的关键指标变量进行检验，以保证调查研究所需数据的准确性。

（五）筛选性问题

筛选性问题是指调查者所设计的用于对目标总体中的单位以及调查过程中出现的需要适时变通的单位进行筛选的问题。

一类筛选性问题是用在调查目标总体和样本框总体不一致的时候。此时可通过筛选性问题选择出调查对象。例如，当我们要调查当前北京外来务工家庭中未满 18 岁的孩子是否与父母共同生活学习的有关情况时，在针对北京市外来务工人员的调查中，我们首先要选择当前有未满 18 岁孩子的外来务工家庭作为调查对象。这里可以设置的筛选性问题为：

Q16：您家中是否有未满 18 岁的孩子？

A. 有，________个；

B. 没有（调查结束）。

这个筛选性问题可以将符合调查要求的外来务工家庭筛选出来，从而保证调查能够有针对性地进行下去。

另一类筛选性问题是用在调查过程中。此时，问卷某些部分的内容是为需要筛选具有某一特征的特定调查对象而专门设置的。例如，仍然以前面关于外来务工家庭中未满 18 岁的孩子与父母共同生活学习的有关情况的调查为例，如果在该问卷调查中，调查者非常关注未满 18 岁的孩子中的学龄前儿童与父母共同生活学习的有关情况，且问卷设置了专门的内容针对家中有学龄前儿童的外来务工家庭进行调查，那么就需要利用筛选性问题，从有未满 18 岁的孩子的外来务工家庭中筛选出有学龄前儿童的家庭，专门对此部分对象进行调查，而其他没有学龄前儿童的农民工家庭就不用回答这部分问题了。

在问卷调查中，调查者不要事先告诉调查对象什么样的调查单位符合调查要求，以防止出现调查对象因不想填答问卷而选择使调查无法进行的答案的情况。因此，筛选性问题在问卷中的出现一定要自然，要使调查对象在非常自然的状态下终止对问题的回答。在时间、费用和人力充足的情况下，即使某些筛选性问题可能需要在问卷开始就出现，问卷设计者也最好在此之前设计一两个调查对象可能感兴趣、大众化、不敏感的问题，让调查对象能够打消疑虑，从而正确对待筛选性问题。

（六）相倚问题

相倚问题是筛选性问题的后续问题。如果调查对象在填答调查问卷时依次需要回答哪个问题取决于其对前面问题的回答，那么前面的问题被称作筛选性问题，后面的问题被称作相倚问题，两个问题之间具有相互依赖的关系。相倚问题要求调查对象按顺序回答问题，必须根据对前一个问题的回答情况来回答后一个问题。设计问卷时，除了运用词语来表达相倚关系外，我们还可以运用符号或标识（箭头、括号）等图示性工具来引导调查对象回答相应的问题。这些工具被称作“航标”，经常用在问卷中相倚问题的设计上。引导调查对象填答的路径称作“航路”。例如：

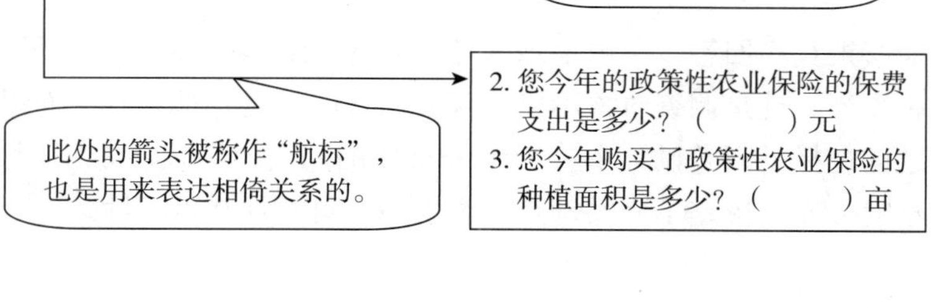

二、问题的选择

调查研究问题的选择一定是与调查研究目标和内容紧密相关的。因此，问题的选择一定是为实现调查研究目标服务的。在选择列入调查问卷中的问题时，要注意以下几点：

（一）问题必须是有用的

在问卷调查活动中，每一个问题的调查都需要付出人力、物力、时间。在资源有限的情况下，问卷中的问题不可能包罗万象。通常来说，问卷设计者一定要紧紧围绕调查研究目标、需要论证的研究假说，设计和选择对完成调查研究工作最有用的问题。

问卷设计者必须考虑问题能否测量调查主题的某个方面，如果可以肯定问题能够测量调查主题的某个方面或是作为计算变量的依据，那么这样的问题通常是比较重要的，应该保留。当然，有的问题可能不直接回答调查研究需要的指标变量，但是其对于获取资料是一个非常有益的补充，那么这样的问题也要考虑保留下来。

在进行问题设计时，设计者既要考虑问题是否能够满足调查需要，又要注意在繁简之间做好平衡，以防问题设计的内容过于简略，不能恰如其分地反映调查的内容。

（二）问题必须是符合客观实际情况的

问卷问题的设计必须符合客观实际情况，这主要是考虑到问题必须与农村社会经济发展的现状相符。例如，在 1992 年进行农村居民拥有耐用消费品情况的调查时，如果仅仅设计手表、自行车、缝纫机这老“三大件”，就远远落后于农村经济发展的实际情况；如果加上微波炉、“大哥大”、小轿车等项目，又可能远远超过农村居民的现实状况。因此，在设计问题时，必须考虑客观实际情况，加入电视机、摩托车等符合当时农村实际情况的耐用消费品，否则调查将失去现实意义和可信性。

（三）问题必须是易于被理解的

即使是有用的问题，在设计的时候，问卷设计者也必须考虑如何表述问题才能使问题被正确理解和回答。因此，当问题被以各种方式进行表述的时候，设计者要问自己：是否大多数调查对象都能够正确理解问题的内容和意思并准确回答问题？如果答案是肯定的，那么这样的问题是便于进行实地调查的，否则可以选择改变问题的表述方式或删除问题等做法。

（四）问题必须是易于被真实回答的

问题是否能够被真实回答，一方面取决于提出来的问题是否合适，另一方面取决于问题的提法是否妥当。凡是调查对象不可能真实回答的问题，都不宜正面提出。

总之，问题的选择是问卷设计中一个十分重要的问题，不仅决定了调查问卷内容的深度、广度和难度，而且决定了问卷调查的客观性、科学性和可行性。

三、问题的排列

一份调查问卷设计的问题少则可能十几个，多则可能上百个，因此，把这些问题合理编排好，既便于调查对象顺利、如实地回答问题，又便于对调查资料进行进一步的整理和分析。在排列问题的时候，要考虑问题之间的内在逻辑和各类问题之间的衔接。通常来讲，问卷的第一部分，也就是问卷最初的调查内容是比较简单的。调查问卷中问题的排列通常遵循的总原则为：相关性、方便性和适用性。具体来说：

（一）按问题的性质或类别排列

问卷中问题的排列原则之一是把性质相同的问题安排在一起，这样就便于调查对象按照问题的排列顺序先回答完一类问题，然后再去回答另一类问题，而不会导致他们回答问题时思路来回跳跃，从而造成不必要的麻烦。

（二）按问题的复杂程度或困难程度排列

一般来说，问卷中的问题排列应该先易后难，由浅入深；先安排背景、行为方面的问题，后安排情感、认知等主观方面的问题；先安排一般性质的问题，后安排特殊性质的问题。这样的排序有利于把被调查者的填答逐步引向深入，增强其回答问题的信心，否则一开始就把被调查者难倒，调查就很难进行下去了。

（三）按问题的时间顺序排列

根据时间（历史）线索，问题的排列一般是先现在、后历史。具有时间序列特点的问题，调查时最好先让调查对象回答现在的情况，然后逐渐推到过去一定历史时点或时期的情况，这样的问题排列顺序将引导调查对象由近及远，慢慢地进行回忆，有利于调查对象准确地回答问题。

调查问卷中将哪一类型或具有哪些特征的问题放在问卷的开头、中间或结尾部分，取决于大多数调查对象对调查问题的兴趣和敏感程度、调查问题的难易程度等多方面特点之间的权衡。总之，问卷中问题的排列应尽量保持严密的逻辑性、层次性、连贯性，尽量有利于调查对象对问题的严密思考和有效填答。

四、题条表述的要求

是否用文字清晰、准确地表述了所要调查问题的题干及其备选答案，是调查问卷设计质量好坏的决定因素之一。题条表述包括题干表述和备选答案表述两部分。

（一）题干表述的要求

1. 语言要通俗

在表述题干时，要避免使用过于复杂、抽象，或过于专业化的术语。例如，向一般农民询问“您每百公斤玉米的生产成本是多少?”和“您家庭当前的消费结构是怎样的?”这样的问题，就表现得过于专业和抽象了，由于调查对象（农民）不能准确理解“成本”“消费结构”等专业术语的含义，他们在填答问卷时可能遇到困难。如果调查对象胡乱填答，调查结果会更糟糕。

2. 用词要准确

题干表述要准确，能够反映调查意图，这是对问题设计的非常重要的要求。题干表述不能模棱两可、含混不清。应尽量避免在问题中出现诸如“也许”“好像”“可能”这样的词。如果出现“经常”“偶尔”“有时”这样的词，也要对其进行具体的说明和规定，以使调查对象能够了解其具体内容。

3. 表述要简短

表述简短通常包括两方面的要求：一是问卷中的一个问题只能表述一个内容，而绝不能把两个或两个以上的内容放在一个问题中提出。应将一切比较复杂的问题具体化、单一化，对多重内容分别提出多个问题，这样才可能使表述简短，也便于调查对象准确理解和回答问题。二是在表述问题时，要尽量使用简短的语句。越是冗长的语句越容易含混不清，越容易使调查对象反感，从而影响问卷的填答质量。

4. 表述方式要恰当

表述问题的时候，一般要避免使用否定形式的问句。例如，“你是否同意不进行农村土地宅基地流转?”这种否定形式的问题提法往往容易让调查对象感到困惑，或者理解错误，从而难以准确回答问题，因为人们一般习惯于正向思维，不适应这种违背一般思维习惯的问法。

对于敏感性问题的表述，也要根据问题的特点采用适当的问法。一般而言，尽量不直接提出敏感性问题；如果必须要问，那就只问绝对必要的，且采用间接委婉的提问方式。另外，也可以向调查对象解释为什么要问这些问题，以使调查能够顺利进行。

5. 不能有诱导性

题干表述的言辞要中性，不要随意在提问中加入一些修饰和说明的语言。例如，“你赞成农村宅基地自由买卖吗?”这是一个相对中性的问题。与此内容相似的另外一个问法，如“当前农村宅基地的流转很热，很多人赞成农村宅基地自由买卖，请问你的看法呢?”这个提法与前一个提法相比较，带有太多的修饰和描述，虽然现实可能如此，但是这会对调查对象产生非常强烈的影响，直接左右调查对象对问题的看法和对答案的选择。人们一般具有从众心理，在过多诱导性语言的影响下，很容易失去自身对问题的判断能力，从而做出不正确的填答。

（二）备选答案表述的要求

备选答案是封闭型题条设计的一个重要内容。备选答案设计的总体要求是：

（1）备选答案一定要与问题对应，不能偏离题干；

（2）备选答案一定要穷尽，要囊括问题可能涉及的所有答案，不能有遗漏；

（3）备选答案用词要清晰准确，不能模棱两可；

（4）各个备选答案之间要互斥，一定不能出现相互交叉、重叠、包含的情况。

五、案例分析

农户作为农村社会经济的研究对象之一，在农村社会经济调查中占有非常重要的地位。因此，关于农户问卷调查内容的设计也非常多。这里我们将农户调查可能涉及的问题列出来，供大家学习参考。

（1）农户基本情况。主要包括：1）农户结构。主要包括农户的人口结构、年龄结构、性别结构、健康状况等。2）家庭成员的状况。主要包括家庭成员的构成、受教育情况、工作经历、户主的情况等。3）老人的健康和赡养情况。

（2）就业情况。主要包括：家庭成员特定年份的农业就业情况，包括家庭劳动力投入农业的人数和时间；特定年份的主要非农就业情况；家庭劳动力投入家务的情况；居住在家的家庭成员的非农就业史（不包括家务劳动）、在外工作或者服役的家庭成员的就业史（不包括家务劳动）；家庭外出打工成员返乡就业或创业的情况。

（3）农户宅基地情况。主要包括：农村宅基地申请，农村宅基地面积，农村宅基地使用、出租、转让、开发利用等情况。

（4）农地情况。主要包括：农户的农地数量、位置、面积情况；农地类型；农地质量情况；承包田的转出、转入等涉及面积、租金、租期的情况；承包期内农地的调整情况；农地的灌溉设施投资、建设、维护情况；农地的作物种植品种、结构等情况。

（5）农业经营。主要包括：农户现有耕地的投资情况；承包的蔬菜、果园、林地、鱼塘等投入及产出情况；农业劳动力利用情况；农用固定资产与农具投入情况；家庭各类产出的自用和销售情况。

（6）自营工商业。主要包括：农户自营工商业的项目情况；自营工商业资产与负债；自营工商业收入和支出情况。

（7）农户消费支出。主要包括：农户购买食品支出；家庭自产食品消费；购买日用品和服务支出；婚丧嫁娶支出；耐用消费品支出。

（8）其他形式的收入与支出。主要包括：农户的馈赠收入和支出；股票、债券等投资收入与支出情况。

（9）信贷和储蓄。主要包括：农户的货币和物品的借入借出情况；农户的储蓄情况。

下面，我们给出农户农地调查中一个涉及范围非常小的内容“农地调整情况”的调查问卷。该问卷设计值得大家学习的地方是：所有的问题设计都紧紧围绕着农地调整情况展开，各个问题之间的逻辑关系非常清晰，各个问题层层相扣和递进；每个问题的设计简短而准确；筛选性问题和相倚问题的设计也很巧妙——通过“航标”的设计，非常有效地指引调查者进行询问和调查对象进行填答；检验问题也有效地对调查对象的回答进行了检验；在题条设计方面，问卷中不同类型的题条，例如填空式题条、表格式题条、两项选择式题条等都设计得准确、简洁，问卷填答也方便、灵活，尤其是部分题条的备选答案的编码设计得非常巧妙，值得学习。此问卷仅仅是农户调查问卷的一小部分，引言、指导语等不是本章关注的重点，所以没有罗列。

农户农地调整情况调查问卷①

为了了解家庭承包经营制度实施以来的农村土地调整情况，为政府制定政策提供依据，特进行此次农户问卷调查活动。此次调查是匿名的和保密的，所有的资料仅用于科学研究，对您不会有任何的利益损害，请您不要有任何顾虑，配合调查人员如实填写。如果没有特殊填答说明，所有问题均采用在备选答案上画“√”的方式或者在空格处填写的方式来完成。

1. 你家现在有几口人分到地？（　　）人

2. 从分产到户至今，你村有过土地大调整吗？

（1）有　　（2）没有⇒04

3. 如有，最近一次土地大调整是在哪一年？（　　）年

4. 从分产到户至今，你村有过土地小调整吗？

（1）有　　（2）没有⇒11

5. 如有，最近一次土地小调整是在哪一年？（　　）年

6. 你知道下一次土地大调整将在什么时间进行吗？

（1）知道　　（2）不知道⇒08

7. 如果知道，是在哪一年？（　　）年

8. 土地调整（包括大调整和小调整）是由谁决定的？

（1）村决定　　（2）小组决定　　（3）有时由村决定，有时由小组决定

（4）其他（请说明）

9. 最近一次土地大调整前后你家责任田和口粮田的基本情况（若无土地大调整，则问最近一次土地小调整前后的情况）：

问题	调整前	调整后
a. 你家有几口人分到地？		
b. 你家有多少耕地面积？		
c. 你家有多少果茶桑面积？		
d. 你家有多少块耕地？		
e. 你家有多少块果茶桑？		
f. 其中百分之多少的耕地为以前所有？		
g. 其中百分之多少的果茶桑为以前所有？		

① 这是2000年用于农户调查的一份问卷，虽然距今时间有点久远，但是问卷设计的规范性、技巧性都值得学习和借鉴，是难得的设计得比较好的问卷。

10. 你对最近一次土地调整（大调整或小调整）的态度是：

（1）支持　　（2）反对　　（3）无所谓　　（4）其他

11. 除了村或者组里的土地调整，你家的责任田和口粮田面积有没有因其他原因而发生过变化？

（1）有　　（2）没有⇒13

12. 如有，你家的责任田和口粮田面积在最近五年发生变化的情况（选择原因编码，并填表）：

a. 变化次数	b. 年份	c. 增减 （1）增加　（2）减少	d. 变化数量（亩）	e. 变化原因编码

变化原因编码：（1）家庭人口增加；（2）家庭人口减少；（3）自愿退还给村或组里；（4）没有完成税费和定购任务；（5）耕地撂荒；（6）违背了种植计划；（7）因孩子外出而被没收；（8）分家；（9）转作其他农业用途，如耕地改果园、果园改耕地等；（10）其他（请说明）。

13. 从1990年至今，你家从村里承包过土地吗？

（1）有　　（2）没有⇒15

14. 你家承包地的基本情况（填写编码）：

年份	a. 你能决定在承包地上种什么作物吗？	b. 你能将承包来的耕地转作其他用途吗？比如鱼塘、果园等。	c. 你能将承包地转出给本村人吗？	d. 你能将承包地转出给外村人吗？
2000				
1995				
1990				

编码：（1）可以；（2）可以，但需由村里批准；（3）不可以。

15. 一般说来，娶进媳妇时能分到地吗？

（1）立即分到　（2）有地时能分到，就像排队　（3）只有到下次调整时才能分到

（4）不能分到　（5）其他（请说明）

第四节　问卷调查的实施方式

调查者运用统一设计好的问卷，向被调查者了解情况或征询意见，通过书面回答的方式搜集资料，即为问卷调查。

问卷调查是一种标准化调查，因为问卷是统一设计的。依据调查研究需要，问卷的设计具有一定的结构。

问卷调查一般都是书面调查，即调查者书面提出问题，最后调查资料也以书面形式呈现给调查者。问卷调查既可以用于直接调查，也可以用于间接调查。在直接调查中，一般用于调查者和调查对象之间的面对面访谈调查，即一边询问调查对象，一边由调查者进行问卷填写。在间接调查中，问卷作为一种搜集资料的工具，可以通过报刊、网络等媒介发放给受众，而调查者事先并不确定调查对象是谁，调查问卷由调查对象填写好后返还给调查者。

按利用问卷进行调查的途径的不同，问卷调查可以划分为报刊问卷调查、邮政问卷调查、送发问卷调查、访问问卷调查和网络问卷调查。按问卷填答者身份的不同，问卷调查可以分为自填问卷调查和代填问卷调查。自填问卷调查是由调查对象自己填写调查问卷的调查方法。报刊问卷调查、邮政问卷调查、送发问卷调查、网络问卷调查等都属于自填问卷调查。代填问卷调查是由调查者代替调查对象填答调查问卷的调查方法。访问问卷调查就属于代填问卷调查。

一、报刊问卷调查

报刊问卷调查，是指调查问卷随报刊传递而分发，请报刊的订阅者或阅读者就报刊中附寄的问卷做出书面回答，并在规定的时间内将问卷返还到指定地址的一种调查方法。在日常生活中，我们经常会在买报刊时买到随刊问卷。调查者经常会请读者将问卷填写好，然后再寄给有关部门。

报刊问卷以读者为调查对象，有稳定的传递渠道，分布面广，匿名性强，回答质量较高，能节省费用和时间，有很强的适用性。但是，报刊问卷调查也有一些明显不足，如被调查者的代表性弱，回复率低。在大部分情况下，调查者对调查对象没有回答、如何回答、回答质量等方面的因素都难以了解和控制，因此，有时很难对调查内容和调查对象的实际情况做出客观的分析。

二、邮政问卷调查

邮政问卷调查，是指调查者通过邮局向被选定的调查对象寄发问卷，要求被调查者按照规定的要求和时间填答问卷，并通过邮局将问卷寄还给调查者的一种调查方法。在农村社会经济调查中，邮政问卷调查经常被用于搜集关于“三农”领域某一问题的专家意见。

邮政问卷调查需要预先给抽选出来的调查对象邮寄一封简短的通知信，或者通过打电话的方式询问调查对象是否可能参与此次调查，以保证调查问卷的回收率；然后将打印好的问卷和详细的调查目的、意义、填答说明、调查截止时间、问卷回复地址等信息一并邮寄给调查对象。一般来讲，在邮寄的资料中还应该附带写好详细回复地址和贴好邮资或已付邮资的信封一个，以方便调查对象回寄信件。另外，调查者还必须提供电话、

E-mail 等相关联系方式，以便于调查对象在遇到疑难或对调查问题不十分清楚的时候进行询问。

在邮政问卷调查中，调查对象的分布面比较广，并且调查不受地域的限制，调查者只需要搜集或编制研究总体的姓名和地址清单，然后采用抽样方式将调查对象抽取出来即可。这有利于控制问卷分发的范围和对象。

相对于实地的面对面访谈调查，邮政问卷调查不需要支付交通费、住宿费等差旅费用，只需要支付购买信封、打印复印、邮资等费用，以及和其他调查方式一样的问卷录入、处理等费用，因此，采用邮政问卷调查可以节省很多费用。

另外，相对而言，邮政问卷调查的匿名程度高。特别是对于一些敏感话题或问题的调查，邮政问卷调查的调查对象回答问题的数量和比例较高，问卷调查的质量也比较高。当然，对于敏感性或意识形态等方面问题的调查即使采用匿名方式，其调查结果也未必理想，因此，我们这里所说的质量较高，也只是一种相对或可能的结果。

邮政问卷调查的周期通常为 8～10 周。[①] 这一般包括寄出问卷、调查者填答问卷、问卷寄回、补发无回答问卷及等待的时间。

邮政问卷调查的不足之处在于：一是问卷的回复率比较低。出现这种情况的原因通常有：调查对象因为文化程度低或对填答问卷无兴趣等原因，而不愿意填答问卷；问卷在邮寄过程中出现丢失等情况，致使调查对象未能及时收到问卷。二是调查者难以把握填答问卷的人员的情况，因此难以判断回复者的代表性。三是对于已回复问卷的质量，调查者难以控制，部分问卷可能是无效问卷。为了提高问卷的回复率，有奖填答、补发问卷等方式经常被采用。而对于问卷填答情况的控制，则往往只能采取优化问卷题条设计、有目的地选择调查对象等方式予以弥补。

三、送发问卷调查

送发问卷调查，是指调查者将问卷送给被选定的调查对象，并待其填完后马上收回的问卷调查方法。这种问卷调查方法适用于有组织、有目的的集体性调查活动。

送发问卷调查的最大优点是回收及时、回复率高、节省费用，便于对调查对象的疑难问题及时做出某些口头的说明或解释，有利于调查者了解和分析影响调查的因素。送发问卷调查的缺点是：因为调查对象过于集中，所以调查范围比较狭窄，加之调查对象之间往往互相询问、互相影响，所以回答结果可能失真，导致问卷填答质量较低。

四、访问问卷调查

访问问卷调查，是指调查者利用统一设计的问卷向调查对象依次提出问题，然后再由调查者根据调查对象的口头回答来填写问卷的一种调查方法。它本质上是后面将要介绍的访谈调查法中的标准化访谈法。

---

① 罗纳德·扎加，约翰尼·布莱尔．抽样调查设计导论．重庆：重庆大学出版社，2007：32.

（一）实地访问问卷调查

实地访问问卷调查是指调查人员到实地以面对面的方式开展访谈问卷调查活动的方法。实地访问问卷调查的好处是有利于控制整个访谈过程，有利于调查者灵活使用各种访谈方法和技巧，有利于调查者对回答问卷的结果做出正确的分析和评价，而且问卷的回收率高，有效问卷的比率也比较高。

但是，访问问卷调查因为需要利用问卷实现调查者和被调查者之间的面对面交流，所以耗费的时间、人力和物力都比较多，而且访谈过程也容易受到调查对象的主观素质、合作态度，以及调查者的沟通技巧等多方面因素的影响或制约，问卷填答的质量也因人而异。对于一些敏感问题或是涉及个人隐私、价值判断等方面的问题，通过当面进行访谈调查获取信息的难度也比较大。

（二）电脑辅助电话访谈调查

电脑辅助电话访谈调查是指利用交互式电脑辅助电话访谈（CATI）系统开展访谈调查的方法。在这个访谈系统中，调研人员、电子问卷、电话和电脑结合在一起。当利用这种方式进行调研时，每一位调查访问员都坐在一台计算机终端或个人电脑前。当调查对象的电话接通后，访谈员通过启动机器开始提问，问题和答案便立刻出现在屏幕上。访问员说出问题并键入回答者应选择的被选答案后，计算机会自动显示合适的下一个问题。例如，当访问员问调查对象“是否拥有个人电脑”时，如果回答为“是”，那么接下来会显示一系列有关“个人电脑”的问题。如果回答为“否”，那么这些问题就不合适了，此时计算机会自动显示与调查对象个人有关的问题，或是直接跳过去选择其他合适的问题。

另外，电脑还能帮助整理问卷。例如，在一个长时间访谈的开始，访问员可能会问到调查对象所拥有的电脑的购买时间、型号等问题，接下来的问题就可能与电脑型号有关。以前对这类问题的调查是通过一支笔和一份问卷来完成的，现在通过电脑就可以极其方便地完成了。

电脑辅助电话访谈调查省略了数据的编辑及录入步骤。由于没有实物问卷，因此不需要编辑。应进一步说明，在大多数计算机系统中不可能出现“不可能”的答案。如果回答的形式或组合不可能时，计算机将不接受这一答案。当访谈完成时，键入的有关问卷问题的答案也随之消失，因为数据已输入计算机内。

电脑辅助电话访谈调查的另外一个优点便是统计工作可以在任何时候进行。无论是访谈了 200 名、400 名还是任何多名调查对象，统计工作都可随时完成，这是用纸笔所无法做到的。以往传统的访谈都要在全部访谈样本调查完成后的一周甚至更长的时间后才能开始进行统计工作，而电脑辅助电话访谈调查在这方面很有优势。根据电脑列表统计的结果，某些问题可能被删掉，以节省以后的调研时间和经费。例如，如果有 98%的被访谈者对某一问题的回答是相同的，基本上就不需要再问这个问题了。统计结果同样也会提出增加某些问题的要求。如果产品的某项用途在先前的调研中未被涉及，则可以在访谈中加上这个问题。总之，对调研结果的提前统计对调研计划的实施是有帮助的。

五、网络问卷调查

网络问卷调查，是指调查者以网民为调查对象，以网络为载体来分发和收集问卷的一种调查方法。网络问卷调查是随着互联网的发展和普及而得到应用的。网络问卷调查适用于市场调查、民意调查、敏感性问题调查等。

依据问卷发送形式的不同，网络问卷调查可以分为网页载体问卷调查、电子邮件调查、网页拦截式调查、网上论坛调查等。[①] 网页载体问卷调查的做法是将调查问卷放在网站的某个网页上，回答者只要登录网页就可以参与调查。电子邮件调查的做法是将问卷发送到调查对象的电子邮箱中，请求被访者主动填答并通过邮件返回完成的问卷。网页拦截式调查的做法是在热门的门户网站上随机弹出调查问卷或其链接，让正在访问网站的用户选择填答。网上论坛调查一般可以通过发起调查帖子的方式，来收集网络上的看法、意见、观点等。

依据网络问卷调查对象选择方式的不同，网络问卷调查可以分为按照便利原则抽样的网络问卷调查和按照概率原则抽样的网络问卷调查。按照便利原则抽样的网络问卷调查不限制问卷发放的范围，适用于民意调查。按照概率原则抽样的网络问卷调查与传统调查一样一般需要一个抽样框，适用于专业问题调查。网络调查抽样框可以是一份电子邮件的名单，也可以是目标总体中一个有代表性的固定样本。固定样本可以由志愿者组成，也可以预先招募。[②]

网络问卷调查方法的优点在于：获取资料快捷迅速，可以突破时空限制，范围广，成本低，匿名性好，保护性强，收集资料的形式多样。不足在于：对互联网的依赖程度高，样本的代表性差，问卷填答的真实性难以判断。

六、对问卷调查法的评价

问卷调查法适用于定量研究所需的数据收集工作。如果运用电子计算机进行统计分析，那么问卷调查就成为一种容量大、效率高的定量调查研究方法。在社会调查研究中使用问卷作为调查工具收集资料的做法已经非常普遍。

邮政问卷调查、网络问卷调查由于使用方便、能够突破时空限制，其调查对象的分布比较广泛。采用这类非访谈调查方法时，调查者不需要和调查对象见面，因而调查具有很好的匿名性，可以大大减轻调查对象的心理压力，便于调查一些不宜当面询问的敏感问题、尖锐问题和隐私问题，也有利于调查对象如实填答问卷。此外，这类调查也可以节省人力和经费。当然，这类调查方法的不足在于调查者对调查对象的了解比较少，对于问卷的回收情况和问卷质量不能很好地把握和控制。

访谈问卷调查的问卷回收率和获取资料的准确程度都比较高。但是，实地访问问卷

---

① 万崇华，许传志．调查研究方法与分析．北京：中国统计出版社，2016：167－168.

② 赵国栋，黄永中．网络调查研究方法概论．北京：北京大学出版社，2008：112－118.

调查所需的人力、物力比较多，而且相对于邮政问卷调查、网络问卷调查，实地访问涉及的范围有限，调查空间不能无限大。同时，实地访问问卷调查还会受到调查者的情绪、语言、态度等多种因素的影响，这在一定程度上增大了调查的难度。当然，在实地访问问卷调查中，调查对象的文化水平、态度、责任心等因素也会影响调查问卷的填答质量。

非面对面的交互式电脑辅助电话访谈系统在调查中的应用可以避免调查所带来的一些困扰，但是电话的使用是调查对象被选择的主要标志，这客观上会造成没有电话的调查对象被排除在抽样框之外。虽然随着电话在农村地区的普及，这类调查的适用条件逐渐得以满足，但是在电脑辅助电话访谈调查中，由于调查对象对该调查方式往往不太理解，或者由于不能看到问卷而只能凭借记忆来回答调查者提出的问题，所以往往会出现一定的调查误差。

另外，由于调查问卷的题目设计是统一的，所以问卷没有弹性，在调查过程中没有伸缩余地，很难适应复杂多变的实际情况，这就对问卷设计的质量提出了很高的要求。调查人员对调查问卷内容的理解程度、与调查对象沟通交流的能力、访谈中的责任心，都可能影响调查问卷的填答质量，因此对调查人员的培训也是非常关键的。

问卷调查法的这些局限性决定了其不能完全代替其他社会调查方法，正如其他社会调查方法也不能代替问卷调查法一样。因此，如果条件允许的话，问卷调查法应尽量与其他社会调查方法结合使用，以取得理想效果。如果只运用这一种方法，就必须充分考虑其局限性可能给调查结果带来的影响。

第五节　对问卷调查结果的审查评估

问卷调查法的实施程序与一般调查方法的实施程序一样：从确定调查研究计划和方案开始进行问卷的设计，之后向选择的调查对象分发问卷，然后进行问卷的填答、回收，接下来对资料进行整理和分析，最后完成调查研究报告的撰写。对于调查研究方案及问卷的设计等内容，前面已经进行了讲解，下面主要介绍与对问卷调查结果的审查评估相关的内容。

一、对问卷回收率和有效性的审查

（一）对问卷回收率的审查

一般来说，访问问卷调查的回收率比较高，其中实地访问问卷调查的费用相对较高，耗时相对较长；送发问卷只要组织得当，及时派人回收，回收率会很高；邮政问卷调查则不同，初始回收率一般都较低，因此必须在问卷设计规定的回收时间内向被调查者发出 1～3 次提示或催复，这样才可能使问卷的回收率达到一定的数值；网络问卷调查的回收率高低有时很难确定，在有激励的情况下，回收率可能比较高。

（二）对问卷有效性的审查

除了关注问卷的回收率外，还要关注问卷的有效回收率。调查问卷的回收率高，不一定代表问卷的有效回收率高。对回收的问卷，必须认真审查是否存在无效问卷的情况。只有把调查资料的整理、加工工作建立在有效问卷的基础上，才能保证调查结果的可靠性和科学性。做好这一步，通过问卷调查搜集资料的工作才告一段落，才能为后续问卷调查资料的整理和分析工作奠定基础。在审查问卷有效性时，可以从以下几个方面进行考量：

1. 问卷填答是否有效

一是要关注问卷填答内容的完整性。具体来说，要审查问卷是否填答，是否存在无回答的情况；问卷各个项目是否填写齐全，检查是否有无回答题条的情况，并且根据无回答问卷或题条的占比情况，考虑无填答的原因，找到可能的弥补措施。纸质问卷的填答可能存在调查对象漏填，或者不愿意填答某些问题，甚至拒绝填答问卷的情况，在调查结束回收问卷时就可以对这些情况进行初步审查，对无效问卷可以直接剔除，例如，页码缺损，或者其中有相当多的问题没有填答，漏题数量超过总题条的60%的问卷。另外，还要关注问卷是不是由调查对象填写的，非调查对象填写的问卷属于无效问卷。

二是要关注问卷填答的唯一性。问卷调查要关注是否存在一人填写多份问卷的情况。如果是电子问卷调查，则可能出现调查对象重复填答问卷的情况，所以审查时要特别关注问卷的 IP 地址是否相同。纸质问卷调查也存在问卷高度雷同的情况，这很可能是由于代填或者造假，所以问卷有效性大打折扣。要关注问卷填答中明显存在的敷衍情况，特别是要关注问卷填答者的合作情况，对合作程度不高或者不合作的问卷需要认真审查。

2. 问卷填答是否可信

一是要关注填答内容的准确性。具体来说，要根据问卷填答的前后逻辑，检查填答者是否按照逻辑关系填写了数据，或者数据是否出现前后矛盾的情况；按照问卷中各题条的指导语、数据填写口径、计量单位等要求，检查问卷填答是否遵循了指导语的要求，检查数据计算方法和结果的准确性，验证问卷填答的内容是否准确。有的问题回答没有差异性，都选择2或者3，这样的填答显然没有经过深思熟虑，可信度不高。

二是要关注填答内容的清晰性。纸质问卷中如果出现字迹模糊、涂改严重等影响问卷质量识别的情况，那么需要调查人员予以校正。

二、对无回答和无效回答问卷的处理

在问卷调查中，经常会出现无回答和无效回答的情况。无回答是指问卷发送出去后，没有收到回答；无效回答是指回收的问卷中，部分问题的回答不符合要求，或出现错误。对于如上两种情况，必须认真处理。

（一）对无回答问卷的处理

在一项调查中，如果问卷的回收率很低，调查资料所反映的信息就十分有限，调查效果也就难以保证。因此，应采用多种方法进行处理。

一方面，要弄清楚无回答的原因。送发问卷一般是通过有关机构完成的，因此，回收问卷时应通过有关机构了解无回答者的情况和无回答的原因。探究报刊问卷和邮政问卷无回答的原因比较困难，但调查者可根据回复问卷的邮戳，弄清楚哪些地区问卷回收率高，哪些地区问卷回收率低，然后再有的放矢地处理。总体来说，问卷无回答的原因有：被调查者有意拒绝回答、因丢失问卷或丢失调查组织者的通信地址而无法回答。

另一方面，要采取措施进行补救。例如，向未回答者再次寄发问卷，对不愿回答者起到督促和提醒作用，为丢失问卷者提供新的问卷，进而提高问卷的总回收率；采取抽奖、赠送礼物等多种激励措施，提高调查对象对调查重要性的认知，进而提高反馈的比率；另外，还可以从未返回问卷的调查对象中再抽取一些样本，集中力量进行访问问卷调查，从而搜集到这些调查对象的资料，确保较高的问卷回收率。

访问问卷调查的回收率虽然高，但是也会存在无回答的情况。为此，采取措施消除调查对象对信息泄露的担忧，对调查员的怀疑、不友好等，是非常有必要的。例如，就调查方式做好事前沟通、对调查项目做必要的解释、选择与调查对象熟悉的调查员等措施都有利于提高调查问卷的回收率，减少无回答的情况。

（二）对无效回答问卷的处理

研究人员需要研究无效回答的类型和频率，看看哪些是个别性的错误，哪些是具有共性的问题。一般来讲，具有共性的问题都与问卷的设计有关，或者是由于问题选择不当，或者是由于问题表达不准确，或者是由于答案设计不符合实际等。总之，应把设计中存在的问题作为研究的重点，并根据研究的结果不断改进问卷的设计工作。

三、提高问卷回收率的途径

影响问卷回收率的因素很多，主要有调查问卷设计的质量、调研课题、调查对象的具体情况、调查方式等。因此，要提高调查问卷的回收率，就必须做好以下几方面的工作。

（一）要努力提高调查问卷设计的质量

调查问卷设计的质量主要取决于问卷调查的内容，特别是反映调查内容的题条设计是相当重要的。同时，问卷的形式，特别是问卷的版面和长度，对问卷回收率也有相当大的影响。一般来讲，问卷内容简单、版面清晰、题目简短的问卷，回收率和有效率可能高一些；反之，则可能低一些。总之，问卷过于冗长和复杂不利于提高问卷回收率。

（二）要选择具有吸引力的调研课题

如果调研课题是被调查者感兴趣的内容，那么调研就可能获得调查对象的配合，问卷的回收率就可能较高；反之，则可能较低。

（三）要慎重选择调查对象

调查对象的能力、学识、态度往往会对调查问卷的回收率和质量产生影响。一般来讲，有一定学识和能力的调查对象对问卷内容的理解较深，回答问题的可靠性、真实性较高。因此，根据调查问卷内容的特点和难易程度，对适当的调查对象进行调查，是相当重要的。

（四）要采取回收率较高的调查方式

一般来说，报刊问卷的回收率最低，为10%～20%，邮政问卷的回收率为30%～60%，送发问卷的回收率为80%～90%，访问问卷的回收率最高，可达100%。因此，在既定的人、财、物力等约束条件下，应尽可能选择回收率较高的调查方式。

本章小结

1. 问卷调查法是调查者利用一份精心设计的调查问卷，通过由调查对象填写或者由调查对象回答、调查者填写的方式，进行资料搜集的方法。

2. 使用问卷调查法的关键是设计问卷。

3. 问卷设计的步骤是：明确调查研究的总体目标、明确调查研究对象、列出调查研究的问题及征询该问题的题条、问卷结构设计和问题编排、问卷的试调查和修改完善。

4. 设计问卷的方法一般有卡片法和框图法两种。

5. 调查问卷通常由题目、引言（或附信）、指导语、题条和结束语等几个部分构成。

6. 问卷题条有封闭型题条、开放型题条和半封闭型题条三种类型。

7. 封闭型题条有填空式题条、单选式题条、多项式多选题条、矩阵式题条、表格式题条等形式。

8. 调查问卷中的问题一般包括背景问题、行为问题、主观问题、检验性问题、筛选性问题、相倚问题六种。

9. 调查问卷所选择的问题必须是有用的、符合客观实际情况的、易于被理解的和易于被真实回答的。

10. 题干表述的要求有：语言要通俗、用词要准确、表述要简短、表述方式要恰当、不能有诱导性。

11. 备选答案表述的要求是：备选答案一定要与题干对应，不能偏离题干；备选答案一定要穷尽，要囊括问题可能涉及的所有答案，不能有遗漏；各个备选答案用词要清晰准确，不能模棱两可；各个备选答案之间要互斥，一定不能出现相互交叉、重叠、包含的情况。

12. 按利用问卷进行调查的途径的不同，问卷调查可以划分为报刊问卷调查、邮政问卷调查、送发问卷调查、访问问卷调查和网络问卷调查。

13. 访问问卷调查，是指调查者利用统一设计的问卷向调查对象依次提出问题，然后再由调查者根据调查对象的口头回答来填写问卷的一种调查方法。

14. 网络问卷调查，是指调查者以网民为调查对象，以网络为载体来分发和搜集问卷的一种调查方法。

15. 对问卷调查结果的审查评估包括对回收问卷的审查、对无回答和无效回答问卷的处理、提高问卷回收率的途径。

16. 问卷调查法适用于定量研究所需数据的搜集工作。不同的问卷调查方式有不同的优势和不足，调研人员应客观对待并灵活使用各类问卷调查方式。

《思考练习》

1. 什么是问卷调查法？问卷调查法有哪些类型？
2. 简述问卷设计的步骤和方法。
3. 调查问卷中的问题一般包括哪几类？
4. 简述题干表述的要求。
5. 简述备选答案表述的要求。
6. 什么是访问问卷调查？什么是网络问卷调查？
7. 请你对问卷调查法的优势和局限性进行评价。
8. 问卷设计练习 1：

背景资料：2012 年党的十八大第一次将鼓励创业纳入就业方针。2014 年中央农村工作会议强调，推进农业现代化和新型城镇化，要坚持以人为本，激发农民的创造、创新、创业活力，形成大众创业、万众创新的生动局面。2015 年中央一号文件明确提出引导有技能、资金和管理经验的农民工返乡创业。2015 年 6 月《国务院办公厅关于支持农民工等人员返乡创业的意见》要求以人力资本、社会资本的提升、扩散、共享为纽带，加快建立多层次多样化的返乡创业格局，全面激发农民工等人员返乡创业热情。2015 年 8 月《农业部关于实施推进农民创业创新行动计划（2015—2017 年）》进一步制定了支持农民创业创新的方针政策，激发农民创业创新活力。但是，相对于传统农业生产和农民外出务工，农民创业行为要复杂得多，影响农民创业的因素很多。

问题提出：为了满足课程练习的需要，在这里，我们假设农民的个人、家庭特征会影响农民的创业选择；农民所拥有的社会资本也会影响农民的创业选择。

任务：请同学们设计一份能够测量农民的“个人特征、家庭特征”情况，以及农民所拥有的“社会资本”情况的调查问卷。

9. 问卷设计练习 2：

背景资料：党的十九大报告提出实施乡村振兴战略，并提出了产业兴旺、生态宜居、乡风文明、治理有效、生活富裕的总要求。“五句话、二十个字”的总要求，呼应了时代新发展，顺应了农民新期待。新时代，乡村发展有了新蓝图；新时代，乡村发展要有新气象；新时代，乡村发展要有新作为。

[记者看]“以前我们总羡慕城里人住得干净，现在是城里人羡慕我们村里人过得巴适。这两年逢年过节来我们村自驾游的车队总是排出老长。”说起村里环境的改变，四川省郫都区三道堰镇青杠树村村主任钟家旭一脸自豪。建设新居民点时，如果房屋选址上面有成形的大树，青杠树村人宁可重新选址也不破坏原有树木。这样才有了林盘中大树掩映、竹林丛生、沟渠纵横的美好景象。不只是环境变美了，青杠树村还实现了雨污分流、光纤入户，垃圾专门有人负责清运，卫生站、超市、水电气缴费点等多项公共服务设施和便民服务设施也投入使用，生活越来越便捷，村庄越来越宜居。（资料来源：乡村振兴，明日可待．人民日报，2017-10-29.）

问题提出：生态宜居的乡村振兴，不仅需要转变对农村生态环境的认识，而且需要采取切实有效的农村环境保护与治理措施。正确衡量这些措施的实施效果，是进一步落实乡村振兴战略的重要保障。

任务：请同学们查阅相关文献，依据农业多功能性理论，选择调查对象，从国土保全和水源涵养两方面，设计一份能够测量农村环境改善效果的调查问卷。

提示：首先需要选择调查对象，例如村民、游客、村干部等；其次需要清楚“国土保全”和“水源涵养”的基本内涵；再思考可以从哪些维度对环境改善效果进行测量；最后将这些测量具体化为题条，并按照一定的逻辑顺序排列，形成问卷。

本章思维导图

第九章

实地观察法

实地观察法是农村社会经济调查中搜集资料的基本方法之一。《新华词典》对“观察”的解释是：对事物进行仔细的察看和了解。在农村社会经济调查中，实地观察法属于直接调查方法，是调查者直接深入现场或进入一定的情境中，利用眼、耳等身体感觉器官，或科学的观察仪器，直接观察调查对象，并且有目的地搜集相关资料的一种方法。

第一节 实地观察的分类

在实地观察活动中，观察者需要深入农村实地，在社会经济处于相对自然的状态的情况下，观察调查对象的现状、行为、状态。按照观察者是否参与观察对象的活动，实地观察可以分为参与观察和非参与观察两类；按照观察中是否对观察内容有统一要求，实地观察可以分为结构式观察和非结构式观察两类；按照观察中观察对象是不是现实生活的真实反映，实地观察可以分为直接观察和间接观察两类。

一、参与观察与非参与观察

（一）参与观察

参与观察，是指观察者直接参与到观察对象所处的农村社会群体中，以群体正式成员的身份参与各项活动，同时从群体内部观察调查对象的一种方式。

根据观察对象对观察者身份的识别程度，参与观察可分为完全参与观察和不完全参与观察，其观察者可以相应地被称作农村社会经济活动中的完全参与者和名义参与者。

1. **完全参与观察**

完全参与观察，是指观察者完全参与到观察对象所处的社会群体中，作为一名观察者，在不暴露真实身份的前提下，真正参与（或假装参与）到社会团体或社会活动中，通过完全的参与来观察调查对象各方面情况的一种方法。

在这种社会调查活动中，观察对象常常把观察者看成自己人，对其不存戒心，这样观察对象的行为就始终处在一种自然状态下，最为真实，从而观察活动也真实而生动，能够反映调查对象的真实情况。例如，公安人员打入农村黑社会团伙内部进行观察；又如，在农村，调研人员以“合作伙伴”“帮工”等身份，参与到部分先富起来的农户的生产经营实践中，了解农户的生产经营情况及经济状况，常常可以获得较真实的材料。

2. **不完全参与观察**

不完全参与观察是指观察者虽然参与到观察对象群体中，但是其身份是暴露的，始终处于半“客”半“主”状态的一种观察方法。例如，党政干部或调研人员到农村基层去，与农民朋友同吃、同住、同劳动，同时对农村各种社会经济现象或行为进行观察。这种参与程度很高的观察能够消除观察者与被观察者之间的隔阂，使其习惯观察者的存在，显露出真实自然的状态，使观察活动达到预期的效果。

（二）非参与观察

非参与观察，又称为局外观察，是指调研人员作为观察者，不加入观察对象的群体，不参与观察对象的活动，完全以局外人或旁观者的身份进行观察的一种方式。根据观察对象对观察者身份的识别程度，非参与观察可分为交往型的非参与观察和不交往型的非参与观察。

1. **交往型的非参与观察**

在交往型的非参与观察中，调查人员的身份是公开的，但调查人员不参与观察对象的群体及其活动，只是作为观察者，在与观察对象进行交往的过程中对其进行观察，以达到调查的目的。

在这种观察方法下，观察者由于没有参与到观察对象的群体和活动中，所以一般不容易受到观察对象的群体规范、价值、情感等多种因素的影响，判断比较客观。但反过来说，不参与也会使观察者无法深入观察对象的群体活动中，因此往往会忽略实际生活中某些方面的问题。

在农村社会调查研究中，如果仅仅对观察对象进行短期调查，那么这种观察方法也是有效的。它使观察者能在较短时间内对观察对象做出一般性的观察，获得感性认识，并发现问题，得出一些概括性的结论或假说。

2. **不交往型的非参与观察**

在不交往型的非参与观察中，观察者一方面不向所观察的对象暴露自己的真实身份，另一方面也不参与他们的群体和活动，而是作为纯粹的旁观者对调查对象进行观察。

在这种观察方法下，调查对象始终处在一种自然状态下，其社会经济活动和行为也是本色表现，不会受到调查者的观察动机和行为的影响；同时，调查者作为观察员，也会保持客观的立场，尽量不受观察对象的行为、观点、言行等的影响。当然，“人非草木，孰能无情”，在运用这一观察方法的过程中，观察者和观察对象所处的距离比较近，对观察到的现象和发现的问题有时难免会出现自我判断和立场倾斜问题，这时调查者应尽量保持冷静，尽可能保持客观的心态，只听和看，不发表议论，也不表示兴趣。

二、结构式观察与非结构式观察

（一）结构式观察

结构式观察，也称为有控制观察，是依照较严格的观察计划和程序实施观察的一种方式。结构式观察对观察的内容、结构都有严格的要求，往往会统一制定观察表格或卡片，并受到一定程度的控制。所谓的控制是指，调查中观察的内容和项目是统一设计的，对观察场所和基本的条件有统一的要求，对观察所使用的工具也有统一的标准。

结构式观察的统一性要求使观察结果实现了标准化，便于进行定量分析和对比研究。因此，调查者要对农村社会进行结构式观察，就必须设计好观察内容、项目、场所、手段等，调查时按照设计好的程序和内容，直接进行观察。

（二）非结构式观察

非结构式观察是观察者根据研究目的的需要，对观察对象实施发散式观察的方法。非结构式观察事先并不需要规定观察的内容和程序，也不需要制订观察计划，观察者只需要事先确定一个总的观察目的和要求，然后根据观察目的确定观察对象即可。

在非结构式观察中，观察者可以充分发挥自身的主动性和创造性，灵活掌握观察的重点。其不足之处在于观察资料不系统、不规范，受观察者的个人偏好、观察技巧等因素的影响比较大，很难对观察结果进行定量分析和对观察对象进行比较研究。因此，非结构式观察比较适合用在探索性调查研究中。

除了结构式观察和非结构式观察之外，还有一种介于两者之间的半结构式观察。它是一种较非结构式观察严格，而较结构式观察又相对宽松的观察方法。在半结构式观察中，观察者要根据观察提纲和观察标志（可观察的行为模式）对观察对象进行观察，察看观察对象是否有观察标志所标定的行为模式发生。半结构式观察提纲的制定并无一定的模式，调研人员会根据研究题目来确定观察提纲的内容和详尽程度。一般来讲，一个较为详细的观察提纲通常应包括观察对象、观察时间与场合、观察程序等。

三、直接观察与间接观察

根据观察对象是不是活生生的客观现实这一标准，我们可以将实地观察分为直接观察和间接观察。直接观察是对现实存在的观察对象进行观察，以获取观察对象某一方面的真实社会行为反应的一种观察方法。间接观察是对与观察对象有关的自然物品、行为痕迹等进行观察，以间接了解和反映观察对象在过去某一历史时期所具有的社会经济状况和特征的一种观察方法。

上述参与观察和非参与观察、结构式观察和非结构式观察都属于直接观察，反映的是当前社会经济背景下的社会经济现象和事实。当然，在农村社会经济调查中，间接观察方法也经常被用到。

例如，观察者可以通过对所调查村庄的道路、住房、卫生、环境等情况的观察，粗略估计这一社区的经济发展水平、生活水平和生活状态等方面的情况。再如，通过对各种古迹、遗址、博物馆文物等的观察，观察者可以对过去一定历史背景下的社会经济、政治、文化等现象有一定的认知。通过对张择端的《清明上河图》、陕西骊山脚下的秦始皇兵马俑、长沙马王堆汉墓等历史文物古迹的观察研究，后人可以追溯千百年前人类社会辉煌灿烂的社会经济文化。

除了上面着重介绍的几种观察方法外，根据其他的分类标准，还可以将实地观察分为静态观察和动态观察、定性观察和定量观察、探索性观察和验证性观察等。不同的观察方法各有特点。在实际调查研究中，应根据观察的目的、任务和条件，灵活地把握和运用，以期获得更为真实、全面的观察结果。

第二节 实地观察法的特征和原则

作为农村社会调查中搜集资料的一种科学方法，实地观察法中的观察与一般意义上的日常观察有许多不同之处。

一、实地观察法的特征

首先，实地观察法中的观察是观察者有目的、有计划、自觉、科学的认识活动。这与随意的观光游览不同。实地观察是在一定的方法论指导下进行的，其观察对象不管是人还是物，一般都是被动地处于观察者的观察之中，因此，要取得良好的观察效果，观察者必须有明确的观察目的和周密的观察计划，同时必须依照观察计划有条不紊地进行观察。此外，调查前还必须对观察人员进行系统培训，让他们明确观察目的，掌握科学的观察方法，这样才能保证搜集到满足目的和计划要求的资料。

其次，实地观察不仅可以利用观察者的感觉器官，例如耳、眼等作为观察工具，而且可以利用仪器设备，例如照相机、摄影机、录音笔、望远镜等作为观察工具。在感觉器官中，视觉器官是最重要的观察工具，其中90%的信息是通过眼睛获得的，而仪器设备则是人的感觉器官的延长和放大，通过利用它们，调查者可以将观察到的人物、事件、环境等资料详细地记录下来。这些资料既包括静态资料，又包括动态资料；既包括语言资料，又包括图像资料。利用多种观察工具可以使所获取的观察资料更加完整、准确，进而使问题分析更加深入、全面。

再次，实地观察法强调的是观察对象处于一种自然状态下，而不是人为制造的环境下的观察。如果观察对象是处在非自然状态下，那么这样的观察将失去其作为调查方法的意义，因为非自然状态下的观察结果反映的是非客观的社会经济情境，可能导致观察者得出错误的结论。

最后，实地观察法强调其观察结果的客观性和可检验性。在实地观察中，调查者可选定观察对象，通过反复观察或综合运用其他搜集资料的方法获取客观的资料，并且对观察结果加以对照和检验。

二、实地观察法的原则

为了保证实地观察顺利实施并取得良好的观察结果，在实地观察过程中，调查者要把握一些基本原则。

（一）客观

所谓客观，就是从实际出发，根据现场的真实状况观察当时发生的事实，并如实记录下来。调查者绝不能按照自己的主观偏好随意增减或歪曲客观事实，或者只注意观察和记录对自己的调查有利的事实，而不去观察和记录对自己的调查不利的事实。

调查者进行一项社会调查的目的就是搜集到真实可信的资料，然后对这些反映实际情况的资料进行科学的分析，从而得出正确的结论。资料的真实、可靠是建立在调查符合客观条件这一基础之上的，实地观察因为接近客观实际，所以其搜集到的资料对于指导实际工作的意义更大。

（二）全面

任何社会经济问题和现象都呈现出多种属性。所谓全面，就是指观察者应该从不同的侧面、不同的角度、不同的层次对观察对象进行多方面观察，以全面把握和了解观察对象的全貌。例如，要调查了解内蒙古自治区科尔沁地区草场沙化的情况，调查者不仅要实地察看草场沙化的现状和程度，而且要实地察看农牧民朋友的生产和生活情况，同时还要辅以访谈等其他调查方法，这样才能全面了解草场沙化的情况以及造成草场沙化的真正原因。

（三）深入

所谓深入，就是在了解农村社会经济现象或问题的表象的基础上，深入细致地察看细节，从而发现深层次的问题。农村社会经济问题的成因是相当复杂的，因此要清楚隐藏在表象背后的深层次问题，就必须深入细致地观察社会经济现象或问题，进而找出关键原因，促进农村社会经济问题的解决。全面通常是指观察的广度，而深入是指观察的深度。走马观花、浮光掠影式的观察是不可取的。仅仅停留在表象，而不深入调研的结果是，仅能得到假象或得出错误的结论。在农村社会调研中，也必须坚持深入原则，否则依据错误或表象结论制定出的政策是有百害而无一利的，将阻碍农村社会经济的发展。

（四）持续

所谓持续，是指对农村社会经济问题和现象的观察需要经历一个跟踪调查的过程，特别是对于许多复杂的社会现象来说，要得出正确的调查结论，就必须持续进行数日、数月、数年，甚至更长时间的实地观察。如果观察人员没有足够的心理准备，也许对社会经济问题或现象的实地观察就会中途停止，这样研究工作就无法正常进行下去，就不能搜集到系统、完整的调研资料，甚至会得出片面的、错误的结论。在农村社会调研中，由于观察现场的物质条件较差，观察起来更困难，所以更需要观察人员做好充分的思想准备，付出更多时间和精力，持续进行观察。

（五）规范

所谓规范，是指实地观察中必须遵守的法律和道德原则。在实地观察中，观察者必须遵守规范性原则，特别要注意尊重少数民族地区的风俗习惯和宗教信仰，不能在未被允许的情况下私自进入民宅，不能偷看别人的信件，不能强行观察别人不愿被观察的事物或现象。总之，一切违反社会道德、法律规定的事情均不被允许。这就要求调查者在进行实地观察之前，一定要做好充分的准备，对当地的风俗、民俗等有一个较为充分的了解。

第三节　实地观察法的实施程序和实施技巧

虽然各种不同的实地观察法都有自身的特点，但是各种观察法在实施程序和实施技巧等方面有着共性。

一、实地观察法的实施程序

在农村社会经济调查中，实地观察法的实施程序与其他调查方法一样，一般也可分为三个阶段，分别是准备阶段、操作阶段和整理阶段。

（一）准备阶段

准备阶段主要是确定观察内容，制订观察计划，做好观察前的准备工作。准备工作做得越充分，观察工作就会进展得越顺利，观察结果也会越客观真实。具体来说，要准备的内容主要有：

（1）决定观察的目的；

（2）确定观察的对象；

（3）确定观察的方式、方法和手段；

（4）选择具体的观察地点，确定具体的观察时间；

（5）制订详细的观察提纲；

（6）选择并培训观察人员。

（二）操作阶段

操作阶段主要是指观察者深入农村实地，按照调查研究目的和内容的要求，对观察对象展开观察并搜集调查资料的过程。调查者应尽可能按照事先设计好的观察提纲或观察计划进行观察，也就是说，要保证不同观察者搜集到的资料的一致性和有效性。为了保证操作阶段顺利完成，一般要注意以下几点：

（1）进入观察现场，与当地的主管部门及观察对象建立友好的关系；

（2）实地进行观察的时候，要注意及时、准确地做好观察记录；

（3）观察结束时，要有序地撤离观察现场。

（三）整理阶段

整理阶段的主要工作是审核、分类和汇总并搜集到的资料，为进一步进行资料分析做好准备。实地观察法虽然也可以通过结构式观察获取标准化、规范性强的观察资料，但是与问卷调查法相比，实地观察中获取的很多资料都是比较零散的记忆性碎片资料，或者是一些录音录像资料。因此，观察者在每天的实地观察任务结束后，就需要抓紧时间及时、准确地把这些资料补充、梳理清楚，将观察所涉及的日期、人物、事件、内容等录入电脑，使观察资料电子化，方便日后查阅和分析使用。这项工作任务非常繁重，是通过实地观察法搜集资料的关键环节。

二、实地观察法的实施技巧

科学的观察是一种有着很强的技巧性的调查研究方法。掌握一定的观察技巧，有利于调研人员尽快进入调研角色，创造宽松的调研环境，并顺利开展调研工作。

（一）如何顺利进入观察现场

在农村社会经济调查中，顺利进入观察现场是调查取得成功的先决条件。我国农村地域广阔，进行任何实地调查实际上都是非常困难的。在我们选定观察现场后，为了保证调查的顺利，有必要做好以下几方面的准备工作：

首先，要与当地的相关部门取得联系，特别是深入农村基层进行调查时，一般要与当地社区或主管部门的管理者取得联系，因为如果没有他们的帮助，我们深入农村、深入农户之中进行调查的愿望就可能落空。在农村社会调研中，为了便于调查和打开局面，最好与将要进入的观察现场的更高一级的主管部门取得联系。例如，如果是要调查农村的一个村庄，那么我们可以与其隶属的乡镇政府取得联系，以取得支持。除此之外，最好与在主管部门工作的熟人、朋友，或者当地的亲戚、朋友等取得进一步联系，这样能更快地取得信任，获准进入观察现场，并能受到较好的接待。俗话说“有熟人好办事”，就是这个道理。

其次，要强调调查是学术性的，不会给主管部门或当地社区带来任何坏处；如果经费允许，我们也要考虑在当地的调查活动能否给当地社区或农户带来一定的利益。实际上，时刻想着“我们能给所要调查的社区或农户带来什么”，也是顺利进入观察现场的条件之一。

再次，调查人员要随身带着介绍信、身份证、学生证等有效证件，在进入社区或现场的时候，必要时主动出示证件，以取得当地调查对象的信任。

最后，去农村进行实地观察时，还要选择最佳的进入时间，不要选择农忙季节和防洪抗灾时期，因为这些时期农民和乡村干部都很忙，没有足够的时间向调查者介绍情况，而且调查者的进入也可能妨碍调查对象的正常活动。

（二）如何与观察对象建立友好的关系

与观察对象之间建立友好的关系，是保障调查活动顺利进行的条件之一，也是参与式观察中最困难、最关键的一步。为了做好这项工作，要注意以下几点：

1. 打消观察对象的疑虑

观察者要向观察对象解释和说明调查的目的、意义，解除他们的顾虑，使他们相信，调查活动对他们的利益没有任何损害。观察只是一种了解社会经济现象、进行科学研究的方式。在做这方面工作时，除取得政府组织的帮助外，还应重点选择当地有威信、有影响、有能力的观察对象作为突破口，先与他们搞好关系，取得他们的支持，再通过他们向其他观察对象做必要的解释和说明。

2. 尊重当地的风俗习惯和道德规范

因为实地观察需要在当地生活或长或短的一段时间，因此，为了更好地融入当地生活，且与当地的观察对象建立友好的关系，尊重当地的风俗习惯和道德规范，顺应当地的生活方式是非常重要的。因此，在进入观察现场之前，观察者就要熟悉当地社区或观察对象的饮食起居、服饰打扮、禁忌喜好、礼仪应酬等方面的习惯，进入现场后，更要注意尊重当地社区和居民的生活习惯。如果实地观察的时间较长，则最好能学会当地的方言和俚语，这有利于观察者融入观察对象的生活中，与观察对象顺畅地交流和沟通。如果语言沟通有障碍，那么在进入现场之前，最好能够请到会当地语言、能够进行翻译的人员随行。特别是在少数民族聚集区进行调查时，更要注意这点。同时，在农村社会调查中，观察者在生活上要与观察对象及当地经济发展水平保持一致。

3. 尽可能参与到观察对象的各项活动中

观察者应参加观察对象的各种活动，包括生产活动，并在力所能及的范围内帮助观察对象解决一些困难问题。例如，在农村社会经济调查中，观察人员可以吃住在农民家中，通过与他们共同生活和劳动取得信任。另外，观察者吃住在农民家中的话，支付适当的吃住费用也是必要的。当然，观察者在参与各种活动时，要注意群体活动与个别接触相结合，有时在个别接触被观察者时，能获得一些公开场合不易了解的事情。同时，在观察中要向农民提供一些政策方面的咨询服务以及经济、科技方面的致富信息，为农民解决一些实际问题，真正取得农民的信任。

（三）如何做好观察记录

俗话说："好记性不如烂笔头。"如果不及时记录，时间一过，就可能忘掉许多观察到的细节，或者对于真实情况的记忆就会模糊。因此，做好观察记录是很重要的。在使用实地观察法进行调查时，可以采用的记录方法主要有以下几种：

1. 同步记录

在进行观察的同时要尽可能做好详尽的记录，同步记录则是信息丢失最少的一种记录方法。为了提高记录速度，可以采用速记方法，记下当场的农村社会现象和活动；同时，应适当记录个人的一些意见、见解和想法，并使它与观察到的细节分开。当然，现在的记录方式已经越来越科技化，可以通过摄像机、录音机等灵活的方式将信息记录下来，然后进行整理，这样对于信息的搜集会更加全面，丢失信息的可能性更小，也弥补了手记可能存在的信息丢失问题。

2. 事后追记

事后追记是采用记日记或单独事件记录的方式，根据记忆，依照先后次序或事件分类将所观察到的事件追录下来。事后追记是根据记忆补记所观察到的情况，因此必须抓紧时间，否则，随着时间的推移，会遗漏掉一些具体的、关键的细节。

3. 卡片记录

卡片记录是在观察时，及时在预先制作好的观察卡片或表格上画记号。采用这种记录方法可以提高记录的速度和质量，有利于分类整理和对观察结果进行定量分析。

以上不同的记录方法记录下来的内容各不相同，正如有的学者主张尽可能具体、详细地记录下观察对象自己的语言，而有的学者则主张观察记录要尽可能简明扼要，记下主要的事实和情节就可以了。不管采用何种记录方法，记下何种内容，都要以有利于以后进行综合分析为宗旨。

三、尽量减少观察误差

任何观察都会存在一定的误差，实地观察法作为人们观察社会经济现象的一种方法，也不例外。

（一）产生观察误差的原因

产生观察误差的原因有多种，下面我们着重从观察者和观察对象两方面来寻找产生观察误差的可能原因。

1. 就观察者而言

（1）主观因素。每个观察者都有自己的立场、观点、方法，而不同观察者之间这些主观因素的差异会造成对同一对象的观察结果大不相同。观察者在世界观和方法论上的缺陷往往也是造成观察误差的一个重要原因。此外，观察者的事业心和责任感也会对观察结果产生重大影响。一个事业心强、认真负责的观察者可能观察到许多深入的细节信息，而一个马马虎虎的观察者却可能漏掉许多重要的信息。

（2）知识因素。观察者的知识水平和结构不同，实践经历和经验不同，观察问题时的参照标准也会不同，因而对同一对象的观察重点、观察结果都会有很大的差异。知识和经验不足，对问题的认识就不会很深入。

（3）心理因素。观察者的兴趣、需要和情绪等心理因素也会对观察结果产生一定的影响。比如，观察者的情绪兴奋、喜悦，往往就会观察到较多的积极方面；观察者的情绪苦闷、压抑，往往就会观察到较多的消极方面。

（4）生理因素。观察者各种感觉器官的感受能力在生理上都是有一定限度的，超过一定的限度，就会产生观察误差。

2. 就观察对象而言

观察对象无论是人还是事，都会存在表象和内在本质上的差异。对于被观察的人来讲，观察活动可能引起反应性心理和行为，这会造成反应性观察误差。对于被观察的事来讲，由于其本身处在一个发展的过程中，其本质尚未通过现象充分显露出来，这也可能造成观察误差。例如，农村改革初期，乡镇企业、个体经济、私营经济这类新生事物刚出现，由于其发展尚不完善和成熟，人们就对它们产生过许多错误的看法。另外，还有人为假象的问题也会造成观察到的结果与事实严重不符的情况。

（二）减少观察误差的途径

在农村社会经济调查中，观察者客观存在的不可逾越的认知局限性，以及观察对象的复杂性，致使观察误差是不可能完全被消除的。但是，任何调查都会力求减少观察误差。减少观察误差的途径有：

1. 选择具有较高素质的观察者

一个好的观察者应当具有良好的感知力、敏锐的洞察力、良好的记忆力、正确识别的能力和快速记录的能力等。观察者应抱着认真负责的态度，且对实地观察有浓厚的兴趣。同时，一个合格的观察者还应该掌握与观察课题有关的各专门学科的理论知识，了解关于观察对象的历史和现状。观察前的知识准备越充分，产生观察误差的可能性就越小。

2. 充分利用现代化的观察工具

为了避免观察者自身感官可能带来的观察局限性，在观察工具的使用上，我们可以采用一些现代化的记录手段，例如摄像、录音、照相等现代设备，尽可能地提高观察的客观性和准确性。

3. 由多人或多组同时观察

由多人或多组对同一现象进行同时观察，可以互相印证观察结果，纠正偏差，但相比较而言，观察成本可能较高。

4. 消除观察中的偏见

观察人员应以实事求是的科学态度对待观察中的社会现象，应该不带框框，不抱偏见，对具体问题要具体分析，避免掺杂个人情感。

第四节　对实地观察法的评价

一、实地观察法的优点

实地观察法的最大优点是它的直观性和可靠性。相比较而言，有什么比亲眼所见、亲耳所听的调查更能让人感受现实、更能让人信服的呢？在实地观察中，由于观察者不需要借助任何中间环节就能够直接与观察对象接触，因此能够获得大量生动、具体的第一手资料。观察者亲自到现场直接观察处于自然状态下的社会现象（排除人为假象），没有经过观察对象的主观回忆和加工，其真实性、可靠性就增强了很多。另外，观察者到现场观察时，不但能了解事情的来龙去脉，而且能注意到当地的特殊环境和气氛。

实地观察主要是观察者的单方面活动，尤其是参与式观察，一般不需要进行语言交流。这种观察便于对那些不能够或不需要进行语言交流的社会现象进行调查，有利于排除语言交流或人际交往中可能发生的种种误会和干扰。实地观察法的这个优点在农村调查中能够发挥特殊的作用。在广大农村地区，因为调查对象文化素质普遍偏低，有些甚至还是文盲半文盲，加上方言、俚语等可能导致语言交流上的障碍，单纯采用问卷调查法或访谈调查法可能会使调查较为困难，而实地观察法却能够弥补这方面的不足。

另外，实地观察法简便易行，可随时随地进行，而且灵活性强，观察者的人数可多可少，观察的时间可长可短，只要到达现场就能获得一定的感性认识。因此，它是一种使用较广泛的调查方法。

二、实地观察法的不足

正是基于实地观察可以直接接触现实社会的特点，在运用实地观察法进行调查的过程中要尽量避免对现象的观察和认识的主观性、偶然性和表面性。

观察活动一般是通过个人行为完成的，观察结果往往会受到人的主观意识的影响，特别是观察者在进行观察时，有时不可避免地会带入自己个人的偏好，从而使观察结果带有一定的主观性。加之观察者的知识、能力各不相同，且每一次具体观察都是在特定的时间、地点、条件下进行的，这样的观察结果必然带有偶然性。同时，因为每个观察者的生活阅历各不相同，对农村社会经济现象或问题的理解与认知的深度也各不相同，所以在观察的时候会出现对社会经济现象仅获得表面认知的情况。因此，要尽量选派有农村工作经验的调查者深入农村实地进行观察，以保证调查结果的客观性、规律性和深入性。

实地观察法要求调查者深入农村社会进行实地调查，因此对于没有一定条件（经费、人员、时间）的调查者而言，实地观察法的运用受到空间条件的限制。另外，受到观察对象相对分散、交通不便等地域条件限制，要进行大范围的、综合性的农村实地观察非常困难，因此专题性、小范围的实地观察比较可行。

实地观察法的运用也受到社会经济现象或问题的时间约束。一方面，实地观察法对于调查地已经发生的事很难了解清楚；另一方面，某些要观察的事可能是可遇而不可求的，因此观察者只能消极地、被动地等待所要研究的事件发生，这就使实地观察法在农村社会经济中的使用处于两难境地。例如，某项关于东亚各国结婚习俗的研究需要采用实地观察法进行。要进行这样的实地观察，最重要的条件是在调查的时间和空间内，确实发生了结婚这样的活动，如果未发生，那就无法进行这样的实地观察。

总而言之，实地观察法是一种重要的搜集资料的方法，在使用时，我们既要发挥其优点，也要克服其缺点，将实地观察法和其他调查方法结合起来使用，以保证搜集到的一手资料的客观和可靠。

本章小结

1. 实地观察法属于直接调查方法，是调查者直接深入现场或进入一定的情境中，利用眼、耳等身体感觉器官，或科学的观察仪器，直接观察调查对象，并且有目的地搜集相关资料的一种方法。

2. 参与观察，是指观察者直接参与到观察对象所处的农村社会群体中，以群体正式成员的身份参与各项活动，同时从群体内部观察调查对象的一种方式。

3. 非参与观察，是指调研人员作为观察者，不加入观察对象的群体，不参与观察对象的活动，完全以局外人或旁观者的身份进行观察的一种方式。

4. 结构式观察是依照较严格的观察计划和程序实施观察的一种方式。非结构式观察是观察者根据研究目的需要，对观察对象实施发散式观察的方式。

5. 实地观察法具有如下特征：（1）观察是有目的、有计划、自觉、科学的认识活动；（2）观察一方面可以通过观察者的感觉器官实现，另一方面可以利用各种仪器设备等观察工具实现；（3）强调的是观察对象处于一种自然状态下，而不是人为制造的环境下的观察；（4）观察结果是客观的、可检验的。

6. 实地观察法的应用要遵循客观、全面、深入、持续和规范等原则。

7. 实地观察的实施程序包括准备阶段、操作阶段和整理阶段。

8. 实地观察法要做好六个方面的准备工作：（1）决定观察的目的；（2）确定观察的对象；（3）确定观察的方式、方法和手段；（4）选择具体的观察地点，确定具体的观察时间；（5）制订详细的观察提纲；（6）选择并培训观察人员。

9. 在运用实地观察法的过程中，要注意扬长避短。

思考练习

1. 什么是实地观察法？实地观察法有哪些特征？

2. 什么是参与观察？什么是非参与观察？

3. 采用实地观察法的时候，应该做好哪些准备工作？

4. 简要评述实地观察法的优点和不足。

5. 毛泽东同志在《大兴调查研究之风》（一九六一年一月十三日）中指出："我希望同志们回去之后，要搞调查研究，把小事撇开，用一部分时间，带几个助手，去调查研究一两个生产队、一两个公社。在城市要彻底调查一两个工厂、一两个城市人民公社。一个省委第一书记，又要调查农村又要调查城市，这就要好好部署一下。去做调查，就是要使自己心里有底，没有底是不能行动的。了解情况，要用眼睛看，要用口问，要用手记。谈话的时候还要会谈，不然就会受骗。要看群众是不是面有菜色，群众的粮食究竟是很缺，还是够，还是很够，这是看得出来的。"（毛泽东. 毛泽东文集：第八卷. 北京：人民出版社，1999：247.）

根据毛泽东同志的讲话，认真思考并回答如下问题：

(1)"去调查研究一两个生产队、一两个公社。在城市要彻底调查一两个工厂、一两个城市人民公社"，这属于哪一种调查研究方法？其适用条件是什么？

(2)"了解情况，要用眼睛看，要用口问，要用手记。谈话的时候还要会谈，不然就会受骗。要看群众是不是面有菜色，群众的粮食究竟是很缺，还是够，还是很够，这是看得出来的。"这段话体现了调查研究要使用哪些方法？

本章思维导图

第十章

访谈调查法

访谈调查法是最普遍、最重要的社会调查方法之一。在农村社会经济调查中，访谈调查法通常是指访谈员通过与访谈对象面对面交谈的方式，了解访谈对象对社会经济问题的认知、看法的一种方法。与实地观察法相比，访谈调查法的调查层次更高，内容也更复杂，正确运用访谈调查法能获得更有价值的资料。目前，访谈调查法在农村社会实际调查过程中的应用十分普遍。

第一节　访谈调查法的分类

依据调查目的、调查性质或调查对象等的不同，访谈调查法可以分为不同的种类。根据访谈内容的不同，访谈调查法可分为标准化访谈法和非标准化访谈法；根据访谈者与被访谈者之间交流的方式的不同，访谈调查法可分为直接访谈法和间接访谈法；根据一次访谈中被访谈者的人数的多少，访谈调查法可分为个别访谈法和集体访谈法。

一、标准化访谈法与非标准化访谈法

（一）标准化访谈法

标准化访谈法，又称为结构式访谈法，是指按照事先统一设计的、有一定结构的访谈问卷进行访谈的方法。这种访谈法的特点是标准化，即选择访谈对象的标准和方法、访谈中提出的问题、提问的方式和顺序，以及对访谈对象回答的记录方式都是统一的。

访谈中由访谈员按照事先设计的问卷提问，问卷上的题条可以是封闭型的，也可以是开放型的。

采用结构式访谈法时，问卷是访谈员的主要工具。访谈员必须严格按照问卷上的题条顺序发问，自己不能随意更改或变动题条。当访谈对象表示不明白或听不懂时，访谈员可以对题条进行重复或按统一规定的口径进行解释。通常，访谈调查法都需要编制一份访谈指南，对问卷中可能引起误解的题条做出详细的解释说明，以指导访谈员进行访谈。

标准化访谈法利用问卷进行调查，可以加强访谈者对访谈过程的控制，进一步明确访谈的目的，有效地避免访谈员个人因素所造成的对调查结构的干扰或影响，从而提高访谈结果的可靠程度。标准化访谈还能发挥问卷调查的优点，便于调查者对问卷进行整理和分析，有利于使用定量调查方法。当然，与非标准化访谈法相比，标准化访谈法的调查质量更高，因为针对访谈对象对问卷的不明之处回答不清或不回答的情况，访谈员可以及时予以解释或纠正，从而减少了无效问卷的数量。同时，在标准化访谈中可以代填，因此该方法对访谈对象的受教育程度、身体健康状况的要求较低。

标准化访谈法常常被用于调查研究一个难以直接观察的大总体，它的特点是需要大规模的样本。为保证结果可比，需要使用统一的问卷和表格。这种统一的问卷和表格显然无法囊括农村社会发生的事件的全部，因此只能调查社会经济问题或现象的几个重要方面。

标准化访谈法注重一致性，缺乏灵活性，因为它是依据问卷进行，所以不利于充分发挥访谈员的积极性、主动性。同时，采用标准化访谈法的费用相对较高，需要耗费的时间较长，在进行大规模访谈前必须考虑这一点。

（二）非标准化访谈法

非标准化访谈法，又称为非结构式访谈法，是指事先不制定统一的问卷、表格和访问程序，而是按照一个粗线条的访问提纲，由访谈员和访谈对象进行自由交谈的方法。通常，访谈员就所要访谈的课题向访谈对象进行开放性的提问，答案不限范围，这样获取的信息也更加丰富，可以挖掘出访谈员可能忽视的深度资料。非结构式访谈法主要有重点访谈法、深度访谈法和非引导性访谈法三种。

1. 重点访谈法

重点访谈法，是指访谈内容集中于某一种现象或问题、某一方面的经验及其影响的访谈调查方法。这里的重点不是指对访谈对象的重点挑选，而是指访谈所侧重的重点内容。

在重点访谈中，访谈员通常将访谈对象安排在特定情景当中，然后，请访谈对象自由说明他在这一情景中的主观经验，即个人对情景的认识，这种主观经验就是重点访谈的重点所在。

重点访谈的一个决定性因素是某一特定情景的提供，对于这一情景，调查人员事先要进行分析，找出它的主要因素、模式以及过程和整体结构，决定访谈的重点，然后提出假说并根据这些假说设计标准的访谈程序。当访谈员将访谈对象安排在某一特定情景中后，就提出一些问题让其回答。虽然这些问题通常是不完整的或完全没有结构，而且不一定是事先准备好的，但访谈员会把问题重点集中在事先确定了的内容上。因此，虽然访谈对象可以自由地回答问题，但由于问题的范围是由访谈员控制的，所以严格地说这种访谈是半结构式的，而不是完全无结构的。

2. 深度访谈法

深度访谈法，是指为了搜寻访谈对象的特定经验及其行为动机、主观认知、想法等方面的资料而进行访谈的方法。采用深度访谈法时，一般是选择个人生活历史的某些方面向访谈对象提问题，访谈是机动的或结构松散的。当然，由于向不同的人提出不同的问题，因而资料的可比性会受到损害，但这一损害可通过偶然的重大发现得到补偿。这种偶然的重大发现往往会导致问题的突破。

3. 非引导性访谈法

非引导性访谈法，是指让访谈对象对他自己和他所处的社会环境进行一番考察，再客观地陈述出来的访谈方法。也就是说，访谈员鼓励访谈对象将自己的信仰、价值观念、行为以及他所生活的社会环境客观地加以描述。非引导性访谈法是一种能让访谈对象主动发表意见的方法，是一种能使访谈员直接接触访谈对象的思想观念、价值或动机的方法。

在非引导性访谈中，访谈员几乎完全依赖于询问，询问的问题通常也比较简短，目的在于让访谈对象可以处在一个自由的、让思绪飞翔的环境中，从而使访谈员能够深刻了解访谈对象最深层的主观感受，包括价值规范、情感认知等。非引导性访谈可以引出访谈员本身都不知道或自己都不愿承认的感情来。访谈员从访谈对象那里获得的不仅是资料，而且还有对资料的某种解释。

当然，这些解释也许会受到访谈对象的观念的影响，因此，为了正确理解访谈对象的真实情况，在进行非引导式访谈之前，访谈员必须做一些功课，对访谈对象的学习背景、生活经历、价值观念、人生态度等方面做一些较为深入的了解，这样才能正确判断访谈对象提供的或回答的资料的真伪。

此外，对访谈对象的社会地位、生活环境等情况，访谈员也要加以考察。如果访谈对象根本没有机会接触交谈所涉及的内容，那么访谈员要慎重看待访谈资料的价值和可用性。

非标准化访谈的优点在于可以克服标准化访谈的束缚，有利于充分发挥访谈双方的主动性和创造性，有利于适应千变万化的客观情况，可以了解原有访谈方案没有考虑到的新情况，从而获得标准化访谈无法获得的丰富资料，有利于拓展对问题的认知的深度和广度。

在非标准化访谈中，访谈双方既有一个既定的交流中心，也有一定的发挥余地。但是，非标准化访谈对访谈员的素质要求较高，对访谈结果也难以进行深入的定量分析。因此，非标准化访谈适用于实地研究，特别是个案研究，它不是通过客观分析的方法把结果普遍化，而是主观地、洞察性地由个别事例概括出结论。

二、直接访谈法与间接访谈法

（一）直接访谈法

直接访谈法是指访谈员与访谈对象进行面对面交谈的访谈方法。这种访谈方法非常灵活，既可以请访谈对象到访谈员安排的地方进行访谈，也可以由访谈员深入实地与访谈对象进行交谈。

直接访谈法的优点是访谈的计划性比较强，能够与访谈对象同时就多个问题进行交流。通过访谈，访谈员可以清楚地了解访谈对象对访谈内容的认知，以及访谈对象的动机、行为等特征。

当然，直接访谈的结果容易受到访谈对象的主观因素的影响，特别是对于一些敏感话题，在面对面的情况下，访谈对象可能不愿意当面做出真实的回答。

（二）间接访谈法

间接访谈法是指访谈员不直接与访谈对象见面，而是通过电话、书面问卷等工具与访谈对象进行交流的访谈方法。

间接访谈法的优点是省时、省力、节约费用，保密性强，访谈对象有充足的时间进行考虑。因为访谈员和访谈对象之间是不见面的，所以回答的真实性比较强。但是，采用间接访谈法时，只能询问比较简单的问题，而且只能面向有电话的访谈对象，因此访谈范围受到限制。在发达国家，间接访谈法已经成为一种重要的访谈方法。近些年，我国农村邮电通信事业得到了很大的发展，间接访谈在农村社会经济调查中的用途将越来越大。

三、个别访谈法与集体访谈法

（一）个别访谈法

个别访谈法，是指访谈员通过与访谈对象进行一对一交谈来进行访谈的方法。这种访谈方法有利于访谈员与访谈对象之间建立起较为融洽的人际关系，减少访谈对象在回答问题时受外界因素的影响，打消他们内心的顾虑，使他们愿意畅所欲言，有利于访谈员对某一问题进行深入的了解。

（二）集体访谈法

集体访谈法，是指将许多访谈对象集中在一起，同时进行访谈的方法，也就是通常所说的召开座谈会。这是毛泽东同志亲自倡导，并在我国农村社会调查中广泛使用的一种访谈方法。

毛泽东论开调查会

集体访谈法的最大特点是：访谈过程不仅是访谈员与访谈对象之间相互影响、相互作用的过程，而且是访谈对象之间的社会互动过程。集体访谈中所能搜集到的资料受到以上两种互动因素的影响，因此要想使集体访谈取得成功，就不仅要组织好访谈员与访谈对象之间的互动，而且要组织好访谈对象之间的互动。这就要求调查者有熟练的访谈技巧及组织会议的能力。

通过集体访谈法所搜集的资料较其他访谈方法所获得的资料更为广泛，而且经过互相启发、互相补充、互相核对和互相修正后，这些资料更为系统全面和真实可靠。由此可见，集体访谈法是较个别访谈法层次更高、难度更大的访谈方法。

但对一些涉及个人情况的问题或敏感问题，通常不适宜采用集体访谈法进行调查。同时，集体访谈法也不利于访谈员与访谈对象之间进行深入细致的交流。介于以上特征，集体访谈法常被用于验证或调查群体行为与群体关系的倾向以及心理治疗和组织诊断。此外，在典型调查中也经常采用开座谈会的方式进行调查，通过座谈，可以深入解剖一个典型，这样既简便易行又收效较快。

在集体访谈时，会议主持要注意对于访谈过程的把握和控制，避免让某些权威人士的发言左右其他人员的发言，从而使各种意见都能得到充分的表达。座谈会最好采用非标准式访谈法，这样才能把握重点，否则容易流于形式，而且与会者一旦争论起来，调查者有可能不知如何控制局面。

第二节　访谈调查法的实施程序

访谈调查法的实施程序与实地观察法的实施程序一样，基本分为准备阶段、访谈阶段、访谈记录和资料整理阶段等。

一、准备阶段

（一）选择适当的访谈方法

准备阶段的第一步是根据研究目的选择适当的访谈方法。如果要对某一问题进行系统的调查，为定量分析提供基础资料，那么一般应选择标准化访谈法；如果调查的目的是进行探索性研究，则可以选择非标准化访谈法；如果需要对调查问题进行深入细致的调查，则采用个别访谈法较为适宜；如果要迅速了解多数人对某一问题的看法，则可以采用集体访谈法。

（二）确定访谈问题和提纲

在确定访谈方法后，访谈员要根据调查目的和调查内容的需要制定相应的问卷、访谈表或访谈提纲等。进行标准化访谈时，访谈者要在全面了解访谈内容的基础上，设计出规范、统一的访谈问卷。进行非标准化访谈时，则需要将访谈内容经过归纳整理后，形成一个概要性的访谈提纲，以便在访谈时提出问题。不管采取何种访谈方法，参与访谈的人员事先都要对与访谈问题有关的知识有一个充分的准备，以便在访谈中就被访谈的问题与访谈对象进行深入的交流。如果访谈员在访谈中对访谈对象所谈及的问题一无所知，那么访谈对象就很有可能失去访谈兴趣，从而影响访谈工作的顺利进行。

（三）确定访谈对象

访谈调查法中的访谈对象是信息资料的提供者，因此，选择对于调查内容比较了解的访谈对象是非常重要的。要选择能够满足访谈调查的需要，对所访谈的问题最了解、最有发言权的人作为访谈对象。

同时，访谈对象及访谈对象所在社区的特征也是访谈对象能否提供调查所需信息的关键。这里所说的社区特征包括社区的人文环境和文化传统，即群体行为所表现的模式。每个社区都有自己的特征，社区文化传统、环境等因素会影响个人和集体的行为。若事先不了解这些特征，则不仅会给访谈工作带来困难，而且会引发不必要的误解。

例如，我国许多少数民族地区都有一些特殊的禁忌，在访谈过程中由于不了解而触犯了这些禁忌，就可能引起访谈对象反感，进而不配合访谈。又如，被访谈地区刚进行过某类调查，若因对此不知情而再实施一次类似的调查，就可能因重复调查而引起被访谈者的厌倦。若不了解被访谈地区发生过的一些可能影响回答率的特殊事件，如自然灾害、政治事件等，就无法对回答率低或答案中的某些现象做出解释。

（四）确定具体的访谈时间、地点和场合

一般而言，访谈时间应选择在访谈对象工作、劳动和家务都不太繁忙的时候，比如农闲季节。选择访谈的地点和场合时应以有利于访谈对象准确回答问题和畅所欲言为原则。如果想了解农民个人或其家庭情况，最好是在农民家中与农民单独进行访谈；若是向基层干部领导了解农村发展情况，则在其办公地点进行比较适宜。

（五）选择和培训访谈人员

对于一些需要抽调专人进行的大规模访谈调查，调查组织者还需对承担访谈调查任务的访谈员进行选择和业务培训。访谈调查能否成功在很大程度上取决于访谈员的个人品质、业务水平和交谈能力。承担访谈调查工作的人员（即访谈员）一般应具备以下几个条件：

1. 具有科学的、实事求是的、认真负责的优良品质

访谈员的任务是把调查需要完成的访谈内容涉及的问题询问完毕，并将访谈对象的回答如实记录下来。如果访谈员不忠于调查事实，随意推测调查结果，或对访谈记录敷衍了事，将严重影响访谈结果的科学性和准确性，甚至给整个调查研究工作带来不可挽回的损失。因此访谈员要具有认真负责的工作态度，能够克服访谈过程中遇到的这样或那样的问题，按时高质量地完成访谈任务。

2. 具有良好的道德修养

在访谈过程中，访谈员的言谈举止、衣着打扮对能否形成一种融洽的访谈气氛都有重要的影响。访谈员在整个访谈过程中应始终抱着一种尊重对方、虚心求教、以诚待人的态度与访谈对象进行交谈，认真耐心地向访谈对象讲解调查问题，耐心倾听并认真记录访谈对象的回答，不能由于访谈对象的社会地位或文化水平低于自己而盛气凌人，好为人师。

3. 对所访谈的问题有兴趣

兴趣是访谈员能够顺利完成访谈任务的条件之一。一般而言，经过若干次访谈交流

后，访谈调查很可能成为一项单调枯燥的重复工作，此时即使是一个非常有责任心的访谈员，也可能出现工作积极性、观察能力、表达能力大大降低的情况，此时能够激励访谈员深入进行访谈调查的最好动因就是兴趣。

4. 对所访谈的内容有一定的认知和了解

一个好的访谈员不仅要能够按访谈提纲取得丰富可信的资料，而且要善于对访谈对象的回答进行引导和追问，能够从访谈对象的口头回答中进一步发现和引导出一些对访谈内容有所帮助和启发的问题，从而将整个访谈工作引向深入。这就要求尽可能选择与访谈内容相关的专业人员或有类似访谈经验的人员作为访谈员。

挑选出访谈员以后，调查工作的组织者要对选中的访谈员进行必要的培训。培训内容包括：介绍访谈调查的目的、意义，访谈范围，访谈对象的情况，访谈员的每日工作进度、访谈步骤、工作要求、访谈时间等调查事项；组织学习访谈手册、访谈提纲、访谈问卷等相关资料；组织访谈员模拟访谈调查现场；等等。

上述准备工作完成以后，访谈调查的组织者应拟订一个内容详细的访谈计划表，就整个访谈调查的时间安排、工作步骤、工作方式、遇到意外问题时的处理办法等内容做出明确具体的规定，以便于实际访谈工作中访谈员有章可循，从而能够顺利完成调查任务。当然，在进入实地访谈之前，还需准备访谈过程中所需要的访谈表格、问卷、记录工具、介绍信、调查证件等。

二、访谈阶段

整个访谈过程一般从进入访谈开始，经过预备谈话、正式访谈，直到结束访谈。

（一）进入访谈

进入访谈是访谈员在与访谈对象进行实地访谈之前所做的一些预备性工作。在实地访谈之前，有必要与访谈对象所属的省、市、区、乡政府机关或派出所、街道、村民委员会等取得联系，征得访谈对象所在单位的同意和支持。对于有些访谈来说，如果农村基层政府、社区经济组织等予以支持，并派人参加联合调查，则效果更佳。这时调查力量增大，并可获得许多有利条件，群众也容易予以支持。

（二）预备谈话

预备谈话是访谈员在与访谈对象直接接触之后，在进行正式访谈之前沟通联络的过程。访谈员在接近访谈对象时，首先应进行自我介绍，然后说明来访目的，以及为什么要进行这项访谈研究，以请求访谈对象的支持与合作。此外，还要告诉访谈对象，他是如何被选出来的。预备谈话主要是消除访谈对象的心理顾虑，为正式访谈创造一个良好的氛围。

在预备谈话阶段，可能会碰到如下一些情况：陌生感使双方无话可说；访谈对象以各种理由拒绝受访；访谈员与访谈对象之间因为地位不平等而产生不自然感。因此，为了创造有利于访谈的环境，访谈员应根据访谈对象的态度和周边环境等，主动说一些有利于活跃气氛的话，消除拘束感。比如，可以先从访谈对象的住房、家庭、个人嗜好，或者从当时的天气状况等方面谈起，从而尽快寻找出双方的一些共同点，激发访谈对象对访谈的兴趣和重视。

（三）正式访谈

融洽的交谈气氛形成之后，访谈员就可以详细介绍访谈内容，并提出问题。提问的方式多种多样：可以开门见山，直接提出需要回答的问题；也可以先试探性地提问，逐步接近访谈主题。一般应先提出一些调查对象易于直接回答的问题。但是，不管采取哪些方式提出问题，都应顺其自然，随机应变，使访谈过程像拉家常一样在平等、友好的气氛中进行，绝不可像查户口或审案子那样，搞成简单生硬的对话。

（四）结束访谈

当访谈调查所要了解的问题得到了较为圆满的回答以后，访谈员应适时结束访谈。整个访谈过程的持续时间应根据访谈内容和访谈过程中的具体情况灵活掌握。访谈时机和场合比较合适，访谈气氛融洽，访谈对象对访谈话题的兴趣比较大的时候，交谈的时间可长一些；反之应短一些。结束访谈时，访谈员要对访谈对象所给予的工作上的支持表示衷心的感谢。必要的时候，还应表示可能再次登门求教，为以后的调查打下一个良好的基础。

三、访谈记录和资料整理阶段

访谈调查的目的就是获取资料，访谈调查的资料是通过记录得到的。因此，做好访谈记录是访谈调查的一项基本内容。

标准式访谈的记录比较简单，只需按规定的记录方式把被访者的答案记录在事先设计好的表格或问卷上就可以了。

非标准式访谈的记录相对困难一些，一般可采取现场记录和事后记录两种方式。现场记录就是在征得访谈对象的同意之后，一边访谈一边记录。现场记录可以采用笔记、录音机录音或一个人交谈一个人记录等方式。现场记录的优点是可以从容地记录，不清楚或记不全的地方可当场再问，获得的资料比较客观完整。但为了记录完整而埋头记录，则可能丢失对方的表情、动作所表达出来的信息，而且可能因此而忘了要点。

当访谈对象不喜欢其谈话内容被记录或录音时，现场记录会影响访谈对象的情绪，破坏访谈双方的互动过程。这时采取必要、及时的事后记录非常关键。访谈结束以后，访谈员应根据对访谈过程的内容、细节的回忆，抓紧时间对访谈内容进行追记。事后记录可以消除访谈对象在访谈过程中可能存在的心理顾虑，访谈员也可以专心致志地就访谈问题与访谈对象进行交谈。但事后记录完全依靠访谈员的记忆，如果访谈员的记忆出现偏差，那么就可能会丢失一些信息，从而影响整个访谈内容记录的全面性和准确性。为此，采取事后记录时，访谈员在访谈前应尽可能接受一些必要的训练，以提高自己的记忆力；同时，要安排好访谈问题的顺序和要点，注意所提问题的内在联系和逻辑性，以便于事后记录。

为了提高访谈记录的可靠性和准确性，对于现场记录资料，在访谈结束前可将记录的主要内容反馈给访谈对象，请他们进行复核、更正或补充；访谈结束后，访谈员应尽快对当天的访谈记录进行整理，以便及时发现和纠正错误或漏记的地方。

对于抽调专人进行的大规模访谈调查，访谈组织者还应通过一定的方式，对访谈者所取得的访谈资料进行检查验收。

第三节　访谈调查中的技巧

访谈是一个互动过程，访谈的成败在很大程度上取决于这个互动过程的好坏。因此，访谈员要想取得访谈的成功，就必须熟练掌握和运用各种访谈技巧。

一、接近访谈对象的技巧

接近访谈对象是整个访谈过程的第一步。良好的开端是成功的关键。全部访谈的进行在很大程度上取决于调查者与调查对象最初接触时的表现。如果一开始就引起调查对象的反感，整个访谈就难以顺利进行。

（一）称呼要恰当

称呼是接近访谈对象时所说的第一句话，如何恰当称呼对方是接近访谈对象的第一步。农村社会经济调查中的访谈对象多数是农村基层工作人员和农民，对他们的称呼应注意以下几点：

1. 要符合访谈双方的亲密程度和心理距离

人们的亲密程度不同、心理距离不同，相互之间的称呼也不一样。一般来说，初次见面的人，不能直呼其姓名，而应称“乡长”“镇长”“书记”“主任”等，交往深一点则可加上姓氏，再深一点才可直呼大名，直到相互间可以叫小名、爱称或绰号。访谈员应根据自己与访谈对象之间的亲密程度和心理距离的实际情况，按照头衔或一般尊称、爱称或绰号的变化规律，选用恰当的称呼，并根据亲密程度和心理距离的发展变化适时地改变称呼。

2. 要入乡随俗，亲切自然

我国地域广阔，各地的称呼有很大的不同。例如，南方地区比较喜欢“老先生”的称呼，而在北方农村，“老大爷”的称呼则显得更为亲切；“大哥”在多数地方为尊称，但在个别地方可能带有贬义。

3. 既要尊重恭敬，又要恰如其分

有的人口气很大，开口一个“喂”，闭口一个“伙计”，对人极不尊重和恭敬；有的人又喜欢奉承别人，动不动就“老首长”“老前辈”“老大哥”“老大姐”地叫，结果也可能引起别人的反感。

4. 要注意称呼习俗的发展和变化

例如，对一般人的称呼，20 世纪 50—60 年代习惯称“同志”，改革开放以后则喜欢称“先生”“小姐”或“老板”等。到今天，称呼又有所改变，人们在很多情况下会根据不同的行业、不同的场合，适时改变称呼。例如，在 2016 年我们组织的一次农村电商访谈中，访谈员称访谈对象“亲”，这种顺应时代发展的网络用语一下子拉近了访谈员与访谈对象之间的距离。

（二）接近访谈对象的方式

正确解决了称呼问题之后，就应进一步接近访谈对象。一般来说，接近访谈对象的方式有：

1. 自然接近

在与访谈对象的共同活动中彼此接近的方式称作自然接近。例如，在与访谈对象一起工作、劳动、开会、学习、就餐等活动中与对方攀谈，逐步了解对方，待建立了初步感情之后再说明来意，进行正式访谈。这种接近方式是调查者有心、访谈对象无意的一个过程，它有利于消除对方的紧张、戒备心理，有利于在不知不觉中了解到许多情况。

2. 求同接近

在寻求与访谈对象拥有共同语言的过程中接近对方的方式称作求同接近。例如，同乡、同学、同行，共同的经历、共同的兴趣爱好等，都可以成为最初交谈的话题。例如，与农村老太太谈她养的鸡，与年轻媳妇谈她的孩子，与私营企业主谈他的企业的经营状况，与职工谈市场物价，与知识分子谈教育改革等，都是很好的话题。

3. 友好接近

从关怀、帮助访谈对象入手，通过联络感情、建立信任而彼此接近的方式称作友好接近。例如，如果对方家里有病人，就谈如何治病、买药和调养；如果对方遇到挫折，就要表示同情，并进行安慰和开导；对方的工作、生产面临困难，就帮助出主意、想办法、提建议等。如果条件允许，还可以采取一些具体行动来帮助对方解决实际困难，这有利于建立信任和感情。

4. 隐蔽接近

以某种伪装的身份和目的接近对方，并在对方没有察觉的情况下调查了解情况的方式称作隐蔽接近。一般来说，只有在特殊情况下，对特殊对象才能采取这种方式接近，例如微服出访、化装侦察等。如果滥用这种方式，就有可能引起不良的社会后果。

（三）衣着要得体

初次见面的人往往是从对方的外貌获取第一印象的。访谈员的衣着、服饰、打扮等外在特征对能否在一见面时就取得对方的好感有重要影响。因此，访谈员要注意使自己的衣着、打扮尽可能地与访谈对象类似，给对方一种易于接近和交往的感觉。例如，在落后地区访谈时，衣着应尽可能地朴素；在发达地区访谈时，穿戴则应该比较整齐和讲究。同时，也要根据对方的衣着和打扮来确定自己接触对方时应采取的态度，对打扮讲究的访谈对象，言谈举止应庄重、严肃、彬彬有礼；对穿着比较随意的访谈对象，言谈举止就可以坦率和随意一些。

二、提出访谈问题的技巧

提出访谈问题，简称提问，是访谈调查的主要手段和环节，在访谈过程中占有十分重要的地位。从一定意义上说，访谈技巧首先就是提问的技巧。

（一）提问的方式可多种多样

可以开门见山、直来直去地提问，也可以先试探性地提问，然后一步步深入。究竟采用哪种方式提出问题，应根据问题的特点、访谈对象的具体情况和双方之间的关系来确定。对于一些比较简单，访谈对象容易回答的问题，可以直接提出；对于比较复杂、敏感，访谈对象有所顾忌的问题，应采取谨慎、迂回、委婉的方式提出。访谈双方初次接触时，提问要耐心、慎重；而对于比较熟悉的调查对象，则可以直率地提问。对于文化程度较低、理解能力较差的调查对象，提问时要耐心解释、循循善诱、逐步深入；反之可以直接、连续地进行发问。

访谈员要注意采取合适的提问方式，在正式提问过程中，应尽可能减少题外话，通过提问将双方的注意力集中在访谈问题上，以便在较短时间内顺利完成访谈任务，不至于因访谈时间过长而使访谈对象对访谈感到厌烦。在提问时，访谈员不仅要提出问题，而且要解释问题，还要保持中立态度，尽力避免倾向性，以免影响访谈对象的思路，对访谈对象产生诱导作用。

（二）提问的语言要通俗

在访谈过程中，应使用访谈对象易于理解并乐于接受的语言。具体来说，要努力做到“一短三化”。“一短”指提问的语言应尽量简短。一次成功的访谈应该是用简短的提问换取充分的回答。“三化”是指提问的语言应尽量口语化、通俗化和地方化。口语化是指尽量不使用官方语言和书面语言；通俗化是要求尽量少用术语、专业名词，必须用时，要做出说明，使调查对象能够听懂、理解；地方化是指要注意一些词在不同地区、不同方言中有不同的含义。

（三）提问的语气要恰当

访谈员要根据访谈对象及访谈环境的情况，灵活使用不同的语气，对老年人说话音量要放大，速度要放慢；对孩子应使用浅显的语言、亲切的语气；对反应快的人应单刀直入，尖锐地发问；要激起对方的热情时，语调应该抑扬顿挫，节奏快些；要打消对方怀疑时，应放慢节奏，语调深沉，态度严肃、真诚。一般采用“闲谈式”语气或“聊家常式”语气，切忌采用“审问式”语气。

三、听取访谈回答的技巧

访谈调查中的听，应该是有效率地听，是访谈员对提出问题后访谈对象所做回答的直接接收。要做到有效率地听，就必须尽量做到以下几点。

（一）排除各种听的障碍

听的障碍有很多种：访谈员由于抱着先入为主的态度，对于访谈对象的回答不能做出客观的判断，从而不能或不愿意认真听；访谈员由于过度疲劳而不能集中精力地听；访谈员过于心急而不能耐心地听；访谈员和访谈对象对于问题的理解不同，致使访谈员不能正确地听。要想有效率地听取访谈中的信息，要采取对访谈对象的回答不插话、不表态、不干扰的方式，保持沉默，专心地听。

（二）对访谈对象的回答及时给予回应

采取正确的态度对访谈对象的回答及时给予回应是非常必要的。如果在访谈对象认真回答问题的时候，访谈员表现得心不在焉，甚至不停地打哈欠，那么访谈对象就不可能认真谈下去。另外，在谈话的过程中，访谈员要不断用“好”“对”“嗯”等语言信息，或用点头、肯定的目光、手势等非语言信息鼓励对方继续谈下去。对于听不懂的地方或听不清楚的地方，访谈员应请访谈对象再深入谈一下。特别是在涉及人名、地名、数字等资料时，虚心请访谈对象重复一遍是相当重要的。总之，访谈过程不仅是交流信息的过程，而且是感情交流的过程。因此，访谈员应很好地把握态度、情感在访谈过程中的应用。

（三）善于记忆访谈信息

记忆能力的强弱决定了获取知识的数量及准确度。要培养良好的记忆能力，可采取如下方法：一是重复，即请访谈对象复述，或自己默默复述；二是提炼中心思想和观点，以提高记忆的方便程度和牢固程度；三是利用联想、比较等方法，帮助提高记忆的水平；四是利用访谈对象的回答来询问和探讨问题，使用问题或答案的次数越多，对这些问题或答案记得就越牢。

四、引导访谈问题的技巧

引导和追问与提出问题不同。引导不是提出新问题，而是帮助访谈对象正确理解和回答已经提出的问题，目的是使访谈对象能够正确理解问题，并能准确、真实、全面地回答所提出的问题。访谈员在访谈调查中进行引导或追问时，要掌握一定的时机。一般而言，引导方式多用于以下情形：

当访谈对象对所提出的问题理解不正确、答非所问、文不对题时，访谈员应该用对方能听懂、听明白的语言对问题进行解释或说明，排除干扰和障碍，使访谈调查能按计划顺利进行下去。在农村社会经济调查中，答非所问的情况经常会出现，合理的引导能够有效地提高调研效率。特别是要学会巧妙地打断对方讲述，引导其围绕问题展开回答。

如果访谈对象有思想顾虑，访谈员就应摸清其顾虑所在，然后对症下药，消除访谈对象的顾虑。如果访谈对象的谈话内容偏离主题，访谈员就应采取适当的方式，有礼貌地将话题引到主题上来。

如果访谈对象遗忘了问题的某些具体情况，访谈员就应从不同角度、不同方面帮助对方回忆；如果访谈中断后又重新开始，那么访谈员应采用回顾前面谈话内容，又引出接下来要谈的话题的方式，使访谈能够继续下去。

五、追问访谈对象的技巧

追问不同于提问和引导。追问是为了促使访谈对象进一步真实、具体、准确、完整地回答问题而进行的提问。

一般来说，追问主要用于如下情形：当访谈对象的回答明显不真实、没有吐露真情的时候；当访谈对象的回答前后不一致、自相矛盾的时候；当访谈对象的回答过于笼统、不够准确的时候；当访谈对象的回答不够完整、不够具体的时候。在这几种情况下，访谈员都可以通过追问使访谈对象的回答满足访谈目的和内容的需要。

追问的方式有多种，例如，正面追问，即通过直接指出回答中存在的不具体、不准确、不完整的地方，请访谈对象补充回答；侧面追问，即通过切换询问的角度或侧面，来询问调查对象逃避回答的问题；系统追问，即通过追问某种社会现象发生、发展过程中的一些细节，达到对事件进行整体把握的目的；补充追问，即通过进一步询问没有听清楚、弄明白的问题而使访谈内容得以补充。

特别要强调的是，追问一定要适时和适度。适时是指被追问的问题应该是访谈中比较重要的问题，追问的时间应该放在访谈过程的后期。因为追问通常有种咄咄逼人的感觉，所以适时的追问有助于规避访谈中比较敏感的部分，以免影响访谈的顺利进行。适度是指访谈中追问不能伤害访谈员和访谈对象之间的感情，也不能造成过分紧张的访谈气氛，因此，访谈调查中访谈员的灵活性、敏锐性和处理问题的能力都对访谈质量有直接的影响。

六、结束访谈的技巧

结束访谈的技巧主要表现为两个方面：一是结束时间的把握，二是结束时使用语言的把握。

访谈的时间一般控制在一两个小时之内，这比较符合人们的访谈心理和感受，当然也不能过于教条。例如，如果是农闲季节，访谈时间就可以长些，因为调查对象不用忙着干农活。而在农忙季节或者农民家里有事、有病人等情况下，访谈就无法持续太长时间。另外，调查者在访谈过程中还要学会察言观色，灵活把握访谈时间，提高访谈调查的质量。

访谈结束时，访谈员要对访谈对象的合作表示真诚的感谢，并且表示从访谈对象那里收获到了很多的信息和友谊，希望以后有机会能够进一步交流，或再次登门拜访，为以后的再次调查做好铺垫。

第四节　对访谈调查法的评价

一、访谈调查法的优点

（一）应用广泛

1. 访谈对象广泛

访谈调查法是通过语言进行信息交流和沟通的方法。这种方法的使用非常方便，只要访谈员和访谈对象之间不存在语言交流障碍，两者之间就可以进行交流。不管访谈对象的文化程度是高还是低，不管访谈对象的身体状况如何，只要能够交流，就可以从访谈中获取信息。

2. 访谈时间和地点灵活

访谈调查法在调查地点的选择上比实地观察法更为灵活。访谈员既可以到社会经济现象或活动发生的现场进行访谈，也可以在社会经济现象或活动发生之后对访谈对象进行访谈，因此访谈调查方法在任何情况下都可以随时随地进行，应用起来非常灵活。

3. 访谈内容宽泛

通过访谈调查，访谈员既可以了解某一社会经济现象或问题的过去，也可以了解其现在的发展情况，甚至可以对其未来进行前瞻性的调查。访谈调查的内容也可以涉及很多方面，既可以是数字信息，也可以是文字信息，还可以是关于访谈对象的主观动机、思想、情感等方面的信息。

（二）访谈双方的互动性强

1. 访谈是信息双向交流的过程

特别是在面对面的访谈调查中，访谈员和访谈对象之间的关系更加紧密，交流更加直接，在询问、引导、追问的过程中，双方的信息交流更加充分。访谈中出现任何疑问，都可以进行直接沟通。

2. 访谈是情感交流的过程

访谈调查不仅可以收获信息，而且可以加强访谈双方的情感交流，特别是当访谈双方对一些问题的认识有某种共性的时候，基于情感交流而获得的信息是其他调查方法无法比拟的。通过访谈，访谈员和访谈对象都可以提升自己的交流能力、观察能力、思辨能力，进而提升认识问题和解决问题的能力。

（三）可以与其他调查方法结合使用

访谈调查是一种基础性的调查方法，它通常可以与问卷调查法、专家调查法、实地调查法等方法结合起来使用，这样效果会更好。

二、访谈调查法的不足

（一）访谈调查结果的质量在很大程度上取决于访谈员和访谈对象的素质

访谈员的素质主要指其对访谈内容和问题的控制能力、对访谈调查的态度、对访谈话题的理解程度、访谈调查过程中的灵活性，以及组织集体访谈等方面的能力等。一个好的访谈员在访谈过程中通常表现得灵活自信，能敏锐发现问题并采取恰如其分的引导和追问技巧，对于访谈过程通常有全局的把握，能够尽可能多地搜集到相关信息。

访谈对象的素质主要指其对问题的理解能力、合作态度和回答问题的方式等。如果访谈对象对问题的理解能力比较强，那么其回答问题的准确性就比较高，提供的信息也较有价值，能较好地满足调查研究的需要。同样，一个积极合作的访谈对象也会使访谈过程相对顺利一些。

（二）面对面访谈调查的匿名性不强

面对面访谈调查无法完全保持匿名性，特别是在集体访谈的情况下，就更是如此。因此，这可能会给访谈对象带来一定的心理压力，造成访谈对象对于一些敏感问题、尖锐问题不愿回答或不真实回答的情况。

（三）访谈调查的资料必须予以查证和核实

因为通过访谈调查所获得的信息往往是一些口头信息，加之访谈对象的社会经验、认知能力和价值观念等多方面的因素都会影响信息的质量，所以这些信息的真实性和准确性有待进一步查证和核实。

（四）访谈调查需要足够的人力、财力、物力支持

相对于文献调查法等方法，访谈调查花费的人力、财力、物力比较多，因此，访谈调查适合在较小范围内进行。如果在农村开展较大范围的访谈调查，就需要选择合适的访谈类型，否则很可能造成较大的住宿、餐饮、交通和组织成本等方面的支出。

《本章小结》

1. 访谈调查法通常是指访谈员通过与访谈对象之间面对面交谈的方式，了解访谈对象对社会经济问题的认知、看法的一种方法。

2. 标准化访谈法，又称为结构式访谈法，是指按照事先统一设计的、有一定结构的访谈问卷进行访谈的方法。

3. 非标准化访谈法，又称为非结构式访谈法，是指事先不制定统一的问卷、表格和访问程序，而是按照一个粗线条的访问提纲，由访谈员和访谈对象进行自由交谈的方法。

4. 个别访谈法，是指访谈员通过与访谈对象进行一对一交谈来进行访谈的方法。

5. 集体访谈法，是指将许多访谈对象集中在一起，同时进行访谈的方法。

6. 访谈调查法的实施程序包括准备阶段、访谈阶段、访谈记录和资料整理阶段等。

7. 在访谈调查法实施的准备阶段应该做好以下几项工作：(1) 选择适当的访谈方法；(2) 确定访谈问题和提纲；(3) 确定访谈对象；(4) 确定具体的访谈时间、地点和场合；(5) 选择和培训访谈人员。

8. 在访谈调查法的实施过程中，访谈员可以在接近访谈对象、提出访谈问题、听取访谈回答、引导访谈问题、追问访谈对象、结束访谈等方面加强访谈技巧的学习。

9. 访谈调查法具有应用广泛、访谈双方的互动性强、可以与其他调查方法结合使用等优点；同时在访谈质量控制、匿名性把握、资料准确性等方面有待改进。

思考练习

1. 什么是访谈调查法？

2. 什么是标准化访谈法？什么是非标准化访谈法？

3. 访谈调查法在实施的时候，应该做好哪些准备工作？

4. 简要评述访谈调查法的优点和不足。

5. 如果商家要了解市民对新能源汽车的购买意愿，那么可以采用什么访谈方法来获取相关信息？是否可以采取观察法来完成这项任务？如果可以的话，如何实施？

本章思维导图

第十一章

专家调查法

专家调查法是指组织农村社会经济领域的专家运用专业知识和经验，对调查对象的过去、现状及发展趋势等进行分析研究，从而对调查对象未来的整体发展趋势和状况做出科学判断的调查方法。专家调查法是一种预测性的社会经济调查方法。专家调查法的使用形式多样，本章重点介绍头脑风暴法和德尔菲法这两种。

第一节　头脑风暴法

头脑风暴法（brain storming），是指依据专家的创造性逻辑思维活动对社会经济现象或问题的趋势进行判断的一种方法。依据预测活动中专家人数的多少，头脑风暴法可以分为个人头脑风暴法和集体头脑风暴法两类。

一、个人头脑风暴法

个人头脑风暴法是指基于已有的信息，依靠专家个人的智能开展创造性逻辑思维活动，对预测对象的发展趋势及状况进行判断的一种方法。个人头脑风暴法的最大特点是能够最大限度地发挥专家个人的智能，充分利用个人的创造能力。采用个人头脑风暴法时，被征求意见的专家不受外界环境的影响，没有心理上的压力，因此做出的判断相对比较客观、公正。但是，仅仅依据个人判断获取预测对象信息的方法明显容易受到专家自身拥有的知识的广度和深度等条件的限制，也受到预测对象规模大小、外部环境复杂程度等多种因素的影响，因此一家之言有时难以避免预测结果的片面性。

二、集体头脑风暴法

集体头脑风暴法弥补了个人头脑风暴法的不足，是集专家智慧于一体对农村社会经济现象或问题的发展趋势或状况进行判断的一种方法。集体头脑风暴法主要可以分为两大类：直接头脑风暴法和反向头脑风暴法。

（一）直接头脑风暴法

直接头脑风暴法，又称作专家会议法，是专家之间通过思想信息的交流，产生思想共鸣和思想组合，从而形成更高层次的思想的一种方法。直接头脑风暴法的主要形式是组织专家会议，也就是我们经常所说的“神仙会”。

1. 确定组织专家会议的规则

（1）会议主持人要对会议主题非常明确，在主持会议的过程中要时刻提醒与会专家围绕主题进行讨论，而不要跑题。专家会议的组织工作和领导工作可以由有预测经验的、对于要预测的主题和专家会议的组织程序都比较熟悉的专家担任。如果所讨论的问题涉及的面比较窄，那么领导工作可以邀请精通专业的专家共同担任。

（2）会议鼓励与会专家自由发表意见，但不得重复别人的意见或者反驳别人的意见，从而形成一种自由讨论的气氛，激发与会专家进行创造性思维活动的积极性。

（3）会议支持专家不断修改、补充和完善自己的意见，允许要求修改或补充自己想法的人享有优先发言权。

（4）会议主持人或者一些与会领导和权威人士不能发表自己的倾向性意见或建议，以免破坏会议的自由气氛。

（5）会议强调发言要简短，不支持遏制创造性思维的长篇发言和涉及反复论证的发言。

（6）会议不支持专家宣读事先准备好的发言稿。

2. 确定参加会议的专家人数

一般来讲，参加会议的专家人数以有利于开展创造性逻辑思维活动为标准，参与讨论的人数以 8～10 人为宜。如果人数比较多，那么也可以根据情况进行分组。会议时间一般为 20～60 分钟。

3. 确定参加会议的专家人选

确定参加会议的专家一般应该具备较强的逻辑思维能力，在进行创新性思维的过程中能够集中注意力，具有举一反三的能力。

确定参加会议的专家时，应尽量选择一些地位平等、彼此之间没有利益冲突的专家参加，以免不同思想或观点的碰撞给一些专家带来压力。如果专家之间互不相识，则更好。因此，确定参加专家会议的人选时应遵循以下原则：

（1）如果与会专家之间相互认识，那么可以从同一职位（职称或级别）的人员中选择与会者。尽量不要安排领导参加，以免给与会者造成压力。

（2）如果与会专家之间互不认识，那么可以从不同职位（职称或级别）的人员中选择与会者。此时不宜宣布与会者的职位（职称或级别），以免给其他与会者造成无形的压力。不论与会者是何职位（职称或级别），都应同等对待。

（3）与会专家的专业可以不限于所讨论的问题所属的领域，只要是有独创能力、善于举一反三的专家都可以与会。

4. 整理会议信息

专家会议上讨论的内容应该全部录音，以便于后面进一步整理分析。通常来说，在整理专家意见的时候要注意以下几点：

（1）为每一位专家提出的意见或想法编制名称，并用通用术语表达每一条意见。

（2）将重复和互为补充的意见找出来，在此基础上形成综合意见。

（3）提出专家意见评价标准，以确定什么样的意见比较符合需求。

（4）分组编制专家意见一览表。

（5）在整理专家意见的基础上，对所提出的意见进行评价。评价时主要考虑专家意见的合理性、合法性及实现专家提出的意见的可能性。

5. 直接头脑风暴法的特点

直接头脑风暴法比个人头脑风暴法更容易发挥专家群体的智慧，其创造力大于每个专家单独的创造力，也大于每个专家单独的创造力的总和。专家会议上的信息量比单个成员提供的信息量要大得多，所要考虑的因素也比单个成员所要考虑的因素多。专家会议提供的预测方案比单个成员提供的预测方案更加具体、全面。直接头脑风暴法产生的预测结果是专家会议上所有成员集体创造的成果，是专家组成员集体智慧的结晶。

总之，直接头脑风暴法这种专家会议形式的调查方法有利于专家自由发表意见，有利于多种观点的互相启发和借鉴，有利于不断对各种意见进行修改、补充和完善。因此，它对于鼓励创造性思维，寻求新观点、新途径、新方法，具有一定的积极作用。

但是，专家会议法也有不足之处。比如，专家会议的组织相对困难，要请到那么多专家，并且将这些专家在同一时间聚在一起，不是一件容易的事。又如，与会专家有时会受到其他专家，特别是权威专家或领导等少数人的意见的影响，从而使自身观点不能得到很好的或充分的表达；一些专家会相对坚持自己的观点，而不愿意改变自己的认识。

（二）反向头脑风暴法

直接头脑风暴法是通过召开专家会议的形式，由专家提出预测方案或意见的一种方法；而反向头脑风暴法则是通过组织专家会议，对已经形成的设想、意见、方案等进行可行性论证的一种方法。例如，在进行村镇规划时，我们通常会在规划的初步方案完成后，邀请相关领域专家论证并提出修改建议。反向头脑风暴法常用于对已形成方案的论证。

首先，会议邀请专家对已经形成的设想、意见、方案提出质疑或批评性评论，这个过程一直持续到没有问题可以质疑或批评为止。质疑和批评的内容包括：论证原设想、意见、方案不能成立或无法实现的根据；说明在实现原设想、意见、方案的过程中可能存在的种种制约因素，以及排除这些制约因素的必要条件；等等。其次，要把各种质疑和批评的意见归纳起来，并对其进行全面的分析、比较和评估。最后，形成一个具有可行性的具体结论。

反向头脑风暴法的主要特点是：禁止与会专家对已经提出的设想、意见、方案等做出确认性论证，只允许提出各种质疑或批评性评论。

直接头脑风暴法和反向头脑风暴法的共同点是：会议的主持人或组织者不能事先设定会议要达成的目标，不能在会议中发表意见或表达倾向，而要让与会者在无拘无束的气氛中各抒己见，在充分发扬民主、基于客观实际讨论的基础上形成共同的结论。

第二节 德尔菲法

德尔菲（Delphi）是古希腊一座城市名，是传说中神谕灵验、可预卜未来的阿波罗神殿所在地，因而被认为是预言家们活动的场所。在 20 世纪 40 年代，美国兰德公司与道格拉斯公司协作，研究通过有控制的反馈机制来更为可靠地收集专家意见的方法，并将该方法命名为“德尔菲法”，寓意着其是一种利用专家意见进行预测的方法。此后，这一方法便迅速被世界各国采用。

具体来说，德尔菲法是指调查者将讨论的问题和必要的背景材料编制成调查问卷或调查表邮寄给专家，利用专家的智慧和经验进行信息交流，而后将他们的意见进行归纳、整理，匿名反馈给专家再次征求意见的一种方法。经过对专家意见的几次收集、整理、归纳和反馈，就可以形成最终比较一致且可靠性较高的意见。德尔菲法不仅是一种函询调查方法，而且是一种集体预测性调查方法。在农村社会经济调查中，调查者也可以利用德尔菲法向本领域内的专家进行问卷调查，以获取与调查研究课题相关的宝贵的专家意见。

一、德尔菲法的基本步骤

（一）设计调查表

调查表是采用德尔菲法的过程中搜集信息与反馈信息的主要工具。调查表设计的质量好坏直接影响到调查结果的质量好坏，因此调查表的设计要根据调查内容下一番功夫。在设计调查表时，应注意以下几点：

（1）调查表应对什么是德尔菲法做出简要说明。

（2）调查表中提出的问题必须十分明确，对其含义只能有一种解释，不能有歧义，不能有组合事件。

（3）措辞要确切，要避免含糊不清的和缺乏定量标准的用语。

（4）必须选择与调查目的有关的问题且问题的数量要适中。

（5）要在调查表中留下足够的地方让专家填写自己的意见。

（二）选择应答专家

采用德尔菲法时，对专家的选择标准与直接头脑风暴法中有相同之处：具有多年从事与调查内容相关的专业工作的经验，知识渊博，具有举一反三的思维能力。此外，因为采用德尔菲法时要进行多次问卷调查，所以调查者要选择具有充足的时间和精力的专家参与。为了保证调查顺利完成，调查者应该在选择专家的同时，通过打电话或通信等方式，与被调查专家取得联系，获得被调查专家对调查的认可，这样才能保证整个调查活动能够顺利完成。

选择专家的人数应该根据调查问题的专业特性、专业强度、涉及面等特点来确定。如果人数太多，那么组织起来过于复杂，难度比较大，费用比较高，处理调查结果的工作量也比较大。如果人数太少，那么调查专家的代表性、全面性可能又不够。

（三）收集专家意见

采用德尔菲法时，预测机构将调查表邮寄给各位专家，专家填好调查表后，将其返还给调查者。这样的调查和反馈工作可能要经历几轮才能完成。总体过程是：

（1）寄发调查表，专家们在背靠背、互不通气的情况下，各自完成调查表，然后在规定时间内将调查表反馈给调查者。

（2）调查者收回调查表后，对专家意见进行归纳、整理和分析，剔除次要问题，再做一个调查表。

（3）调查者将重新设计好的调查表连同整理出来的第一轮调查中的专家综合意见，再次邮寄给各位专家，请各位专家结合材料，再次填写调查表后寄回。

（4）调查者再次综合各位专家的意见，将新的调查表再次寄给各位专家，请他们再次发表自己的意见，并充分阐述理由。

一般而言，越是复杂的问题，调查需要反复的次数可能越多。如果经过一轮或两轮调查反馈后专家的意见比较接近，那么调查就可以结束，不需要反复太多的次数。每一轮调查的时间间隔一般不能太长，以7～10天为宜，较大的课题不超过1个月。时间越长，干扰因素会越多，越不利于专家意见的收集、整理和反馈。

二、德尔菲法的特点

（一）经济性

德尔菲法中的调查主要采用通信方式，相对于将专家组织在一起开座谈会、交流会等方式而言，这样的调查比较经济。

（二）匿名性

德尔菲法中的资料收集采用的是专家背靠背的方式，各位专家之间是互不通气、互不告知的，因此，无论每位专家发表了什么意见，均不会影响其他专家的意见，从而排除了面对面交流可能产生的不利影响。

（三）客观性

德尔菲法的匿名性特点也决定了各位专家反馈回来的意见是客观的、真实的、可靠的。同时，调查中使用的调查工具是调查表，相对直接访谈而言，调查结果比较客观，资料的整理、归纳也是按照科学程序进行的，排除了调查活动组织者的主观干扰与影响。

（四）统计性

德尔菲法中的调查结果既可以是定性分析的结果，也可以是定量分析的结果；既可以是精确的数值预测，也可以是对未来社会经济发展的各种可能或期待出现的事件的概率统计结果。

三、对德尔菲法的改进

德尔菲法也有一定的不足。比如，每位专家在进行预测的时候，使用的方法和程序可能各不相同，同时对预测结果的评价可能缺乏一致的统一标准，因此在对预测意见进行整理或采纳建议时，要注意这些因素。

又如，许多专家不熟悉德尔菲法，或不了解有关调查预测问题的背景材料，因而难以做出正确的预测，甚至不知从何处下手进行预测；由于是背靠背地书面填写预测意见，所以专家无法知道别人预测的根据是什么；有的专家在获得前一次预测意见的汇总资料之后，再次预测时往往会出现简单地向中间靠拢的倾向。

为克服这些缺点，需要对德尔菲法进行改进，因此，派生德尔菲法便应运而生了。派生德尔菲法大致分为两类：

一类是保持德尔菲法的基本特点，但做某些局部改进。例如，调查者在发出调查表的同时，提供与调查对象有关的背景材料和预测事件一览表。调查者也可以请专家就调查对象的情况提出一种以上的预测方案，并对各种方案或结果的成功概率做出估计，从而减少反馈的次数。

另一类是改变德尔菲法的某些基本特点。例如，部分取消匿名性。有的是先匿名调查，待整理汇总调查结果后再进行面对面的口头辩论，然后在背靠背的情况下做出新的预测。有的是对反馈的内容和形式予以改进，只向专家们反馈调查结果的相对数，不反馈绝对数，或只将调查结果反馈给权威专家或与大多数专家的预测结果相差比较大的专家。

由于实行了种种改进，派生德尔菲法的工作效率和调查结果的质量等都有一定程度的提高。

本章小结

1. 头脑风暴法是指依据专家的创造性逻辑思维活动对社会经济现象或问题的趋势进

行判断的一种方法。

2. 直接头脑风暴法，又称作专家会议法，是专家之间通过思想信息的交流，产生思想共鸣和思想组合，从而形成更高层次的思想的一种方法。

3. 直接头脑风暴法下组织专家会议的关键点包括：(1) 确定组织专家会议的规则；(2) 确定参加会议的专家人数；(3) 确定参加会议的专家人选；(4) 整理会议信息。

4. 德尔菲法是指调查者将讨论的问题和必要的背景材料编制成调查问卷或调查表邮寄给专家，利用专家的智慧和经验进行信息交流，而后将他们的意见进行归纳、整理，匿名反馈给专家再次征求意见的一种方法。

5. 德尔菲法具有经济性、匿名性、客观性、统计性的特点。

思考练习

1. 什么是头脑风暴法？
2. 什么是直接头脑风暴法？
3. 简述直接头脑风暴法下组织专家会议的几个关键点。
4. 什么是德尔菲法？德尔菲法具有哪几个特点？

本章思维导图

第十二章
参与式调查法

参与式调查法最早是由联合国在发展中国家进行农业技术推广和服务的过程中所使用的一种搜集当地信息资料的方法。参与式调查法通常被用于农业技术推广、农村社区建设和项目推进等方面。

发展至今，参与式调查法也在不断完善。目前，国际社会将参与式调查法称作“参与式学习和行动”（participatory learning and action，PLA）。在此之前，比较流行的一种方法称为“参与式农村评价”（participatory rural appraisal，PRA），还有一种方法现在用得比较少，称为“农村快速评价”（rural rapid appraisal，RRA）。

农村快速评价法因为比较关注从农村社区和农民那里快速地搜集项目所需要的信息，获取的多，给予农民的少，较少发挥农民和社区在参与项目上的作用，所以更多的是用于搜集资料，而不是“参与”。目前，人们用得比较多的是“参与式学习和行动”以及“参与式农村评价”两种方法。在实地调查和项目推进过程中，这两种方法都比较强调农民和社区的参与，强调进入实地的调查者或项目方和农民、社区之间的互动，强调发挥农民和社区的主动性，强调实地调查对农民和社区的意识提升及能力建设的促进作用。

第一节　参与式调查的概念和层次

一、参与式调查的概念

（一）参与

参与是指在对项目或事件的调查研究活动中，项目或者事件的利益相关者对项目或者事件的设计、分析、实施、监督、利益分享等方面的介入。参与可以分为主动参与和被动参与。在农村社区发展或农业技术推广中，参与既是目的，也是手段。

参与之所以是目的，是因为参与本身是农民的权利，是基层民主建设的一部分，是社区发展中各利益主体平等决策的前提条件。调查者在农村社区发展各环节采取参与式调查法，不是考虑到参与是“有用的”，因为这种“有用”或“无用”是针对事情本身或项目特定目标而言的，而不是针对农村社区发展的长远目标而言的。参与是农村发展的一部分，这样农民或社区的参与就不存在“无用”一说。通过这种有效的参与过程，社区农民会不断地提升认知，增强发展能力。

参与之所以是手段，是因为通过参与，可以激发社区农民对调查活动所涉及的社区发展项目或技术推广项目的热情，进而协助项目方进行农村社会经济实践，最终达到改善和提升项目质量的目的。例如，利用参与式农村评价方法中的工具，可以更为有效地搜集和分析资料，从而使调查研究更加真实、完整且符合实际情况。

（二）参与式调查法

参与式调查法是指遵循一定的调查原则，利用一系列调查工具和技术，让被调查地区的社区和农民参与到对当地信息的搜集中来，从而不仅使调查者达到调查目的，而且使当地社区和农民对自身有进一步的认识，并在随后的项目计划推进中进一步发挥参与者的作用的方法。

参与式调查法强调“信息来自社区和农民，社区发展依靠社区和农民，调查者或项目方与社区和农民一道学习并了解农村生产和农民生活”。参与式调查法强调在外来者协助的社区发展中，当地人不能仅仅扮演被动的角色，而是要参与到活动中来，使社区农民可以发挥他们的聪明才智，分享他们自己的知识，分析与他们的生产、生活有关的外部条件，制订今后的生产和生活计划，并采取行动，从中受益。

过去的农村发展经验证明，许多农业技术推广项目和农林业发展项目由于在资料搜集、项目规划和设计、项目落实等阶段忽视了社区农民的兴趣、需求、参与意识和乡土知识，不能适应当地社区的发展。尽管这些项目的初始计划和目标都很好，但是它们仍然因为得不到当地社区农民的理解和参与而无法有效实施，达不到预想的结果。参与式调查法则非常注重外来者知识和社区农民本土知识的结合。

目前，参与式调查法在不同的工作领域和不同的地区得到了广泛的应用，同时在应用的过程中不断发展，不断实现了“本土化”。

二、参与式调查中的主体

参与式调查中的主体主要包括两部分：外来者和当地人。外来者主要指调查活动及项目中的调查者、专家、技术推广和服务人员、政府官员、非政府组织成员、志愿者等。当地人主要指调查对象或被调查地区的农民、社区中的弱势群体等。

在农村社区发展项目和农业技术推广活动中，参与式调查所涉及的不同群体的知识结构存在较大差异（见表 12－1)。因此，在调查过程中，外来者（调查者）要尊重当地人在本地技术知识、生产实践经验方面的话语权，不要因为过于强调自身的知识而忽略了对方。

表 12－1　外来者和当地人之间的知识结构差异

	外来者知道的知识	外来者不知道的知识
当地人知道的知识	常识性知识	本土知识
当地人不知道的知识	专家知识	待探索的知识

基于这种知识结构差异，调查者在试图了解一个村子时，必须倾听村子里当地人的看法，了解他们的经验和他们所关心的问题，以及他们这样想的原因，并了解他们根据自己的经验和条件提出的解决问题的办法。所以说，参与式调查法的核心内容体现的是外来者和当地人之间互相沟通和对话的过程。互相尊重是沟通的一个必要条件，而尊重的一个重要基础就是承认这种知识结构差异。在实践中，没有互相尊重，没有互相信任，就不会有真正的沟通，也不会有相互间的充分理解。当然，承认并认真研究知识结构差异，也为我们推动参与式的农业技术推广项目和社区发展项目提供了重要的参考。当然，在双方或多方就具体行动做决策时，到底谁的知识应该在决策过程中起主导作用，还需要在实践中检验。

三、参与式调查中的参与形式和程度

参与式调查中当地人参与到调查、项目规划、设计、推进等活动中的形式和程度，取决于当地人在活动中发挥的作用。表 12－2 显示，随着参与形式依次从自主性参与、主动性参与、适应性参与、诱惑性参与到被动性参与，当地人的控制程度不断下降，外来者的控制程度逐渐变强。

表 12－2　参与的不同形式及程度

参与形式	定义	外来者的控制程度	当地人的控制程度
自主性参与	村民自己决定要做什么，怎样做	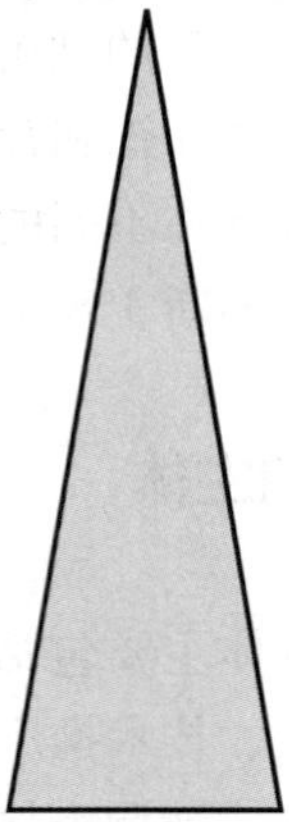	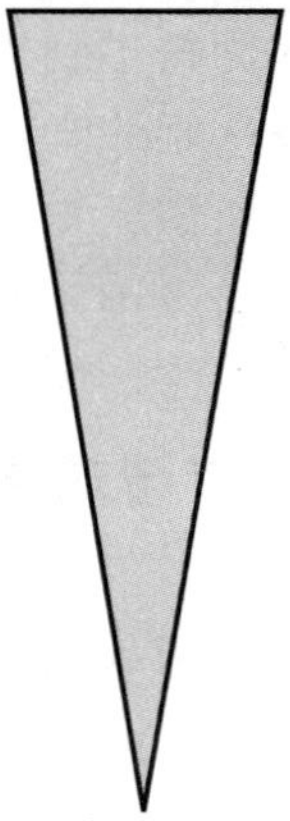
主动性参与	外来者与当地人一起分析情况，共同决定做什么，怎样做		
适应性参与	在做什么上，外来者接受当地人的意见，但如何做则由外来者决定		
诱惑性参与	外来者决定做什么，怎样做，同时用奖励等方法鼓励当地人参与		
被动性参与	外来者决定做什么，怎样做，当地人只是被告知必须如何去做		

第二节 参与式调查的原则和工具

一、参与式调查的原则

在参与式调查法中，调查者应该把握的基本原则是：诚实，对调查对象非常尊重；能够与当地人建立友善关系，乐于寻求不同人的意见；在调查中没有主观偏见；善于观察、倾听和学习；需要帮忙的时候乐于向当地人求助；不问诱导性问题。除此之外，调查者还需要重点把握的原则包括以下几条：

（一）协助

由外来者协助当地人自己进行调查、分析，做报告和学习，这是参与式调查法发挥调查对象积极性的重要原则之一。协助原则使调查对象既能够拥有信息，又能够拥有调查结果，并且能够进行自我研究。这种“移交指挥棒”式的调查方法常常只需要外来者开个头，然后坐到一边旁观，同时不要去打断与调查对象的交谈、讨论就可以了。

（二）灵活

参与式调查法注重社会经济问题发展的动态性。在采用此方法进行调查时要善于捕捉各类重要信息，及时修订工作计划。被调查地区的任何人、任何物、任何现象都可以为我们提供有用的信息。这种灵活性意味着进行参与式调查时不能墨守成规，而应当充分发挥当地人的创造力和想象力。

（三）反思

在采用参与式调查时，外来者（协助者）要有责任心，并要善于总结，懂得做自我批评。也就是说，外来者要不断检查自己的行为，目标就是使自己做得更好。

（四）分享

参与式调查法注重信息、观点和体会等在不同主体之间的分享。当地人之间、当地人与外来者之间以及不同外来者之间要经常进行信息交流和沟通，这有利于加强不同主体之间的相互了解，增进感情。

二、参与式调查的工具

参与式调查使用了前面讲过的文献资料搜集法、直接观察法、访谈调查法等，但是在具体应用参与式调查的时候，还会用到很多具体的工具，例如，参与式制图法等。

参与式制图法搜集资料的层面不同，所以在使用时的侧重点也不同。例如，当参与式调查是基于农村社区层面时，所使用的工具通常有：二手资料搜集与分析、关于社区情况的历史序列调查、关于社区自然资源的平面分布图或者剖面分布图、各类资源和自然现象的季节分布、小组访谈、社区大会等。当参与式调查是基于农户层面时，使用的工具可以是劳动力使用或者农户饲养活动的季节性日历、家庭收入或支出调查的家庭树等。在这里，我们重点介绍几种有效的参与式工具。

（一）二手资料搜集

这种方法主要是利用当地的文献资料，了解与当地农村气候变化相关的信息，例如，书籍、文档、报告、新闻、地图等。

（二）村庄游走

村庄游走是直接观察的一种主要方法，当调查者到达实地后，要对周围事物进行观察，比如村庄的道路状况（公路、小路）、森林、农地、水源、房屋，当地人的衣着、外表和精神状态。这些观察可以提供有关当地经济状况的信息，使调查者直接获得对当地的感性认识。这种观察既可以单独进行，也可以与农户结伴而行，后者有助于对某些问题进行深入调查，为下一步访问农户打下基础。在实地考察时应注意以下几个方面的指示物：

1. 生物物理的指示物

土壤侵蚀：指示对自然的利用已超过了土壤资源库的再生能力。可记录导致侵蚀的有关活动。

草场退化：茅草及其他杂草指示该地区常常遭到烧毁。问清为何会发生这些火灾。

5 米以上的树木或已经挂果的果树：指示该地已被利用了相当长的时间。

水：溪水或河水的颜色（特别是雨季）指示冲积物类型及积水区的状况。

水系：若排水区宽而浅，指示是不稳定的水流，即旱季水量小，雨季水量大，并且在岸边可找到指示最高水位的标记。

野生动物（如鸟、野猪、猴子等）：指示当地生物栖息地的状况。

作物及牲畜品种：优良作物品种或良种牲畜的存在指示当地与推广机构或政府有关项目的实施有某种联系。

作物种类及其种植类型的多样性：作物种类多样性通常指示粮食或经济方面的倾向性。

2. 社会经济指示物

儿童的面貌：病态、营养不良或健康的儿童指示该地食品的数量和质量及其家庭粮食消耗情况。

常见病的发生频率：指示基本的保健服务、食品及水的质量。

房屋类型：用轻质材料（竹子、麻秆、树枝、茅草等）建成的房屋常常指示较低的经济收入；而由优质木料建成的房屋指示当地依赖于森林满足某些需求并且他们很可能还有其他收入来源。

用具、家具及玩具：指示农户资源的丰富程度、对某些物品的偏爱、收入水平及来源等。

教堂或寺庙：宗教建筑物的大小及类型指示当地群众的主要宗教信仰。

学校：学校的类型及设施指示当地对教育的重视程度。

（三）半结构式访谈

半结构式访谈是通过与调查对象直接交谈获得信息的一种方式。它是一个快速学习的过程，可用于个体访谈，也可用于群体访谈。半结构式访谈会根据调查的目的和主题，分析可能相关的因素，形成次级主题，并在访谈中利用次级主题讨论问题。这使得调查者在深究某些问题和更好地了解当地情形时具有较大的灵活性。在整个访谈过程中，调查者从访谈的主题上获取较多知识后，可以随时更改次级主题和广泛提出问题，以便增进对某些自己感兴趣的问题的进一步了解。

在半结构式访谈中，访问者不使用正式问卷，而是使用问题列表这种有弹性的工具。进行半结构式访谈的要求包括：

（1）行为要恰当。互相问候；表达目的；保持目光交流；热情、礼貌、行为大方；仔细聆听；访问时间尊重当地的日常工作和生活规律。

（2）问题定位要准确。以 5W1H 方式提出开放式问题；给被访者留出回答的时间；对敏感话题要注意引导；不问模棱两可的问题；访问是非正式的；在讨论中引出问题；避免重复性问题；避免诱导性问题。

（3）访谈资料的记录和整理要跟进。在整个访谈过程中，每个人都必须认真地听取并详细记录所谈及的所有问题，包括其他人问的问题。访谈结束准备访谈下一个对象之前，小组成员要立即在一起讨论和整理笔记。如果发现问题被遗忘或丢失，就可以马上进行回访或根据情况对问题进行修订或改进。整理笔记的方法有几种，其中之一就是访谈组的所有成员在一起整理。选择以全组中做得最完整的笔记为主线，由小组其他成员补充、核对，最后形成一份完整的记录保存起来。

（四）村民（社区）大会

村民（社区）大会是调查者与整个社区成员一起沟通、协助社区达成共识并做出决策的重要工具。一般而言，参与式调查通常是从村民（社区）大会开始的。通过召开会议，使调查者在社区所要进行的工作家喻户晓，取得村民的配合，激励村民参与，把各方面的积极性调动起来。随后还应该组织一些会议，以便调查者将搜集到的信息反馈给社区群众，让不同的人群分享调查分析结果，并对搜集到的信息尽心予以修正和补充，取得社区群众在基本情况、关键问题及其原因和对策等方面的共识，最终做出决策。

首次村民（社区）大会可在行政村领导的帮助下，在适合的时间、地点召开。在这次大会上所要做的工作主要是：概括介绍社区调查的目的和意义，介绍调查人员及调查计划与活动的目的及意义，需要村民参与和协助的方式，让村民推荐可以协助调查者完成村庄游走或实地考察的村民代表等。

会议一开始时不要提太多的问题，同时要尽量使问题简单化，以保证大家都听得懂

（有些村民可能不好意思说他们听不懂）。如果有必要，可通过一些可视资料、游戏或故事向他们做解释。在村民（社区）大会上，有些村民不愿意发言，即使他们被提问时也是如此。如果出现这种情况，应将村民分为几个小组并召开专题讨论会或特殊群体讨论会。

调查者还要注意做好记录，同时注意村民们的情绪和反应，并根据具体情况及时调整会议安排。调查者在村民（社区）大会中的作用是引导会议向积极的方向发展，还要避免少数人掌握整个会议。讨论内容及结果可在下次村民（社区）大会上报告。

召开村民（社区）大会要注意以下几点：调查者的准备要充分细致；调查者的心态要好，态度要端正，会议是为了沟通、交流、印证和修改与调查主题相关的信息；调查者要注意控制会议气氛，明确会议是对事不对人，避免引起个人之间和部门之间的矛盾；注意控制多话者，避免会议失控；注意少数人特别是弱势群体（妇女、儿童、边缘户、少数民族、外来户等）的意见；控制会议时间；及时总结参会者的意见；公正对待任何人的意见，特别是一般人及领导的意见；为了保证最大限度地参与，召开村民（社区）大会期间，如成员较多，那么可以以分组的形式进行讨论，讨论后由各组集中在大会上交流；每次讨论、分析都要有结果、结论，有相应的讨论记录。

（五）特殊群体讨论会

在搜集村社资料及发现问题期间，应组织特殊群体讨论会（分组讨论会），这类讨论会将由特殊群体（或称不同利益群体），比如妇女、老人、少数民族、贫困户、受教育较多、经历较多的人群等，以及通过不同利益群体分析界定出的有关群体参加。其中与妇女（5～10人）、贫困户（5～10人）的讨论是必需的。这是因为不同的群体所处的社会经济地位、受教育程度、风俗习惯、性别、知识阅历等不同，由此形成了其特有的世界观和价值观，使他们看问题、思考问题的方法和角度也各不相同，即使是相同的问题，也会得出不同的结论，因此这部分人的想法、观点必须得到关注。

例如，在探讨气候变化问题时，老人对气候变化事件的感受与年轻人可能不同；妇女对气候变化的认知与男人可能存在差距；受教育较多的人不仅关心农业生产和农村生活受气候变化影响的情况，而且关心保护环境的问题。因此，召开特殊群体讨论会可以帮助我们从不同的侧面去看待一个问题，并找到不同的解决办法。

此外，在组织村民会议和群体访谈时，总有一部分村民由于性格、社会地位、竞争力等原因，无论会议的协调人员怎么鼓励、怎么动员，也不愿意在公共场合发表意见，特别是活跃分子和有威望的人在场时，就更不愿意发表意见，这部分人被称为“弱势群体”。如果调查者发现村内这类人数量较多时，应为他们创造充分发表意见的机会，单独召开弱势群体讨论会。

组织特殊群体讨论会的程序为：组织至少5人或更多人在一起，但不应有其他类型的人在场。调查者对相关问题做简单的介绍和说明。例如，主持人可以介绍说：“此次调查的目的是了解社区一些与森林有关的问题，并了解大家对于解决一些不良问题的看法等。调查认为各方面的人的意见都很重要。为了保证充分听取大家的意见，我们特别组织大家在一起讨论。这是一个小组讨论，所以，在场的各位都可以参与发言。”讨论结束的时候，调查者要做一个关于讨论的总结，并请参与者进一步对结论进行评论。

（六）参与式制图

参与式调查法与其他调查方法最重要的不同是：农民在调查中能够做很多力所能及的制图、排序、分析等工作，而且某种程度上比外来者做得更加切合实际。

在参与式调查中，当地人用来反映问题或测量事物的工具主要是地面、石头、沙子、种子、水果（用来分级、分类、计数）、木棍等随手可及的东西。在调查中，绘图不是唯一的目的，在参与绘图的过程中，还要达到让当地人对他们的居住环境进行思考并开展讨论的目的。经常有许多人参与进来，讨论非常热烈，因为每个人都明白应该说些什么。

调查中常用的图表包括：具有空间要素的村貌图、资源分布图、社区分布图、剖面图；随时间变化的季节特征图、村社历史图、趋势分析图、物种发展史；表示逻辑关系的机构分析图、问题分析图、流程图；等等。参与式制图所需的材料和工具主要包括大张白纸、大笔及就地选取的实物等。同样，对于每一幅图，都要有分析后的结论，注明是由哪些人参与制作的。

1. 资源图/资产图

资源图主要是用来反映当地农民（社区）所拥有的资源情况。这些资源包括土地资源、森林资源、水资源等自然资源，也包括当地的道路、通信、电力等基础设施资源。通过对资源图的讨论，结合当前这些资源的分布和使用状况，农民们可以对当前资源利用方面的困难、问题及可能的解决办法有一定的了解和认识，从而对于农业技术的采纳和应用才会有更深入的体会和认知。

资产图主要是针对农户或农民家庭而言的，是农民为了解决问题而对自身所拥有的各类资产情况进行梳理的一种方法。这种方法突出显示了当地农民在解决某一问题方面所拥有的力量。资产图体现了农民的应对能力（或者称作适应力），也就是说应对风险的能力。

绘制资源图的目的是：了解村民现在所使用的资源及其潜在的资源的种类和分布状况，村落及社区机构的位置分布，以及河流、道路、通信和电力网络现状等，并借助资源图的讨论，和村民共享资源利用中存在的困难、问题及可能的解决办法。该图将作为制定规划的依据之一。

绘制的资源图的主要内容包括：地形资料，如山脉走向、海拔等；地物资料，包括道路、房屋、社区主要机构位置，如村委会、学校、医疗点、厂房等；土地利用，包括林业用地（包括权属类型、林种类型、面积）、农业用地、畜牧用地、草山、荒山、采矿和其他土地利用类型；水资源，如水源、小溪、河流、沟渠、湖泊等；自然灾害，包括发生过自然灾害和水土流失严重的区域。

绘制资源图的过程是：讲清楚资源的概念及需要标示的主要内容；标出少量的重要信息；让村民一边讨论一边制作，最终完成资源图；围绕资源图进行相关问题的讨论和研究。

通过绘制资源图，调查者大体可以了解村庄或农户的资源分布情况、资源分配及归属情况，进而讨论资源管理与利用过程中的主要问题，探讨相应的原因；探索改善资源利用状况的有效途径。

2. 问题图/问题树

问题图和问题树都是展示或反映与调查主题紧密相关的问题的形式。问题图通常是将问题，诸如水源（河流）污染情况、土壤退化和侵蚀情况、林木砍伐情况等标注在地图上，标注出来的点通常是问题比较严重的。当然图上还可以标注出邻村或其他建筑或设施的情况。这些标注有助于发现解决问题的焦点在哪里。

问题树有助于我们发现核心问题和引起问题的主要原因和根本原因。虽然这些问题之间可能相互交叉，非常复杂，但是实际上，问题树可以让村民更好地发现问题之间的联系和问题的产生原因。在问题树中，问题是大树的树干，问题的原因是基于树根而被展示出来的。原因和结果之间的关系通常通过箭头联系起来。

例如，图 12－1 就是农民对于气候变化（干旱）的原因和结果进行分析的问题树。虽然不太全面，但是基本可以看出，在这样的分析框架下，通过发散式思维方式，人们对于干旱严重的问题可以从原因、结果两方面进行深入的分析。在实际工作中，调查者可以采用问题树的方法引导农民对于气候事件或现象进行因果分析，从而有针对性地提出需要解决的问题的关键环节。

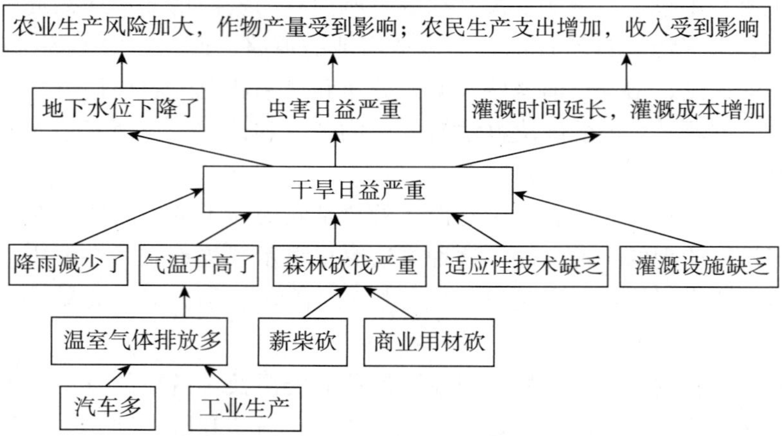

图 12－1　干旱日益严重这一问题的问题树

3. 打分和排序

打分和排序是从调查所发现的问题中找出最为重要和最为紧迫的问题的工具。基于问题树的分析，调查者可以发现调查对象提出的问题很多，那么哪些问题是当前比较重要的，或是迫切需要解决的？调查者可以利用对问题进行打分和排序的方式对问题进行筛选。打分和排序方法的运用非常形象、直观，不仅提高了调查对象的参与积极性，而且用当地人能够理解的符号表达了排序的内容，既可以激发村民的感性知识，又能达到分析问题的目的。这一方法适合在村民代表大会和群体访谈中采用。

打分和排序可以用卡片、书写和绘图的方式实施。一般程序是：在地上或大白纸上画出矩阵，用恰当的计量单位和地方术语列出要分析和判断的问题；向参与的村民讲解打分和排序的目的及判断、评价事物的标准；逐一请参与村民把自己对某一事物的观点和评判用文字、数字、符号或事物（如玉米粒、石子等）填入矩阵内；最后统计打分和排序的结果，整理出所讨论事物的优先顺序。

打分和排序的方法有以下优点：可以迅速发现村民对不同事物的偏好和不同事物对社区的重要性；对问题的针对性强，且形象、直观，便于村民准确理解，从而有利于准确搜集到调查对象的意见；对搜集敏感性问题（如收入、纠纷等）或难以定量的资料信息十分有用；能体现出村庄或社区内不同人群对某种事物的偏好和选择标准。

4. 季节特征图/历史事件回顾

季节特征图是一种了解社区或农户与时间（12 个月或 24 个节气）有关的农事活动和社会活动的周期性变化规律的工具。季节特征图可以帮助调查者了解社区一年中可利用劳动力的变化、粮食短缺时间、气候变化等重要信息，为社区发展项目的设计和实施提供重要依据。其主要内容包括：社区的降雨量、气温和可以利用的水资源的年或月的变化情况；劳动力的季节分配及性别差异情况；主要农作物的种类、生产周期、农事活动安排（如整地、播种、施肥、除草、收获）和产量等；畜牧业的生产、销售周期；薪柴和非木材林产品的种类和采集时间；农户的收入及支出的季节分配；等等。

例如，在社区调查过去一段时间内的气候事件时，调查者可以让村民们回忆已经发生的重要气候事件，特别是诸如干旱、水灾、冰雹、暴雪、虫害等重大事件，形成历史回顾表（见表 12－3），并讨论这些事件对社区现在的生产、生活的影响。这里我们可以用表格来展示这些事件、它们发生的时间以及它们发生后所带来的结果。结果可以包括正面的和负面的。

表 12－3　重大气候事件的历史回顾表

事　　件	时间（年/月）	结　　果
1. 干旱		
2. 水灾		
3. 冰雹		
4. ……		

通过以上对参与式调查法的概念、原则和工具等内容的介绍，我们对于参与式调查法有了一个大体的认识。在进行农村社区和农户调查或者农业技术推广服务调查时，调查者要将从农民那里单纯获取资料信息与服务农民、受益于农民的理念结合起来，引导农民参与到社会调查研究中来，从而使以促进社区发展为目标的调查研究工作能够将先进农业技术或项目与本土知识紧密结合，实现农业技术或项目在当地扎根、开花、结果，真正实现社区农民自身能力的全面提升。

三、案例展示

案例目的：为了让学生了解参与式调查法的程序和工具，此处以本科一年级学生为调查对象，以学生们在课堂上进行的参与式调查活动为例，演示参与式调查法的过程、工具和结果。

此次学生参与的调查活动的主题是：谈谈你大学生活中的酸甜苦辣。

（一）准备工作

1. 准备道具

组织者准备了如下一些道具：

大白纸和彩纸，用于学生画认知图或问题图；

胶带，用于将大白纸贴在教室的墙上；

双面胶，用于粘贴彩纸；

剪刀、各种颜色的笔。

2. 将学生分组

组织者将学生进行分组，每组 5～10 人。

3. 小组活动安排

在每一个活动小组里，需要设置如下几个角色：

召集人：负责小组的讨论，鼓励小组成员发言；

记录人：在大白纸上用图形或图画、文字呈现小组成员的意见、看法、观点等。

发言人：活动结束后，负责汇报小组讨论结果；

计时员：负责控制每个小组成员的发言时间，保证每个成员都有发言机会，将小组活动时间控制在 40 分钟以内；

噪音控制者：负责维持小组成员的秩序。

（二）宣布调查主题和活动方式

组织者向参与活动的成员宣布调查主题，介绍参与式调查活动的开展方式。此案例中的活动是以画图的方式来展示大学生活中的酸甜苦辣。

（三）结果展示

在此案例中，学生们进行了充分的自我认知。在此次实践活动中，学生们被分成了四组。每组同学被要求采用画出问题图或问题树的方式来展示大学生活中的酸甜苦辣。结果如图 12－2 所示。

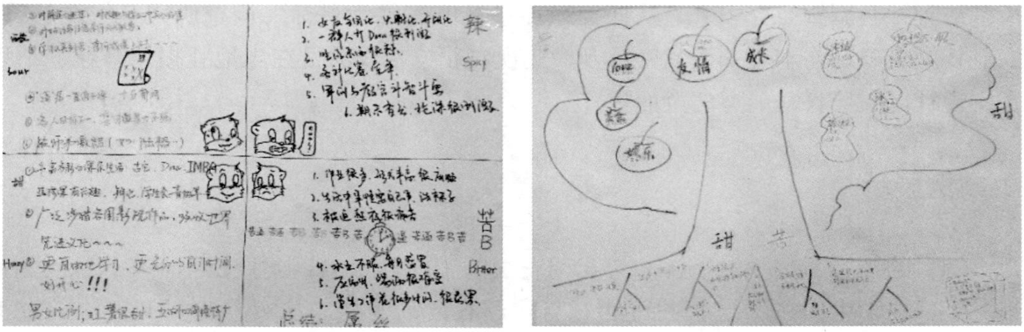

（a）　　（b）

图 12－2　结果展示

（c）

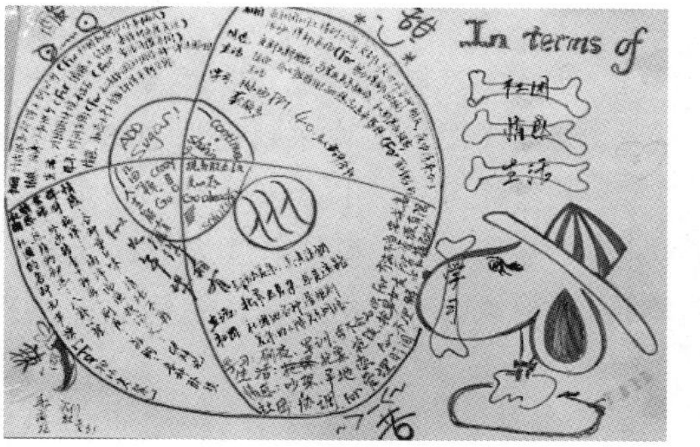

（d）

图 12－2　结果展示（续）

说明：这四张图是我组织 2010 级农业经济管理专业本科生进行参与式调查法练习时的作品，学生们想象力丰富，画图虽有点花哨，但在 40 分钟的时间里能做好，也不容易。图仅仅是一个展示，不代表任何其他方面，后面的结果分析也只是用于说明采用这种方法的一个完整过程。

（四）结果分析

通过上述展示可以看出，大学生会因为收获友谊、参与社团、吸取知识而感到快乐，也会因为生活自理、人际交往、学习方面的压力而感到苦恼。

案例延展：如果调查者要进一步了解大学生在生活中最大的快乐是什么，那么可以采用排序的方法对他们进行调查。即，调查者可以在上述参与式调查的基础上，准备一些 A4 彩纸，将其裁成两半并发给现场的同学，要求每个人在一张彩纸上只能写一个答案，然后将收集上来的答案进行归类，被写了最多次的那个答案就是“大学生在生活中最大的快乐”。

智慧农业的模样

本章小结

1. 参与式调查法是指遵循一定的调查原则，利用一系列调查工具和技术，让被调查地区的社区和农民参与到对当地信息的搜集中来，从而不仅使调查者达到调查目的，而且使当地社区和农民对自身有进一步的认识，并在随后的项目计划推进中进一步发挥参与者的作用的方法。

2. 参与式调查中的主体主要包括两部分：外来者和当地人。外来者主要指调查活动及项目中的调查者、专家、技术推广和服务人员、政府官员、非政府组织成员、志愿者等。当地人主要指调查对象或被调查地区的农民、社区中的弱势群体等。

3. 参与式调查的工具包括二手资料搜集、村庄游走、半结构式访谈、村民（社区）大会、特殊群体讨论会、参与式制图等。

思考练习

1. 什么是参与式调查法？参与式调查法中的参与主体主要有哪些？
2. 参与式调查法中采用的调查工具主要有哪些？
3. 课堂练习 1：作为大一大二的同学，请描述大学生活与高中生活的异同。
4. 课堂练习 2：描绘智慧农业的模样。
5. 课堂练习 3：讨论全球气候变化的风险及应对措施。

本章思维导图

第十三章
调查资料的整理

整理资料是深入研究的基础，是调查活动结束、研究工作开始的中间阶段。社会经济调查能否出成果以及成果质量的高低在很大程度上取决于调查资料整理的质量。

第一节　整理资料的一般原则

调查资料的整理是根据调查研究的目的，运用科学的方法，对调查所获得的资料进行检验、分类、汇总等初步加工，使之系统化和条理化，为进一步深入分析资料提供条件，所以又称为统计整理。通常来讲，调查阶段获得的数据是比较零散的，只能反映个别单位的一些特征，无法揭示被研究总体的本质特征和规律，达不到预期的研究目的，因此，需要对调查资料进行必要的分析。资料整理是资料分析的前提。不对资料进行整理，就无法对有关资料进行分析。资料整理是研究工作中不可缺少的一个环节。调查资料的整理通常要遵循真实、标准、完整、简明、新颖的原则。

一、真实

整理调查所得的资料，必须本着实事求是、绝不弄虚作假的原则。如果整理出来的资料不真实，那么这样的情况比没有调查资料还要危险，因为不真实的资料会导致调研人员得出错误的结论，向决策者、管理者、经营者提供错误的建议。如果依据这些错误的信息进行决策，产生的后果可能是相当严重和恶劣的。因此，一旦发现对资料有疑问，就要根据事实进行核实，排除虚假成分，保证资料的真实性。

二、标准

在较大规模的调查中，对于需要相互比较的材料，要审核其所涉及的事实是不是具有可比性。对于统计资料，则要注意对指标的解释要统一，指标各项数值的计算公式、计量单位也要统一。如果对调查指标的解释不统一、指标各项数值的计算公式或计量单位不统一，那么调查资料就失去了统计价值，就无法用于比较研究。

三、完整

整理调查资料时应尽可能全面、完整，以便真实地反映调查对象的全貌。如果资料残缺不全，就有可能犯以偏概全的错误，甚至使调查资料失去研究的价值。当然，这里所说的完整，并不是一味地求全，而是在既有调查条件下尽可能保证整理的资料相对完整。

四、简明

整理调查资料时应尽可能做到简单、明确，使资料系统化、条理化，以集中的方式反映调查对象总体的情况。如果整理后的资料仍然庞杂、烦琐，难以让人对问题形成一种完整的理解，就会为以后的研究工作增加困难。

五、新颖

整理调查资料时应尽可能从新的角度来审视和组合资料，尽量避免按照陈旧的思路考虑问题，更不能简单重复别人的老路。只有从调查资料的新组合中发现新情况、新问题，才能为创造性研究打下良好的基础。

总之，整理资料应力求真实、标准、完整、简明、新颖，只有在这样的调查资料的基础上，调研人员才能得出科学的调查结论。

第二节　文字资料的整理

资料整理一般要经过资料审查、资料分类或分组、资料汇总、设计图表以及资料打印等程序。在农村社会经济调查中，所获得的文字资料主要包括文献调查材料、观察记录、访问记录等。整理文献资料的一般程序是：资料审查、资料分类和资料汇编，这里主要介绍前两项。

一、资料审查

审查，是指在整理调查资料之前，对文字资料是否准确、是否齐备进行考察。准确性审查主要是采用计算检查或逻辑检查的方法来检验资料的真实性、可靠性。齐备性审查重点是检查各项调查资料是否及时取得、调查项目的各项数据是否全面完整。对不准确或不齐备的资料必须进行必要的修订或补充。

实际上，资料的搜集和审查在大多数情况下是同步进行的，二者合称搜集审查。在搜集资料后集中时间进行的审查称作系统审查。对文字资料的审查包括真实性审查和合格性审查。真实性审查通常包括文字资料本身的真实性审查和文字资料内容的可靠性审查。

（一）对第一手资料的审查

第一手资料是指通过直接调查获得的资料。例如用观察法、访谈法、问卷法等获得的资料。

对于用观察法获得的资料的审查，应该注意以下几点：一是要检查观察资料是不是严格遵循调查提纲获得的。二是要善于将通过观察法获取的资料与通过其他方法获取的资料进行比较，发现问题并及时去调查核实。三是要注意集体观察结果与个体观察结果的差异，并组织调查人员进行讨论和验证。四是要注意观察时间长短对观察结果的影响。

对于用访谈法和问卷法所获得的资料的审查，应该注意以下几点：一是对于通过非标准式访谈获取的资料，调查者必须在访谈过程中就关注资料的真实性，慎思明辨，不能有闻必录，闻而不审。二是对于通过标准式访谈和调查问卷获取的资料，要注意审查其是否全面完整，是否少填或漏填，是否有逻辑错误，调查对象的回答是否真实可靠等。

（二）对第二手资料的审查

第二手资料是指用文献法所获取的调查资料，主要的文献有档案、报刊文章、个人日记、书信等。审查第二手资料时，主要应审查文献编写的时间及内容是否真实，并根据文献写作的技巧、风格等内在情况来判断文献的真伪。一般来说，内容贫乏、时间重叠、语言雷同、字迹和墨水相似的记录，就很可能是观察员或调查员伪造的。

文字资料的合格性审查主要是审查文字资料是否符合原设计要求。如果调查资料中出现了对调查指标的理解错误、计算公式不正确、计量单位不统一，或者回答不完整、不符合要求的情况，那么该调查资料就应被列为不合格的调查资料。

对于不真实或不合格的调查资料，一般应进行补充调查，使之成为真实、合格的调查资料。对于无法进行补充调查的资料，就应该弃之不用，以免影响调查的真实性。

二、资料分类

文字资料的分类是根据文字资料的性质、内容或特征，将相同或相近的资料合为一类，从而将纷繁复杂的资料进行区分。分类是否正确，取决于分类标准是否科学。分类标准的确定必须以科学理论为指导，以客观事实为依据。例如，研究一个国家或一个地区农业人口的比重时，不应以农业人口的户口所在地（乡村或城镇）为标准，而应以劳动者从事的主要行业为标准。

文字资料的分类应遵循两条原则，即互斥性原则和完备性原则。互斥性原则是指同一条资料只能归入一类，而不能再归入他类。完备性原则是指每一条资料都要有所归属，分类的结果必须把全部资料包括进去。

按照如上分类原则，对文字资料可有两种分类法：一种是调查前分类，另一种是调查后分类。前者是指在搜集调查之前，即按照事物或现象的类别设计调查指标，再按分类指标搜集和整理资料。后者是指在搜集调查资料之后，再根据一定的分类标准，将资料分别归类。

第三节　数字资料的整理

一、数字检验

数字检验的目的是检查、验证各种数字资料是否完整准确。完整性检查主要是检查数字表格的填报是否齐全、表格的答案是否完整等。确定性检查主要是检查数字资料是否符合实际情况、数字计算是否正确等。

一般来讲，可以采用三种方法来检验数字资料的准确性。一是经验判断，即根据已经存在的事实或已有的经验来判断数字资料是否真实和正确。例如，已知某企业近几年效益较差，而调查得到的数字资料却明显超过经济效益较好的单位的数字资料，那么这些数字资料一定存在问题。二是逻辑检验，即根据数字资料之间的逻辑关系来判断其是否准确和符合实际。例如，播种面积与总产量之间、收入与支出之间都有一定的逻辑性。如果发现它们之间存在明显的不符合逻辑的情况，那它们就显然是不准确的资料。三是计算审核，即通过运算来审核各项数字是否有差错。例如，检查各分组数字之和是否等于总数、各部分占总体的百分比相加是否等于1等。极端值可以通过对数据的描述性统计进行审查。并非所有极端值都是错误的，但是通过极端值查找和审核，可以对数据进行进一步的审查，以尽量减少录入差错。

对于检验发现的各种问题，都应及时查明原因，采取相应措施，予以补充或更正。对于无法补充或更正的数据，均应删除，以免影响调查结论。值得一提的是，有些数字资料的检验应在调查完成后立即进行，特别是在实地调查的情况下，如果不及时对数字进行检验，等以后再去调查或亲临现场取得数字是相当困难的。

对于出现数据缺失的情况，也要进行处理。如果缺失值是合理的（比如，在问卷中存在转向问题的时候，就会存在合理的缺失），那么不用处理。如果部分缺失值对分析结果产生影响，造成有用信息丢失，导致数据整体分析的不确定性，那么可以采取删除个案，或删除缺失值，或采用插补法为缺失值找到替代值等方法进行处理，进而为后续的分析研究打下良好的数据基础。

二、统计分组

统计分组，是指按照一定的标志把调查的数字资料划分为不同的组成部分，其目的是了解各组现象或事物的数量特征及其构成比例等。对数字资料进行分组的一般步骤是选择分组标志、确定分组界限等。

（一）选择分组标志

分组标志是指分组的标准或依据。进行统计分组时，需要以某一个或几个分组标志作为分组依据。因此，正确选择分组标志是科学分组的前提。一般来说，分组标志主要有两种：

一是品质标志，即选择反映事物或现象属性差异的品质标志作为分组标志。例如，农村人口可按性别、职业、民族、文化程度等标志分为不同的组。

二是数量标志，即选择反映事物或现象数量差异的数量标志作为分组标志。例如，按家庭可支配收入的高低，可以将农户分为不同的组。

选择分组标志是数字资料分组中的关键问题，必须遵循以下几条原则：

(1) 从研究目的出发选择分组标志。研究目的不同，选择的分组标志也不同。例如，研究农村人口的年龄结构时，就应以年龄为标志进行分组；研究农户的收入结构时，就应以收入为标志进行分组。

(2) 根据具体的历史条件选择分组标志。社会现象是随时间、地点和条件的变化而变化的，要研究新问题、新情况，就不能一成不变地照搬原有的分组标志，必须根据历史条件的变化而改变分组标志，力求新颖，以适应社会发展的需要。

(3) 从反映现象本质的需要出发选择分组标志。社会现象的特征可分为本质特征和非本质特征，作为分组标志的特征应为本质特征。

(4) 分组标志必须具有穷尽性和互斥性。例如，如果按性别分，可将人分为男人和女人，这种分组符合穷尽性和互斥性原则；如果将分组改为老人、男人和女人，那么老人这个分组就违反了互斥性原则，因为老人既可以是男人，也可以是女人。

（二）确定分组界限

分组界限，是指组与组之间的界限，包括组数、组距、组限、组中值的确定和计算等内容。

(1) 组数。组数的确定应从实际出发。当数量标志的变动范围很小，而且标志值项目不多时，可直接将每个标志值列为一组。这时，组数就等于数量标志值的项数。当数量标志的变动范围很大，且标志值项目又很多时，就可将邻近的几个标志值合为一组，作为分组的标志，以减少组数。

(2) 组距。它是指各组中最大数值与最小数值之间的差距。各组组距相等的组距数列称为等组距数列；各组组距不相等的组距数列称为不等组距数列。究竟采用哪种组距数列，可视实际情况而定。

(3) 组限。它是指组距两端的数值。一般将每组中的最小数值称为下限，最大数值称为上限。组限的表现形式有两种，一是封闭式组限，指最小组的下限值和最大组的上限值都是完全确定的；二是开放式组限，指最小组的下限值或最大组的上限值是不完全确定的。若某一标志值正好与组限值一致，则应遵循统计学中的“上限不在内”原则，将其划归下限所在的那一组。

（4）组中值。它是指各组标志值的代表值，通常由各组的上下限之间的中点值来确定。计算公式为：

$$封闭式组距数列：组中值=\frac{下限+上限}{2}$$

$$开放式组距数列：\begin{cases}缺下限的组中值=开放组上限-\dfrac{相邻组的组距}{2}\\ 缺上限的组中值=开放组下限+\dfrac{相邻组的组距}{2}\end{cases}$$

三、统计汇总

选择分组标志、确定分组界限以后，就可以汇总资料，编制各种数量标志分配数列（又称为变量数列）。汇总资料，是指根据研究目的，把分组后的各种数据汇集到有关表格中，并进行计算和加总，以集中、系统地反映调查对象总体的数量情况。

按照调查的目的和要求，对分类后的资料必须进一步汇总和编辑，使调查资料能够系统、完整、集中、简明地反映调查对象的有关情况。汇编资料的基本要求是：完整、系统、简单、集中。要将所有可用的资料都汇编到一起，以系统完整地反映调查对象总体的全貌；并要用尽可能简短、明了的文字，集中说明调查对象的客观情况，并注明资料的来源和出处。

汇总资料的方法主要有手工汇总和电子汇总两种。

（一）手工汇总

手工汇总是一种原始的汇总方法。这种方法主要适用于调查规模较小、汇总工作量不大或技术条件不具备等情况。主要的手工汇总方法有：

（1）画记法。这种方法是在汇总表上以画点或画线的方式做记号，并据以汇总计算总体单位数。

（2）过录法。这种方法是将调查资料过录到预先设计的汇总表上，然后加总计算，得出总体单位及其标志值的合计数。这种方法便于校对和计算，但较费时费力。

（3）折叠法。这种方法是把调查表中所要汇总的数值折叠在一条线上进行汇总，并将结果直接填入统计表。这种方法简便易行，但在汇总出现差错时很难返工审查。

（4）卡片法。这种方法是将需要汇总的调查资料摘录到特制的卡片上，然后根据卡片进行分组和汇总的方法。这种方法适用于调查资料较多、分组较细的情况。

（二）电子汇总

随着现代电子计算机技术的发展，电子汇总越来越普遍。采用计算机汇总不但速度快、精度高，而且便于对数据进行进一步的加工处理，可使储存、分组、综合、运算以及分类逻辑检查、绘图和打印一次完成，从而提高汇总效率。

电子汇总的一般步骤为：

（1）编制程序，即按照汇总的要求用计算机语言对汇总方案进行处理和安排。有时也可以利用现成的统计汇总软件。

（2）数据录入，即将数据资料输入计算机等待处理。一般的数据可以利用 Excel、Access、EpiData、SPSS、Stata 等常用数据库和分析软件的数据编辑器完成录入工作，方便调研人员进行资料分析。

（3）数据运算，即对输入计算机的数据资料进行分析、比较、筛选和整理等。

（4）数据储存，即将运算数据或结果储存起来。

电子计算机的广泛运用使统计工作能够更好地为经济决策和管理服务，也是统计工作现代化的重要标志之一。

（三）汇总结果展示

经过汇总的资料可以按照分组标志制成变量数据表。例如，按质量标志分组的变量数列表见表 13-1，按数量标志分组的变量数列表见表 13-2。

表 13-1　不同性别农民对气候变化认知情况的统计表

性别	气候发生变化		气候未发生变化	总计
	人数	百分比*	人数	
女	46	76.67	14	60
男	162	68.64	74	236
总计	208	70.27	88	296

* 为认为气候发生变化的人数占总人数的百分比。

资料来源：由实地问卷调查数据整理而得。

表 13-2　某村农民人均纯收入分组表（%）

年收入	2000 年	2001 年	2002 年	2003 年	2004 年	2005 年
500 元以下	31.0	20.3	13.6	8.7	5.9	3.6
500～1 000 元	45.2	36.4	29.4	20.9	14.5	18.7
1 000～2 000 元	15.0	20.2	36.5	27.4	30.3	25.4
2 000～3 000 元	6.7	13.1	21.5	26.4	30.4	36.7
3 000 元以上	2.1	10.0	12.6	16.6	18.9	15.6

说明：表中数据仅仅是一种展示，不具有实际意义。

四、制作统计图表

统计图表是展示资料汇总结果的主要形式。经过汇总的资料一般要以图表的形式展现出来。

（一）表格的一般格式和运用

表格是以行和列的形式建立的资料的排列，它具有直观、简洁、系统的特点，是整理和表达资料内容的重要工具。表 13－1 和表 13－2 已经说明了这一点。表格一般可分为数字表、文字表、符号表等多种形式。这里我们着重介绍数字表。

1. 表格的一般格式

表格的结构一般由表号、表题、表头、列题、行题、数字或文字、表注等基本要素构成，其一般形式如下：

表号　表题

<table>
<tr><th colspan="2" rowspan="2">表头</th><th colspan="2">列题</th></tr>
<tr><th>副列题</th><th>副列题</th></tr>
<tr><td rowspan="2">行题</td><td>副行题</td><td rowspan="2"></td><td rowspan="2"></td></tr>
<tr><td>副行题</td></tr>
</table>

表注

表题是统计表的名称，是对统计资料内容的抽象和概括，位于表的顶端，且居中排。行题位于表的左侧，一般用来表示观察、调查和研究的对象的类型。列题位于表的右侧，一般表示观察、调查和研究的对象的指标。数字是统计表的主体，一般用绝对数、相对数或平均数等来反映。表注是对统计表有关内容所做的补充。

2. 制作表格时应注意的问题

（1）表题的文字应简短概括，能够确切说明表的内容、统计的时间和地区。

（2）行题和列题的概念要明确，排列要有一定的逻辑顺序，一般先局部后总体；但若局部项目较多，则可先列出总体。

（3）表格一般为左右两端开放的三线式表格，上下两端的线是封闭的粗线，其他线则为细线。

（4）表格中的数字应填写清楚，一般右对齐；调查不到的缺项数字应用“……”标明；数字是零时用“—”表示。表格中的文字一般左对齐。

（二）图的一般格式和运用

图是由点、线、面、角度或立体等形状组合而成的，它具有形象生动、活泼、概括、直观等特点。根据表现形式的不同，图可分为曲线图、圆形图、柱形图、饼形图、网络图，还有实物摹写图、实物示意图、照片等。这里仅介绍曲线图和柱形图。

1. 曲线图

曲线图是用来表示两个以上变量之间关系的坐标图。自变量一般要用横坐标表示，因变量一般要用纵坐标表示，时间和没有误差的量一般也用横坐标表示。纵横坐标的刻度要恰当，如果不恰当，就看不出明显的变化规律，或很不美观。

曲线图中的曲线一般应画成光滑的，否则应连接数据在坐标系内的各点，画成折线。曲线可用实线、点线、虚线等多种方法表示；或者在不同线条的适当位置配上文字予以说明。

坐标线的刻度应标在坐标内侧，数字应写在坐标外侧，一律横排，纵坐标的变量名称和单位可以卧排。图内应尽量少用文字说明。

图号、图题、图例和图注也是曲线图的构成部分。图题通常于图下空一行书写，序号用阿拉伯数字书写。图例有两种写法：一是图内空白过大时，可写在图内，这样较为美观；二是图内空白不大时，可以用图注形式在图题下说明。图注一律写在图题下。如图 13－1 的图号为“图 13－1”；图题为“2000—2015 年中国农业受灾面积折线图”；图例为“实线表示总受灾面积，圆点虚线表示旱灾受灾面积，线段虚线表示洪涝灾受灾面积”；图注为“资料来源：根据《中国农村统计年鉴》（2016 年）中的资料计算而得”；图中还有横轴和纵轴的数据标签，分别是“年份”和“千公顷”。

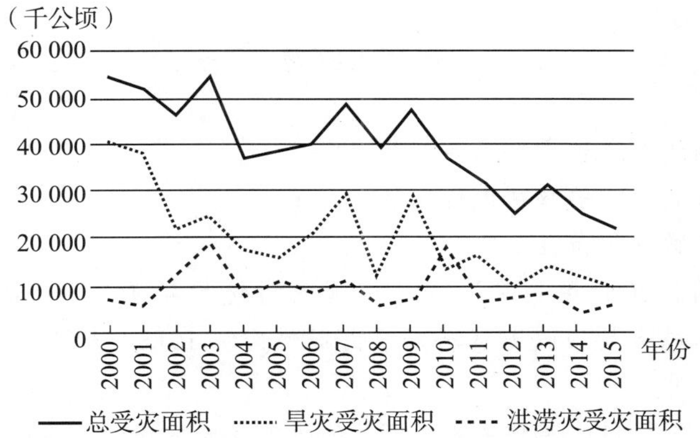

图 13－1　2000—2015 年中国农业受灾面积折线图

资料来源：根据《中国农村统计年鉴》（2016 年）中的资料计算而得。

2. 柱形图

柱形图和圆形图都被广泛用于表示相对数量的大小，目的是突出数量大小的对比效果；并可以采用将不同类别的数据表示成不同颜色、空心、虚心、实心等方法增大形体间的反差（如图 13－2 所示）。

图 13－2　2013—2015 年中国农、林、牧、渔业产值结构柱形图

资料来源：根据《中国农村统计年鉴》（2016 年）中的资料计算而得。

本章小结

1. 调查资料的整理是根据调查研究的目的，运用科学的方法，对调查所获得的资料进行检验、分类、汇总等初步加工，使之系统化和条理化，为进一步深入分析资料提供条件。

2. 调查资料的整理通常要遵循真实、标准、完整、简明、新颖的原则。

3. 文字资料的整理主要包括资料审查和资料分类两项主要工作；数字资料的整理主要包括数字检验、统计分组、统计汇总、制作统计图表等主要工作。

4. 制作图表有基本的规范性要求。

思考练习

1. 对数字资料进行整理主要包括哪些工作？

2. 如何对调查资料中的数字进行检验？

3. 图表制作有哪些规范性要求？

4. 利用“国研网统计数据库”或《中国农村统计年鉴》（2016 年），收集 1978—2015 年中国农村居民人均纯收入资料，根据资料绘制 1978—2015 年中国农村居民人均纯收入变化的折线图。

5. 根据表 13-3 提供的四种主要农产品的收益及成本资料，请你：

（1）分别计算 2014 年和 2015 年稻谷、小麦、玉米、大豆四种农产品的每亩净利润，并以表格的形式展示出来；比较分析不同农产品的净利润情况。

（2）计算 2015 年小麦总成本的结构，并以表格的形式展示出来；对影响小麦生产的成本项目进行分析，提出降低成本的措施。

表 13-3　四种主要农产品的收益及成本　　单位：元/亩

指标	稻谷		小麦		玉米		大豆	
	2015 年	2014 年	2015 年	2014 年	2015 年	2014 年	2015 年	2014 年
总产值	1 377.52	1 381.38	1 001.71	1 052.96	949.54	1 145.71	559.62	641.61
总成本（①+②）	1 202.12	1 176.55	984.30	965.13	1 083.72	1 063.89	674.71	666.63
①生产成本	987.28	970.47	784.62	783.80	844.94	839.48	416.97	419.64
物质与服务费用	478.69	469.8	420.23	419.03	376.22	364.8	201.81	202.91
人工成本	508.59	500.67	364.39	364.77	468.72	474.68	215.16	216.73
②土地成本	214.84	206.08	199.68	181.33	238.78	224.41	257.74	246.99
流转地租金	53.82	52.23	26.60	21.10	28.82	24.04	73.44	64.99
自营地折租	161.02	153.85	173.08	160.23	209.96	200.37	184.30	182.00

本章思维导图

第十四章
调查研究的思维方法

在认识和探索社会经济问题的过程中，调查研究人员遇到问题时总要想一想、算一算，这个过程就是思维。思维是大脑通过一定的方式同调查研究对象相互作用的过程。人类大脑是世界上最聪明的器官，是人类思想的起源地。目前，在社会经济问题调查研究中出现了重数字、重模型、轻思想的现象，一些研究人员注重调查资料分析中的模型建立和数字游戏，忽略了模型设置背后的逻辑关系和基于人们合理的思维程序而提出的思想。需要说明的是，在研究中，研究人员使用的统计分析方法、计量分析方法等都是让人类思维发挥巨大作用的工具，是辅助性的手段。因此，在调查研究过程中，充分挖掘调研人员的大脑功能，结合调查研究对象的实际情况以及大脑的思维方式，就可以对调查资料进行研究了。本章重点介绍思维方法，一般而言，思维方法主要有逻辑思维方法、形象思维方法、灵感思维方法三种。

第一节　逻辑思维方法

运用概念、判断、推理揭示事物的内在联系，反映事物客观规律的思维方式，就是逻辑思维。科学的逻辑思维方法，是人们正确进行思维和准确表达思想的重要工具，它对于一切社会调查研究具有普遍的指导意义。逻辑思维方法主要包括形式逻辑思维方法和辩证逻辑思维方法两部分。

对调查研究对象的认识总是从问题开始的。尽管有关事物认识的问题很多，但大体可总结为三个：“是什么”“为什么”“做什么”。“是什么”是指调查研究对象的性质和范围；“为什么”是指调查研究对象的运动过程及运动规律；“做什么”是指运用一定的规律指导实践、做出决策、制订行动计划等。因此，对调查研究对象的认识必须从以上三方面着手。具体来讲，主要的思维方法有：

一、概念

概念是用来揭示事物或现象的性质和范围的逻辑方法。在逻辑思维过程中，对调研对象的认识就是通过概念表达的。在调查研究过程中，一个问题可能涉及很多概念，其中有一些概念是已经明确的，而有一些是新提出来的，或是对已有概念进行修改的，或是有争议的。因此，在调查研究中，必须首先明确界定各种概念的性质和范围。

任何事物或现象都具有质和量两方面的特性，因此反映事物特性的概念包括内涵和外延两个方面。内涵说明事物是什么、有什么本质特点，是质的方面；外延说明事物包括哪些内容、有多少，是量的方面。内涵是事物或现象的性质，外延是事物或现象的范围。下面介绍几种主要的揭示概念内涵和外延的逻辑方法。

（一）概念的限制与概括

概念的内涵和外延具有层次性，不同层次概念的内涵和外延之间有反比关系。例如，农民、青年农民、优秀的青年农民是三个层次的概念。从“农民→青年农民→优秀的青年农民”，概念的内涵逐渐丰富，而外延逐渐缩小。根据这种关系，扩大内涵，缩小外延，就是限制；缩小内涵，扩大外延，就是概括。概念的限制可以用来区分不同的事物，认识事物的个性。概念的概括可以用来寻找事物之间的联系，认识事物的共性。

（二）概念的定义与划分

定义是揭示概念内涵的逻辑方法。例如，“商品是用来交换的劳动产品”，就是对“商品”下的定义。下定义有多种方法，其中“属加种差”定义法用得最多。如对商品的定义中，“劳动产品”称为“属概念”，“用来交换的”是“劳动产品”的定语，称为“种差”。这里“属概念”和“种差”从大类和小类两个方面揭示和限定了“商品”的含义，指出了“商品”与一般“劳动产品”之间的本质差别。

下定义的基本规则是：定义项与被定义项的外延要同一；定义概念不能直接或间接地包含被定义概念；一般不能用比喻和否定判断下定义。

划分是揭示和限定概念外延的逻辑方法。划分有不同的方式：(1) 一次划分，即用同一标准对概念做一次性划分，例如，把工业分为轻工业和重工业。(2) 继续划分，即对一次划分后的子项继续进行划分，如把重工业再继续划分为钢铁工业、煤炭工业、机械工业等。(3) 复分，即根据不同标准对同一概念进行多次划分，如可以依据性别标准把人划分为男人和女人，也可根据年龄标准把人划分为老年人、中年人、青年人、儿童等。(4) 二分法，即把一个概念划分为两个相互矛盾的概念，如将农业开支划分为农业生产性开支和非生产性开支两项。

各种划分都要遵守一定的原则：(1) 划分后的子项必须互相排斥。例如，“参加会议的有教师、工人、党员和青年人”这句话就不正确，因为青年人中有教师、工人，教师、工人中也有党员，这样划分后子项不互相排斥，认识对象范围不清，没有达到划分目的。(2) 每次划分必须依据同一标准。(3) 划分后的子项的外延之和要等于母项。例如，仅把重工业分为钢铁工业和石油工业是不完整的，因为重工业还包括采煤工业、有色金属工业等。划分的子项不可能或不必全部列举时，一般用省略号或“等”表示。(4) 不能越级划分。例如，把产业分为第一产业、第二产业、运输业、饮食业等就不正确，因为运输业和饮食业只是第三产业中的子项，不能同第一产业、第二产业并列。

二、分析与综合

分析与综合是思维的基本方法，是人类认识客观世界的智力工作。研究和掌握分析与综合的方法，能帮助人们认识事物的发展规律，提高思维能力。

（一）分析

分析，是把客观事物或调查研究对象分解为各个部分、要素、方面，再逐个加以研究的方法。当客观事物或现象以整体呈现在调查研究者面前时，人们对它的认识是直观的、大概的、笼统的。依靠这种直观的认识，人们无法认识事物的本质。但是，当人们用分析法把客观事物分解为各个部分，并分别对各个部分进行考察之后，人们对客观事物或现象的认识就大大前进了一步。分析的过程，就是思维运动从整体到部分、从复杂到简单的过程。

要对事物或现象进行辩证逻辑思维分析，就必须以实践为基础，从实际情况出发，对分析对象进行实事求是的调查、研究。由于分析对象各异，人们的实践要求和认识水平不同，方式也各异。辩证逻辑思维分析一般可从以下三方面进行：

1. 多方面分析

多方面分析主要是指对分析对象内外联系的各种矛盾的多个方面进行分析。要求了解、考察每一矛盾和每一矛盾方面在事物总体中各占什么地位，以及它们之间的相互关系，从而在整体上把握事物的本质。

2. 多阶段分析

多阶段分析主要是指对分析对象在发展总过程中所出现的不同阶段的矛盾情况进行分析。只有对总过程中的每一阶段的矛盾情况进行具体分析，才能真正认识各阶段矛盾的特点，找出解决这些矛盾的具体方法，从而达到解决矛盾的目的。

3. 多层次分析

多层次分析主要是指把分析对象分解为各个组成部分之后，又可将各个组成部分作为整体进行更深层次的分解和考察。从理论上讲，分析的层次可以是无限的，但在实际工作中，应根据研究的主客观条件，选择适当的分析层次。

分析的具体方法是多种多样的。随着人类实践和认识的发展，分析的具体方法还会不断增加。分析方法具有一定的逻辑程序：

(1) 明确分析目的，并由特定任务出发，制定出切合实际的、有效的分析提纲；

（2）对已积累的调查资料、文献资料进行初步筛选、鉴别、分析和归纳；

（3）选择恰当的分析方法，注重定性分析与定量分析的结合；

（4）进行系统、严谨、周密的分析研究；

（5）将研究结果形成文字。

（二）综合

综合，是指在思维过程中将分析后得出的对事物或现象的各个要素、各个部分的认识联结起来，作为一个统一的整体进行考察的思维方法。与分析法一样，综合法也是人们认识客观事物或现象的一种重要方法。要完整地认识事物或现象，就必须在分析的基础上加以综合。分析是综合的前提，它并不是思维的目的，而只是深入认识事物的一种手段。只有在分析的基础上通过综合形成对于客观事物整体的认识，才能达到思维的真正目的。

运用综合法认识客观事物或现象时，应注意以下几方面的问题：

（1）综合必须是实事求是的综合，而不能是没有客观依据的、虚构的综合。

（2）综合应该是客观事物或现象的内在的、本质的东西的综合，而不应该是外观的、表象的东西的综合。

（3）综合应该是客观事物或现象的多方面的、有机的综合，而不应该是机械的、简单的综合。只有多方面的、有机的综合，才能科学地说明为什么整体有时大于部分之和，有时又小于部分之和。

（三）分析与综合的关系

分析与综合是对立统一的关系。分析是综合的基础，没有分析就没有综合；综合是分析的前导，没有综合也没有分析。当然，对客观事物或现象进行分析前的整体知识与在分析基础上得到的综合知识在深度和广度上都有质的区别。任何分析都是为了更深刻地认识事物或现象，没有分析就无法深入了解客观事物或现象的各个部分及其影响因素，而综合是分析的完成和归宿。每一个综合的认识，既是前一阶段分析的终点，又是后一阶段分析的起点。人们的认识就是在分析、综合、再分析、再综合的过程中不断深化和提高的。

三、归纳与演绎

归纳与演绎是辩证逻辑中最基本的逻辑方法之一，也是一种辩证的思维方法。归纳是从个别到一般的思维方法，演绎则是从一般到个别的思维方法。在人类的认识活动中，人们总是先接触到个别事物，而后推及一般，又从一般推及个别，如此循环往复，推动认识不断深化。

（一）归纳法

归纳法是从个别的、特殊的知识中概括出一般性知识的逻辑方法。归纳法可分为完全归纳法和不完全归纳法。

1. **完全归纳法**

完全归纳法是列举对象所属各个单位的属性，从中发现各单位之间的共性或相似性的方法。完全归纳的前提是纳入了调研对象的全体。因此，完全归纳法的结论是可靠的，带有必然性。但是，完全归纳法只适用于其成员在数量上有限的事物，否则这种方法就不适用了。

2. **不完全归纳法**

不完全归纳法是通过对某类对象中的部分成员具有的共同属性加以考察，推论出该类对象都具有此共同属性的方法。不完全归纳法主要有两种形式，即简单枚举法和科学归纳法。

（1）简单枚举法。简单枚举法是根据某类调查研究对象中的部分成员具有的某种属性（而又没有发现相反事例），推论出该类调查研究对象都具有某种属性的归纳法。它的结论是建立在直接经验的基础上的，是根据某种社会现象反复出现（而又没有发现相反事例）而做出的，因此具有一定的可靠性。

但是，简单枚举法有很大的局限性。这主要是因为它的结论具有或然性，只是一种初步假定，只要发现一例与结论相反的情况，结论就会被推翻。

（2）科学归纳法。科学归纳法是通过对某类对象及其属性之间的因果关系或其他内在关系的认识，推论出该类事物的所有对象都具有某种属性的归纳法。这种方法通常是建立在对调查研究对象进行科学分析的基础上。

科学归纳法的结论具有必然性。正确应用科学归纳法，除了前提必须真实外，关键在于要运用科学的分析方法，正确揭示出对象与属性之间的必然联系。

（二）演绎法

演绎法，又称演绎推理，是从一般原理、原则出发，推断出个别性结论的逻辑方法。普通逻辑对演绎法从多种角度做了分类，如普通逻辑的三段论、关系推理、联想推理、选言推理、假言推理等。

根据客观事物之间的关系，演绎推理还可分为纵向演绎和横向演绎两种。纵向演绎是层层深入的方法，例如，某企业根据自身情况及市场变化，制定出企业生产目标和生产任务；企业各部门根据企业总体目标和任务，安排本部门的具体生产目标和生产任务。这就是一种纵向演绎。横向演绎是从同一个判断引申出多方面的认识，例如，“大量使用农药对人类社会发展不利”。根据这一判断，可以横向演绎出如下一些认识：“大量使用农药会使害虫的天敌被大量杀死”“大量使用农药会使有毒物质在农作物体内积累，危害人体健康”“大量使用农药会使有毒物质散布在空气中，污染环境”等。在思考问题的过程中，纵向思维和横向思维可以分开使用，也可以结合起来使用。

在思维加工过程中，归纳和演绎是两种既互相对立、又互相联系的思维方法。归纳是认识的基础，它在经验的范围内，在从个别调查资料概括出一般性结论的过程中，起着重要的作用。但是，归纳不是万能的。在理论思维阶段，特别是在建立理论体系的过程中，归纳不是推理的主要方法，演绎起着越来越重要的作用。

（三）科学轮：归纳和演绎的结合

科学轮是将归纳法和演绎法完美结合的科学研究逻辑图。在如图 14－1 所示的科学轮中，垂直虚线将科学轮划分为左右两半，右边一半是“从理论演绎出假说，进而开展实践调研活动”的逻辑路径；左边一半是“从实践调研活动中发现问题、总结经验，进而归纳概括为理论”的逻辑路径。水平虚线将科学轮划分为上下两半，上半是“科学研究中理论学习和思考的内容”；下半是“科学研究中实践调查研究的活动”。

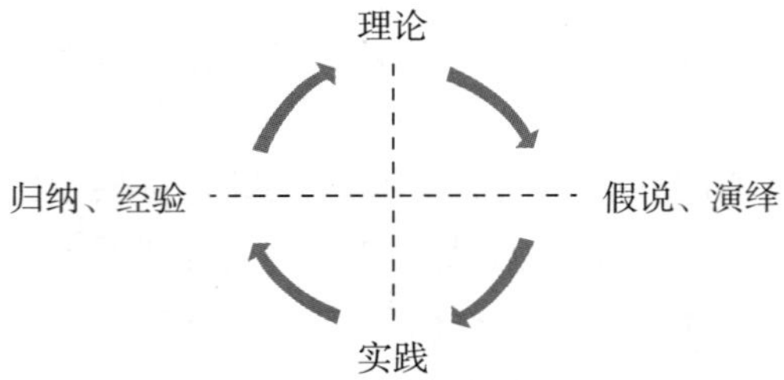

图 14－1　科学轮

四、抽象与具体

任何一个完整的认识过程都是由感性具体上升到理性抽象，再由理性抽象上升到思维具体的过程。从具体到抽象和从抽象到具体，是科学思维的两种方法，它们同分析和综合是紧密联系在一起的。分析的过程就是由具体到抽象的过程；综合的过程就是由抽象到具体的过程。

（一）从具体到抽象

所谓具体，是指感性具体，即人们在实践活动中，通过感觉器官所获得的关于被认识事物或现象的感觉或表象。这种感性认识一方面非常生动和具体，另一方面又非常表面和笼统。在这一认识阶段，人们对于事物的本质了解得很少。

所谓抽象，是指人们从感性材料中抽取一定的属性或特点（暂时撇开其他方面的属性或特点）进行相对独立的研究的思维方法。抽象与分析有着紧密的联系，因为人们要从认识对象的整体中抽取某一方面的属性或特点进行研究，就必须先把客观事物或现象的整体进行分解，这就离不开思维的分析活动。

从具体到抽象的思维过程，实际上是将客观事物或现象进行分解、抽取和研究的过程。分解，是指按一定标准把认识对象分为不同的属性或特点；抽取，是按研究目的和任务的需要，抽出认识对象某一方面的属性或特点；研究，是指对抽取出来的认识对象的属性或特点进行相对独立的考察。抽象思维使我们得以深入了解事物的本质，而不是仅限于对客观事物或现象的表面认识。

（二）从抽象到具体

思维中的每一次抽象都只是对客观事物或现象某一方面本质的反映，它相对于具体的、完整的客观事物或现象来说，不可避免地具有某种程度的片面性和孤立性。因此，要获得对客观事物的全面具体的认识，就不能仅仅停留在思维抽象的阶段，而必须从思维抽象进一步上升到思维具体。思维具体不同于感性具体，它是对于客观事物或现象的内在本质的完整、具体的反映。

思维有两个特点：一是多样性，即它是客观事物或现象本身固有的多方面质的规定性的反映；二是统一性，即它是按照客观事物或现象自身的固有联系组合起来的统一整体的反映。这就是说，所谓思维具体，就是客观事物或现象的各方面质的规定性有机组合而形成的统一整体在思维中的再现。

人们对客观事物的认识开始于感性具体，经过思维抽象，最后再达到思维具体，这就是人们认识客观事物的实际过程。与这一认识过程相适应的科学思维方法是：从感性具体出发，通过分析，达到思维抽象；然后通过综合，由思维抽象达到思维具体。思维具体高于感性具体，是对客观事物本质的具体的思维把握。

五、系统分析

系统分析，是运用系统论观点来分析社会现象的思维方法。在农村社会调查研究过程中，我们可以把调查研究的对象作为系统，从系统的目的、功能、环境、结构、效果等方面进行考察和分析。

（一）系统分析的要素

系统分析的要素主要有：目标、模型、可行方案、费用、效果和评价标准。

1. 目标

目标是希望达到的结果或完成的任务，是依据系统的问题来确定的。为了确定系统的问题，首先，要合理划定问题与周围环境的界限，通常包括界定问题的性质、特点及确定问题发生的时间、地点和影响范围等。其次，要分析系统存在的差距，对问题进行定量化描述。最后，分析问题产生的原因，把握问题的实质。只有找到问题的深层原因，才能最终确定系统的目标。

2. 模型

模型是指用数字、符号等对现实系统进行描述和模仿。由于模型描述的只是系统某一方面的性质，因而一个系统可以有不同类型的模型，反映不同方面的规定性。这就要求我们在进行农村社会调查研究时确定所要模拟的系统的主要属性，并对其进行定量的规定，然后再建立模型。

3. 可行方案

农村社会调查研究的目的是为解决农村社会问题提供依据和方案。要在详细分析各种信息资料的基础上，把通过模型求解的结果和通过其他途径得到的结果进行比较，然后按照既定目标设计出多种方案。方案要具有可行性，这是方案得以实施的前提条件。另外，方案要具有多样性，以便为决策者提供尽可能广阔的思维领域和选择空间。

4. 费用

在系统分析阶段，会发生各种消耗，既包括货币性消耗和非货币性消耗，也包括现实性消耗和影子价格或机会成本等。

5. 效果

效果是指方案实施后所取得的成果。效果可以分为货币性效果和非货币性效果两种。货币性效果是指可以用货币尺度来衡量的成果，例如，农产品的增长量、人均收入的提高量等。非货币性效果指无法用货币尺度来衡量的成果，例如，生产环境改善带来的好处、社会政治稳定程度提高对经济发展的影响等。

6. 评价标准

选择决策方案是一项很重要的工作，一般只有在对决策方案的优劣程度进行评价后，才能做出科学的选择。对方案的评价是运用一系列评价指标进行的，例如，有经济效果评价指标、社会效果评价指标、科技效果评价指标、政治效果评价指标等。

（二）系统分析的内容

系统分析主要包括整体分析、层次分析、结构分析和功能分析几方面的内容。

1. 整体分析

整体性原则是系统分析的实质和核心，因而整体分析是运用系统分析法研究农村社会经济调查问题的首要方法。任何系统都是由众多子系统组成的，子系统又是由单元或要素组成。但系统的整体功能无论是量的方面还是质的方面，都绝不是各子系统或要素功能的简单累加，而是不同于各子系统或要素功能之和的一种新的功能。因此，运用整体分析进行农村社会经济调查时，就要从全局出发，从系统、子系统、单元、要素以及环境的相互作用中探求系统整体的本质和规律，增强整体效应。

2. 层次分析

依照系统论观点，任何系统都有一定的层次结构。系统的层次性是保持系统稳定和连续的前提条件，也是系统发挥最佳功能的前提条件。由于系统内部不同层次的划分是以层次与层次之间具有的不同特性为依据的，所以我们在进行农村社会经济调查时，必须把握事物或现象的层次性，在此基础上认识事物的特点和规律。

3. 结构分析

结构分析是通过解剖系统的内在结构来认识系统的特性及其本质的思维方法。社会科学中对经济结构、政治结构、社会结构等进行研究时，所使用的思维方法都是结构分析。结构分析具有广泛的适用性和重要的指导意义，是一种静态研究方法。

4. **功能分析**

功能分析是通过系统与环境之间的“输入”和“输出”关系，来判断系统的内部状况及其特性的思维方法。环境是指研究系统之外的政治、经济、科技、社会等相关因素的总称。环境与系统之间相互依存、互为条件。环境对系统的作用主要表现为系统的输入因素发生变化；系统对环境的反作用主要表现为系统的输出因素发生变化。通过对这种输入、输出关系的确定，我们可以了解系统与环境之间的依存关系。

现代社会是开放的社会，因而农村社会调查研究的对象都是开放系统，它与环境之间的作用是不可避免的。在进行功能分析时，我们必须确定系统与环境之间的界限，找出相关的环境因素，并确定其影响的程度和范围，计算系统与环境之间的输入、输出关系，从而为制定决策方案做准备。

第二节　形象思维和灵感思维

形象思维和灵感思维是与逻辑思维既相联系又相区别的思维方法。

一、形象思维

形象思维是运用典型化的形象来揭示事物或现象的内部联系，反映其规律的思维方法。它与逻辑思维一样，是理性的思维，属于认识的高级阶段。二者之间的不同是，逻辑思维以概念、判断、推理等形式来反映事物或现象，而形象思维则以物质存在的具体形象来反映事物或现象。形象思维和逻辑思维是人类两种不同的思维方式。

（一）形象思维的基本方法

形象思维中形象的产生依赖于表象。表象是指记忆中所保持的客观事物的形象，是形象思维的初级原材料。形象思维的基本方法如下：

1. **想象**

想象是指人们把自己头脑中已有的表象进行分解、改造、重组，以生成新形象的过程。当人们想象时，记忆中保存的表象材料是人们思维加工的基础。一个人的想象能力的强弱与其头脑中储存的表象的数量和质量有密切关系。人们头脑中储存的表象越丰富，想象也就越广阔和深刻。当然，想象并不是脱离现象的乱想，而是人们有理性地对表象所进行的加工。

2. **联想**

联想是在看见或回忆某一事物时，连带地回忆起其他事物的心理过程。联想不破坏原有表象，只是把原有表象连接起来，形成表象链。联想的方式有以下几种。

（1）接近联想，它是对两种或两种以上的事物或现象在空间或时间接近的基础上产生的心理过程。例如，由生病想到打针吃药。

（2）类似联想，是指因两种不同事物在某一点上有所相似而展开的心理过程。例如，由猫想到虎。

（3）对比联想，是指见到某一事物或现象时，头脑中显现出与之相对立的另一事物或现象的心理过程。例如，由美想到丑。

（4）象征联想，是指把某种概念、思想、情感等与特定的具体形象联系起来的心理过程。例如，由红色想到喜庆和吉祥。

（5）推测联想，是指根据已知推测未知，根据原因推测结果，根据过去和现在推测未来的心理过程。例如，根据农民对村集体经济组织的抱怨，可以推测村集体经济组织存在经营和管理方面的问题，在农民心目中地位不高。

（二）形象思维的表现形式

1. 形象描述法

通过对典型形象的描写和叙述，直接或间接地揭示事物或现象的本质和规律的思维方法，称为形象描述法。例如，我们在论述中国 20 世纪 80 年代乡镇企业蓬勃发展的原因时，有学者提出乡镇企业“船小好掉头”，即它能够根据市场的需求随时调整经营，因此发展得比较快，效益比较好。在这里，“船小好掉头”就是对乡镇企业能够适应市场的形象描述。再如，“全面建成小康社会”就是对中国农村经济奋斗目标的形象描述。

2. 形象比喻法

通过对事物或现象的形象比喻，来揭示事物或现象的本质和规律的思维方法，称为形象比喻法。例如，用“空壳村”来比喻集体经济薄弱的村，用“滑坡”来比喻经济的衰退，用“增强造血功能”来比喻扶贫工作应扶本立本。

3. 形象类比法

利用形象进行类比推理的思维方法，称为形象类比法。类比与比喻是不同的。类比既可以用来描述相同性质的事物或现象，也可以用来描述抽象事理。比喻则只限于具有不同性质的事物或现象的形象的比喻。例如，仿生学就是建立在形象类比原理基础上的一门学科。另外，在企业经营管理等方面，也可以运用形象类比法。

4. 图表法

利用图像和表格说明道理的形象思维方法，称为图表法。图表在农村社会问题研究中应用广泛，因为它可以形象地表达出某些事物或现象之间的关系。图表在前面章节已经讲到，这里不再赘述。

二、灵感思维

灵感思维，又称直觉思维，是指在某种外部因素或思想的偶然刺激下，大脑里的一些记忆表象被激活，进而瞬间明晰和升华某种事理的思维方法。这种“瞬间明晰和升华某种事理”，我们常称之为“灵感”。灵感思维是人们日常生活、学习、工作、科学研究中存在的一种特殊的认识活动，是具有创造性的思维方法。

灵感思维方法中最重要的是思维者能够产生灵感。灵感具有突发性、易逝性的特点。灵感常常是突然产生的，如果不能及时捕捉到并把它记录下来，那么可能很快就会消失，或被遗忘，这就解释了为什么许多学者、专家在想到某一观点、想法或问题时，必须马上把它记录下来，即使是半夜三更，或是在吃饭、娱乐的兴头上。当思维者对知识的积累达到一定的程度，对某一社会领域非常熟悉和了解时，在合适的环境条件和外部因素或思想的偶然刺激下，就容易产生灵感，使思想和知识得以升华。因此，要想获得灵感，思维者就必须丰富自己的经验和知识，这样在外部环境条件适合的情况下，才更有可能获得灵感，迸发创造力。

本章小结

1. 运用概念、判断、推理揭示事物的内在联系，反映事物客观规律的思维方式，就是逻辑思维。

2. 归纳法是从个别的、特殊的知识中概括出一般性知识的逻辑方法。

3. 演绎法是从一般原理、原则出发，推断出个别性结论的逻辑方法。

4. 科学轮是将归纳法和演绎法完美结合的科学研究逻辑图。

5. 系统分析主要包括整体分析、层次分析、结构分析和功能分析几方面的内容。

6. 形象思维是运用典型化的形象来揭示事物或现象的内部联系，反映其规律的思维方法。

7. 灵感思维是指在某种外部因素或思想的偶然刺激下，大脑里的一些记忆表象被激活，进而瞬间明晰和升华某种事理的思维方法。

思考练习

1. 什么是逻辑思维？

2. 什么是归纳法？什么是演绎法？

3. 谈谈你对在农村社会经济调查研究中运用科学轮的看法。

4. 请举例谈谈如何运用系统分析来研究某一农村社会经济问题或现象？

5. 什么是形象思维？什么是灵感思维？

本章思维导图

第十五章

调查研究类文体的撰写

调查研究活动是一个完整的过程。从制定调查方案，到深入农村进行调查，调研者不仅要进行资料的搜集、整理和分析工作，而且要将调查研究的成果用文字表述出来，形成一定的书面报告。调查研究成果的书面报告有多种表现形式，主要有调查报告、总结报告、经济活动分析报告、经济论文等，我们将其统称为调查研究类文体。

调查研究类文体的主要特点是：（1）资料具有真实性和新颖性。调查研究类文体的撰写是以大量具体可靠的实际调研资料为基础的，能够真实地反映客观现实。此外，调查研究类文体引用的事实都是尽可能新的，因而能够提出一些新颖的观点，得出一些新颖的结论。（2）写作具有针对性。写作任何文体时都必须明确所要解决的问题是什么，或者必须明确书面报告的读者对象，只有这样才能目的明确，有的放矢。

第一节　调查报告

农村社会调查报告是农村社会调查研究成果的一种重要的表现形式。它是调研人员利用调查研究获取的资料来反映问题，揭示农村社会事物或现象的发展规律的书面形式。调查报告是整个社会调查研究活动过程的最后一个环节。它为管理部门提供决策依据，为科研部门提供有价值的信息资料。调查报告通常是以文字、图表等形式将调查研究的过程、方法和结论等表现出来。

一、调查报告的类型

根据不同的分类标准，调查报告可以分成许多不同的类型。

（一）根据调查报告的内容，可以分为全面性调查报告和专题性调查报告

全面性调查报告涉及的问题比较广泛，反映的情况比较丰富，篇幅一般较长。专题性调查报告的内容比较单一，问题比较集中，有较强的针对性和实效性，篇幅一般较短。但这二者之间的区分是相对的。一般来说，全面性调查报告的内容较广、较“全”，专题性调查报告的内容较窄、较“专”，但二者之间并没有绝对分明的界限。

（二）根据调查报告的主要目的，可以分为应用性调查报告和学术性调查报告

应用性调查报告是以解决现实问题为主要目的的调查报告。这类报告可以以认识社会为主要目的，帮助人们了解社会问题，认识社会现象；可以以政策研究为主要目的，为正确制定政策或执行政策服务；可以以总结经验为主要目的，推广先进，鞭策后进；可以以揭露问题为主要目的，提高认识，改进工作；可以以思想教育为目的，明辨是非，统一认识。学术性调查报告是以揭示事物或现象的本质及其发展规律为主要目的的调查报告。这类调查报告主要有理论研究型和历史考察型两种。理论研究型调查报告主要是通过调查和研究对现实问题做出理论概括和说明。其特点是调查材料真实、系统、完整，论证过程严密，研究结论鲜明、准确、新颖。历史考察型调查报告主要是通过对文献资料的调查分析，来揭示某些社会现象的内在本质及其发展规律。其特点是从历史事实出发。

此外，根据调查报告内容的加工程度，可以分为反映情况的调查报告、反映一般规律的调查报告和研究型调查报告。根据调查报告内容的性质，可以分为生产调查报告、消费调查报告和市场调查报告等。

二、调查报告的格式

调查报告本身并没有固定不变的格式，但有一个大家普遍认可的基本格式。了解调查报告的基本格式，是写好调查报告的重要前提。调查报告的基本格式是由标题、引言、正文和结尾四部分组成。

（一）标题

标题即题目，是调查报告的重要组成部分，也是调查报告能否吸引读者的重要影响因素。常见的标题是由调查对象、调查内容或主旨、文体构成。例如，《××省农村土地租赁的调查报告》，其标题指明了调查报告的调查对象是“××省”，调查内容是“农村土地租赁”，文体是“调查报告”。这种标题多用于综合性、专业性较强的调查报告。另外，标题还可以用一定的判断句、提问句等形式表现。例如，《引进外资的一种好形式》《棉花产量为何连续滑坡》等。

标题的表现形式通常有单标题和双标题两种。单标题是指调查报告只有一个正标题；双标题是指调查报告既有正标题，又有副标题。例如，在《关于乡村产业振兴实践的调

查报告——以××省为例》这一标题中，破折号之前的“关于乡村产业振兴实践的调查报告”为正标题，破折号之后的“以××省为例”为副标题。

标题的写法灵活多样，但无论采用哪种标题，都要求概括、简明、新颖、对称。也就是说，标题要能总括调查报告全篇的内容，要用最简洁的文字说明调查报告的主题，要具有新鲜感、吸引力和感染力。

（二）引言

引言是调查报告的开头部分。不同类型的调查报告的引言写法是不一样的。一般来说，在引言中需要表达的内容主要有：调查的目的、对象和方法。如果是简单介绍调查情况的调查报告，就只需要简单介绍调查目的、对象和方法；如果是较深入地研究调查问题的调查报告，就不仅要介绍调查目的、对象和方法，而且必须较详细地介绍调查对象的基本情况，有时还必须提前概括说明调查结论和主要观点；如果是深入研究调查问题的调查报告，那么除了介绍调查目的外，还必须详细介绍调查对象和调查方法；如果是定量分析问题的调查报告，就必须具体说明抽样调查的方法、调查方案设计的依据、采用某些调查和分析方法的原因等。如果引言的分量很重，就可以将引言作为正文的一个部分。当然，有些调查报告可以不写引言。

（三）正文

正文是调查报告的重要部分。这部分写得如何，将直接决定着调查报告质量的高低和作用的大小。

调查报告正文的写作应主要考虑表现主题的需要、调查材料的情况，以及调查报告的谋篇布局。主题是调查报告的灵魂，材料是调查报告的血肉，谋篇布局是将调查报告的主题和材料结合在一起的方式，结构是调查报告的骨架。一篇质量高的调查报告不仅要有深刻的主题、丰富的材料，还必须有完美的结构。正文的结构主要有纵式结构、横式结构和纵横交错式结构。

纵式结构是按照事物发展的历史顺序和内在逻辑来叙述事实，阐明观点。横式结构是把调查的事实和形成的观点，按其性质或类别分成几个部分，并列排放，分别叙述，从不同的方面综合说明调查报告的主题。纵横交错式结构是纵式结构和横式结构的结合使用。这种结构一般有两种情况：一是以纵为主，纵中有横。这是指调查报告的总体结构安排以纵式安排为主，在每一部分的论述中又以横式安排为主。二是以横为主，横中有纵。这是指调查报告的总体结构安排以横式安排为主，在每一部分的论述中又以纵式安排为主。这种纵横交错的结构安排既有利于按照历史脉络讲清问题的来龙去脉，又有利于按问题的性质、类别展开深入的论述。

（四）结尾

结尾是总括全文内容的结束语。有的结尾概括全文，深化主题；有的结尾指出新问题，指明改革和发展的方向；有的结尾补充正文中没有涉及的问题；有的结尾针对问题提出建议、措施等。一般来讲，结尾部分的内容比较简短，分量过重的结尾应单独列为正文的一个部分。结尾的形式和结构比较灵活，既可以单独成段，也可以紧接上文一气呵成。若正文部分已表达清楚，全文自然结尾，则无须另写结尾。

三、调查报告的写作步骤

调查报告的写作主要应把握好确定调查报告主题、研究和选择材料、拟订调研报告提纲、形成书面调查报告等几个主要环节。

（一）确定调查报告主题

选择一个好的调查报告主题是写好调查报告的关键。确定调查报告主题时，主要应考虑三个方面的问题：一是调查研究的目的是什么；二是调查中获得了哪些实际资料；三是现实社会中需要回答和解决什么问题。调查报告主题可以是领导者和管理者确定的，也可以是自己研究得出的。有的主题在设计调研课题时就选定了，有的主题是在调查研究的过程中确定的。无论主题是通过何种方式确定的，在开展社会调查的过程中，它都可能发生改变，因为事先确定的主题有可能与社会调查中的实际情况不符，于是调研人员必须对不符合实际的主题进行必要的修改、补充或深化。

主题的确定应尽量做到正确、新颖、深刻和对应。正确，是指主题应如实客观地反映农村社会的发展变化规律，要对农村社会实践有一定的指导意义；新颖，是指主题应有新意，应在前人调查研究的基础上有所创新，有所发现；深刻，是指调研主题不应仅限于对农村社会现象的表象认识，还应对其本质进行深入研究；对应，是指调查研究的主题应与调查研究搜集的资料和提出的观点一致。

（二）研究和选择材料

确定调查报告主题之后，就要围绕主题，研究和选择具有说服力的材料，进而论证主题和表现主题。研究和选择材料时应注意以下几个问题：一是要选择真实、可靠的材料。调查研究报告中的材料要真实地反映农村社会现象的本质和规律，调研任务、时间、地点、数据等资料要真实，不能虚构，也不能夸大或缩小。二是要选择典型材料，典型材料是从丰富的素材中提取出来的最有代表性和说服力的材料，例如典型事件、典型案例、典型经验、典型事迹等。三是要选择新颖的、多样化的材料。新颖的材料能够向人们提供更多关于农村社会发展的新信息，多样化的材料的知识含量高，表现形式丰富，可以使调查报告的内容更充实。

（三）拟订调研报告提纲

拟订调研报告提纲，就是将调研中确定的主题思想和通过调查搜集到的资料，用概括性的语言记录下来，形成彼此有联系的条目，展示出调查报告的主要框架和脉络。拟订调查报告提纲的过程实际上是围绕主题设计调查报告的结构、运用材料、表达观点的过程。在这个过程中，应努力做到结构层次的设计突出主题，调查材料的使用支撑结构框架，观点的表述与调查材料统一。拟订提纲对于撰写报告相当重要。它可以保证报告撰写者的思路清晰，写作重点突出、层次分明，也便于选择和安排材料。此外，还可以帮助写作过程中断的撰写者尽快恢复思路，也有利于合作撰写者分配工作、统一观点和材料，避免内容的重复和结构的混乱。

1. 提纲的形式

任何类型的写作提纲在形式上都可以表述为由若干组序码和文字按一定的逻辑顺序所组成的具有特定功能的结构图。其书写形式通常有两种：

（1）普通书写形式。它是用汉字数码和阿拉伯数字将提纲分级标出。图 15 - 1 展示的就是采用普通书写形式的提纲，它与成文后的报告的标题形式是一致的。

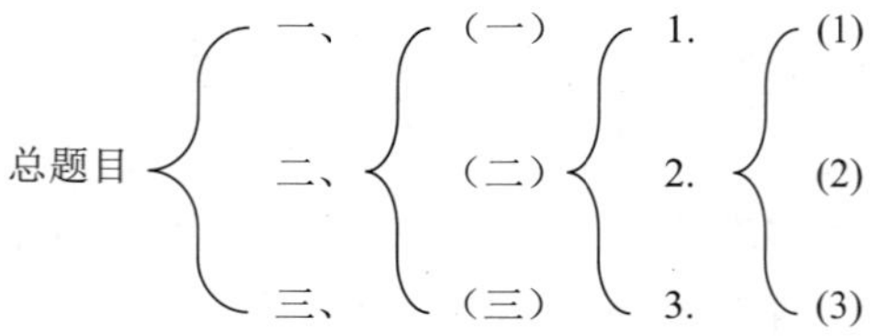

图 15 - 1　采用普通书写形式的提纲

（2）纲目书写形式。图 15 - 2 展示的就是采用纲目书写形式的提纲。这种提纲能够清晰地反映出文章的整体结构，各种事实材料所处的主次位置，以及各大小论点之间的相互关系。提纲中数码后面的文字是用来表达调查报告各个部分、层次和段落的主要观点和中心思想的，可以采用标题式和句子式的写法。标题式简明扼要，用几个字就可以将每一部分的内容概括出来，一目了然；句子式可以用一两个句子把每一部分的内容表达出来，具体明确。当然，这两种表达方式是可以混合使用的。

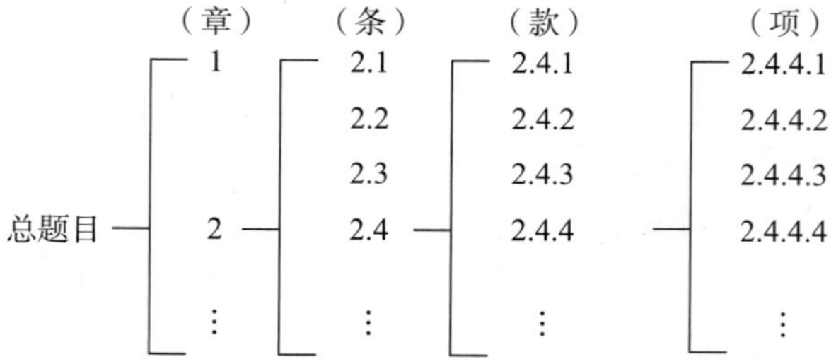

图 15 - 2　采用纲目书写形式的提纲

2. 拟订提纲的方法

（1）条述法。条述法就是用简要的词汇和句子将调查资料研究和分析的结果记录下来，然后按一定的次序将这些结果进行归纳，形成提纲。在记录调查资料的研究和分析结果时，应不拘于想法的大小，不必考虑想法的次序，只要想到一点有用的，就马上用简短的话记录下来。就这样一直想下去，一直记下去，直到再也想不出新的东西。然后看一看归纳在纸上的小标题，仔细加以衡量，把无关紧要的剔除出去，把有用的、重要的留下来，再在其中理出线索和次序，然后重新抄录下来，形成提纲。当然，形成一个完美的提纲还必须经过反复的斟酌和修改，这样才能为接下来的写作提供一条清晰的思路。

（2）卡片法。用卡片法来拟订提纲的过程是：首先，作者将搜集到的各种资料填写在卡片上，每张卡片只写一个内容；其次，把这些卡片摆放在桌子上，边读边思考，把内容相关的卡片集中到一起，进行比较分析，经过一番整理，卡片便被分成若干堆；再次，逐张阅读每堆卡片，用简要的话概括出每堆卡片的主题思想，然后再将各堆卡片进行比较，将相同或相近的卡片堆合并成一个更大的卡片堆，这样由小到大依次合并成更大的卡片堆，直到不能再合并为止；最后，把每类卡片归纳的主题思想由大到小进行排列，形成提纲。

这种拟订提纲的方法十分复杂，需要制作大量的卡片，但这种方法有以下优点：直观性强；由资料逐步归纳出观点，保证材料和观点统一；卡片分类存放，使用方便。

拟订提纲不仅是写好文章的必要准备工作，而且是锻炼思路、提高表达能力的好方法。因此，写作水平不是很高的写作者应在拟订提纲上多下功夫，从而获得事半功倍的效果。

（四）形成书面调查报告

拟订好调查提纲后，就可以开始进行写作了。写作调查报告时应注意以下方面：

一是语言。调查报告的语言要准确、简洁、通俗。准确，是指调查报告中陈述的事实要真实可靠，调查报告中引用的数字要正确和恰当；简洁，是指在写作时，应用尽可能少的文字表达尽可能多的内容，不要过分描述事实，也不要过分阐释观点，要坚决删去可要可不要的字句和段落；通俗，是指应在报告中使用易于理解的语言，不使用生僻术语和华而不实的辞藻。

二是图表。图表的使用应做到简明、集中、直观和概括。在调查报告中适当地使用图表可以帮助读者清晰地把握事物的总体面貌，增强调查报告的吸引力和说服力。

三是注释。注释的形式有三种：夹注、脚注和尾注。究竟采用哪种形式，要视调查报告的类型、阅读的对象和注释的内容等情况灵活把握。

四、调查报告写作中应注意的问题

调查报告写作中通常存在的主要问题有：材料不新鲜、不典型；提出的观点、问题一般化；堆砌材料，没有中心；材料过少，议论过多；等等。要克服这些问题，必须充分占有材料，善于分析研究。

首先是解决引言中常见的问题。引言中常见的问题是不顾调查报告主题的需要，随意堆砌一些所谓的基本情况，例如土地面积、人口数量、农业产值、农产品产量等，说空话、套话。解决问题的办法是：在报告写好后，反复读几遍，把与中心无关的、可有可无的话删掉。

其次是解决正文中存在的问题。正文中常见的问题是观点和材料是读者已经知道的，或者是观点和材料不匹配，材料不能说明观点，或者是将材料不加筛选地放在报告中。解决这一问题的关键是：写作者在调查时，就要有目的地搜集一些新鲜、典型、具体、全面的资料；在写作时，要舍得删除与报告无关的材料。另外，还要注意总结和抽象出调查报告所表达的规律性的东西，做到材料和观点相一致。

最后是解决结尾中经常存在的问题。结尾通常是提出问题和建议。写作中常犯的毛病是问题和建议空泛、没有针对性。因此，结尾一定要对问题、建议进行分析、综合、抽象和概括。

第二节 总结报告

总结报告是不同于调查报告的一种调查研究类文体。调查报告是在对他人、他物进行调查研究的基础上写作完成的；总结报告是通过对自己或单位的经验进行总结而完成的。调查报告的报道性比较强，且常常侧重某一个方面的研究，或突出新的经验，或反映较大的问题；总结报告的应用性较强，写作目的是检查本单位或本人前阶段的实践活动，既要总结成绩，又要分析问题。调查报告是站在调查者的立场上来总结实践者的活动，因此用第三人称写；总结报告一般由实践者本人来写，故用第一人称写。总之，总结报告具有针对性、求实性和指导性的特点。

一、总结报告的种类

根据不同的分类标准，总结报告可分为不同的种类。按总结的内容，总结报告可分为生产总结报告、工作总结报告、学习总结报告、科研总结报告、思想总结报告等；按总结的时间，总结报告可分为年度总结报告、季度总结报告、月份总结报告等；按总结的范围，总结报告可分为单位总结、个人总结，或者是全面总结、专题总结等。

二、总结报告的基本结构

总结报告的基本结构一般由标题、引言、正文等部分组成。

（一）标题

总结报告的标题通常有三种写法。第一种是直书其事，采用的标题形式是“单位→时限→内容→文种”。例如，《××省××年度财政工作总结》。当然，也可省略单位、时限，写成《××工作总结》。第二种是概括总结内容或揭示总结主旨。例如，《多种经营是致富之路》。第三种是采用双行标题，即用生动形象的正标题显示主旨，用副标题说明总结内容。例如，《推进农地经营权抵押贷款成效显著——××县二〇二〇年农村金融改革工作总结》。

（二）引言

引言主要是概括总结的对象、背景、目的、意义、方法等。引言的常见结构主要有五种：一是概述式，即概括介绍总结对象的基本情况，简要地交代工作的背景、时间、地点、条件等。二是结论式，主要是提出总结的结论，或扼要地交代主要的成绩、经验、问题等。三是提示式，主要是对工作的指导思想、目的、意义、主要内容做概括介绍，作为全文的提示。四是提问式，即开头就提出问题，点明总结的重点，引人注意。五是对比式，即通过比较有关背景与现实的情况、数据，突出正文总结的重点，给人以鲜明的印象。

（三）正文

正文是总结的主体和重点，主要包括以下几个内容：一是介绍总结的具体过程和做法，主要是说明指导思想，叙述事实经过，介绍办法、措施，举出典型的例子。二是总结工作中的经验、教训、体会，主要是对做过的工作进行认真分析和评价，从中总结出成功的经验，找出失败的教训。三是提出工作中存在的问题，指出今后努力的方向。

三、总结报告的撰写要求

撰写总结报告时，除了要注意把握报告的基本结构外，还必须特别注意以下几点：

一是报告要尽量占有第一手资料，从中找出规律性的东西。总结的资料不同于调查报告的资料，它主要是作者自己经历过的事实。因此，要写好总结，应注意从工作一开始就想到以后要写工作总结，就要从本单位或本人的实际情况出发，注意搜集和整理资料。对于总结者来讲，必须了解实践活动的全过程。总结是对实践活动的本质概括。要揭示事物的本质，总结事物发展的规律，就要大量地详细占有资料，研究实践活动的全过程。同时，也要坚持“一分为二”的观点。总结要恰当地反映单位或个人的具体工作情况。对于成绩或经验、优点或缺点，不虚构、不隐瞒、不夸大、不缩小。

二是要以党和政府的方针政策为指导。撰写总结报告的过程是认真学习和领会党的路线、方针、政策的过程。写总结既是对贯彻执行党的方针、政策情况的一种检查，又是对进一步贯彻执行党的方针、政策的督促。随着改革开放的不断深入，农村社会的各项工作也日益复杂起来。因此，必须根据党的路线、方针、政策来指导、分析、研究农村社会出现的各种情况和问题，认真总结成绩、经验、教训等，更好地为农村社会发展服务。

三是必须明确总结报告的性质、目的和重点。一篇总结报告的性质、目的不同，其侧重点也不同，所以应抓住主要矛盾，确定报告的重点。总结报告的重点可以从做法上总结、从经验上总结、从认识上总结，也可以将做法与效果结合起来总结，或者是将做法、认识、效果结合起来总结。

四是要有特色。总结报告撰写中最易犯的毛病是形式主义。写总结报告很容易落入老套子，导致写出来的东西千篇一律、千人一面。实际上，每一个单位或个人都有自己独特的地方，因此，只有抓住客观事物或现象的本质特点，选取最能反映总结对象特点的典型材料，才能写出具有特色的总结报告。

五是语言应力求准确、简明、朴实，数据要真实、精确。总结报告不像文艺作品，不能用抒情、描写的笔调来写，且语言应力求准确、简明和朴实。在对农村社会各项工作进行总结时，往往要用到较多的数据，这是说服力较强的表达手段。但使用数据时必须慎重，要认真选择最能说明问题的数据，并反复核对，务求准确。

第三节　经济活动分析报告

经济活动分析报告是以会计、统计、业务核算资料以及计划资料为依据，对经济活动全过程及其结果进行分析和评价的书面表达形式。经济活动分析报告中的资料是系统的数字资料，主要采用定量分析方法。通过对各种经济指标的量的分析，可以检查经济活动中贯彻政策、执行财经纪律、完成计划的情况，进而可以发现问题，总结经验，提出改进建议，不断提高经济效益。

一、经济活动分析报告的分类

按照不同的分类标准，经济活动分析报告可以分为不同的类型。

（一）按经济活动分析的目的，可以分为效果分析报告、控制分析报告和预测分析报告

效果分析报告的主要目的是检查经济效果，以提高经济效益。控制分析报告的主要目的是及时检查并发现执行计划、预算和定额中的情况，采取措施，保证经济活动按预定方向运行。预测分析报告的主要目的是分析经济活动的现状，预测产销前景和企业未来效益。

（二）按经济活动分析的内容，可以分为专题分析报告和综合分析报告

专题分析报告的主要目的是结合中心工作或重大经济举措，针对某项经济活动具有普遍性、典型性的关键问题进行分析报告，例如，土地资源利用效果分析报告、劳动生产率分析报告等。综合分析报告的主要目的是根据一定时期内某部门经济活动的各项主要指标进行总体状况分析，从中揭示经济活动的规律。

（三）按经济活动分析的范围，可以分为宏观经济活动分析报告和微观经济活动分析报告

宏观经济活动分析报告的主要目的是对全国或地方某一领域、某一方面的经济活动进行分析，为经济发展提供宏观指导。微观经济活动分析报告的主要目的是对一个企业、单位或地区的某项具体经营活动进行分析，以针对特点提出建议。

（四）按经济活动分析的时间，可以分为定期分析报告和不定期分析报告

定期分析报告的主要目的是结合专业部门工作，按月、季、年，对企业或单位的生产经营做常规分析。不定期分析报告的主要目的是根据工作需要，随时对经济活动进行

分析，及时为经营管理提供科学依据。

二、经济活动分析报告的基本结构

经济活动分析报告主要有两种基本结构：文章式结构和图表式结构。

（一）文章式结构

文章式经济活动分析报告主要由标题、引言、正文和结尾构成。

标题的表现形式主要有两种：一种是“单位→时限→内容→文种”，例如，《××企业××年度流动资金占用现状的分析》。当然，也可以视情况省去“单位”“时限”等。另一种是直接陈述报告内容或观点，例如，《要从经济波动中吸取教训》《农民收入为何下降》。

引言在经济活动分析报告中起引导作用。它主要介绍分析对象的基本情况，简述一些数据材料；或者结合分析对象所处的形势和发展趋势，说明分析的目的和意义；或者简单说明分析对象存在的问题，点明分析的范围或重点；或者直接切入主题，点明分析的主要结论。

正文主要是运用多种特定的分析方法，分析评价经济活动。它主要包括待评价的各种数字资料，经过计算、比较、剖析和论证得出的结果，以及对结果进行的评价和得出的结论。正文是将数据资料和文字评论有机结合起来的重要部分。

结尾主要是针对经济活动分析的结果，提出今后经济活动应采取的具体可行的措施、办法、要求等，也可以预测经济发展趋势。

（二）图表式结构

图表式结构，又称为表格式结构，是一种主要用图表来描述经济活动分析报告中的主要数据资料及其计算结果的方法。一般来讲，图表后设有文字说明的栏目，提示应该分析说明的主要方面，以便用文字做简要的分析评价。

三、经济活动分析报告的撰写要求

在撰写经济活动分析报告时，要尽量将数据资料比较完整、系统、准确地表述出来，同时不能忽视实地调查资料的获取。实地调查资料是对数据资料的验证和补充，可以保证经济活动分析的准确和完整。在经济活动分析中，还要注意运用多种分析方法，从不同的角度、不同的层面上对同一经济活动进行分析，以提高分析的深度。通过分析，可以提出比较具体可行的建议，为企业或单位经济的发展提供参考。

四、经济活动分析报告的撰写程序

经济活动分析报告的撰写程序一般包括四个步骤：

一是搜集整理数据资料。数据资料是撰写经济活动分析报告的基础，也是对经济活动进行分析的依据。搜集的数据资料要全面、准确。从时间上来讲，不仅要搜集本期的数据资料，而且要搜集历史同期相对应的数据资料，这样就可以对各期的数据资料进行比较分析。从范围上来讲，数据资料要涉及分析对象的各个要素及其结构。从形式上来讲，数据资料要涉及实物形式、货币形式和劳动形式等各方面。这些数据资料有的来源于各种报表，容易搜集；而有的则需要报告撰写者亲自查阅、抄录。

二是分析研究数据资料。分析是将不同时间的同类数据资料进行对比，将本期数据与计划指标进行对比，以研究本期经济活动的发展变化情况。研究就是将经济活动发展变化的原因逐条列出来，分析经济活动发展变化的根本原因在哪里。

三是对照。对照就是检查经济活动是否符合国家及行业的政策、规定等，是否有违规、违法等行为。它可以为撰写报告时总结成绩和分析问题提供参考依据。

四是完成写作。经济活动分析报告的内容包括单位简介、经济活动评价、成绩与问题、经验教训与建议等，这些都必须依次表达清楚。

第四节　经济预测报告

经济预测报告是反映经济预测工作过程、报告预测成果的经济研究类文体。经济预测是现代经济管理的重要手段。人们根据准确、及时的统计资料和社会调查资料，从经济发展的历史和现状出发，运用定性和定量的科学分析方法，对经济发展趋势和未来经济状况（前景、结果和影响）进行推断。经济预测报告就是这种推断过程和成果的载体，它可以在经济决策和经济管理工作中发挥重要的作用。

一、经济预测报告的种类

按照对象、时间、约束条件等不同标准，可以将经济预测报告分为不同的类别。

（一）以经济预测的对象为标准，可将经济预测报告分为宏观经济预测报告、微观经济预测报告和中观经济预测报告

宏观经济预测报告是以整个国民经济的发展作为预测对象而形成的书面材料。它主要研究国民经济中的各总量指标、相对数指标和平均数指标之间的联系和发展变化趋势，包括各种专项经济预测报告和综合经济预测报告。

微观经济预测报告是研究个体经济单位的经济发展前景的预测报告。对农户或农产品生产企业的经济发展趋势的预测都属于微观经济预测的范畴。

中观经济预测报告是介于宏观经济预测报告和微观经济预测报告之间的一种预测报告。这类经济预测报告包括部门经济预测报告、地区经济预测报告和行业预测报告等。

宏观经济预测报告是以微观经济预测报告和中观经济预测报告为基础的，是它们的综合。中观经济预测报告和微观经济预测报告则是宏观经济预测报告的深入和延伸。三

种报告之间是相互联系、相互补充的。

（二）以预测时期的长短为标准，可将经济预测报告分为短期经济预测报告、中期经济预测报告和长期经济预测报告

短期经济预测报告是指预测期间在 1 年以内（含 1 年）的经济发展预测报告。中期经济预测报告是指预测期间在 1～5 年的经济发展预测报告。长期经济预测报告是指预测期间在 5 年以上的经济发展预测报告。

（三）以预测的约束条件为标准，可将经济预测报告分为探索性经济预测报告和目标性经济预测报告

探索性经济预测报告是指对经济事件没有提出明确的发展目标，只是通过对经济事件发展变化的历史和现状进行分析，提出经济事件未来的发展变化趋势的预测报告。目标性经济预测报告是指对经济事件提出了明确的发展目标，并寻求实现该目标的最佳途径，同时对目标实现过程中可能出现的各种变化、情况和结果进行分析、推断而形成的预测报告。

二、经济预测报告的基本结构

（一）标题

经济预测报告的标题包括四个基本要素：预测的时间、预测的空间、预测对象和文种。例如，《××省农业产业结构现状分析和发展趋势预测报告》这一标题表明：该报告分析和预测的时间分别是现在和未来一段时间，预测的空间是××省，预测对象是农业产业结构，文种则是预测报告。

（二）正文

经济预测报告主要包括两部分内容：

一是经济预测对象基本情况的介绍。预测对象的现实和历史情况是经济预测的前提和基础。在经济预测报告中介绍经济预测对象的基本情况时，必须选择有代表性的资料和数据，能够简明扼要地对预测对象的历史和现状做出说明。

二是预测分析。预测分析是经济预测报告中的主要部分，它包括三个部分的内容：预测结论、预测理论和实践依据、预测分析方法。

预测结论一般放在预测理论和实践依据与预测分析方法之间，而不是放在它们的后面。这种结论在前、论证在后的写作方法，正是写作原理在经济预测报告撰写中的运用，其目的就是引起决策者或报告使用者的注意。预测结论必须能够用经济学、社会学等理论做出必要的解释和阐述，这样可以使预测报告不仅有单纯的数学解释，而且有一定的理论深度。预测分析方法主要是指预测分析中使用的分析软件、分析指标和各种参数的设置等。

预测分析是经济预测报告中的重点部分，内容较多。撰写时，一定要精心设计和安排结构，做到层次分明、结构严谨、条理清晰、逻辑严密、重点突出。

三、经济预测报告的撰写要求

经济预测报告的准确性关系到经济决策是否正确、是否成功及经济是否能够顺利发展，因此准确性是对经济预测报告的最重要的要求，这要求撰写者在撰写经济预测报告时注意以下几方面：

一是必须忠实于科学预测的结果，忠实于客观实际情况，要避免主观臆断。在分析方法上，征求专家意见与征求群众意见要结合使用，在使用数学模型时要注意数据的验证。

二是要注意时效性。在预测完成后，要立即撰写预测报告，使撰写出来的预测报告能及时被预测者使用，否则预测报告就难以达到预期的使用效果。

三是可以写出预测建议，也可以不写这一部分。在撰写经济预测报告时，不必强求“预测建议”这一部分内容。

第五节　经济论文

经济论文是主要用来表述作者在经济领域从事科学研究所获得的创造性成果的一种文体形式。它的主要特点是科学性、创造性和学术性。科学性，是指经济论文必须反映经济活动的本质和规律，具有科学严谨的表达形式，是作者的科学研究成果的体现；创造性，是指论文中体现的成果是他人没有取得的，或者是在他人取得的成果的基础上进行的创新；学术性，是指论文中的主要观点是作者从一定的理论高度进行的分析和论证，并且与某一方面的系统知识相联系。

一、经济论文的分类

经济论文一般分为两种基本的类型：一是学术论文，二是学位论文。

学术论文，是指在学术会议、学术刊物上发表的论文。它集中反映了作者的创造性成果，一般较简短。

学位论文，是指在各学业阶段撰写的论文，主要用于评判学业成绩和申请被授予相应的学位。它不仅要体现研究成果，而且要体现作者已掌握的本学科的基本理论知识、专门知识，证明作者具有一定的科学研究能力。学位论文，包括学士论文（本科生毕业论文）、硕士论文（硕士生毕业论文）和博士论文（博士生毕业论文）。学位论文的篇幅比学术论文更长，内容也更翔实。

除此之外，经济论文还可以分为：立论性经济论文和驳论性经济论文；理论性经济论文和对策性经济论文；宏观经济论文和微观经济论文；等等。

二、经济论文的基本结构

根据国家标准 GB7713－87《科学技术报告、学位论文和学术论文的编写格式》，经济论文的基本格式如下：

（一）标题

标题是论文内容最集中、恰当、简明的反映。论文标题有单标题和双标题两种形式。论文标题必须为计算机储存论文和检索论文提供一定的信息。论文标题一般不用比喻。

（二）作者

作者是论文的责任者，其信息主要包括姓名和工作单位。作者可分为个体式作者和群体式作者两种类型。个体式作者是指独立完成全部写作任务的人；群体式作者是指由两个以上的人为完成同一任务而组成的写作集体。群体式作者的写作类型主要有：

（1）主从式，即由多个人组成写作群体，其中一人负主要责任，起主导作用，承担制订计划、组织指挥、协调关系、审查把关、修改定稿等任务。

（2）协同式，即由多个人平等构成写作群体，群体中的个人通过协商、讨论、分工合作完成写作任务。

（3）分段式，即由两个以上的人分阶段完成某一写作任务。

（4）代言式，主要指秘书代领导起草发言稿和委托代言人起草合同、协议书、诉状等。

（三）摘要

摘要是论文内容的浓缩。有了摘要，读者不必阅读全文即能够获得论文提供的主要信息，包括论文的结论和关键性论据。摘要一般不超过 300 字，外文摘要一般不超过 250 个实词。

（四）关键词

关键词是反映论文核心内容的词和词组，主要是为了计算机储存论文和检索论文服务的。一篇论文一般有 3～8 个关键词。

（五）引言

引言主要用来说明研究的缘起和研究的任务，也可以说明研究的方法和研究的结论。论文的引言要言简意赅。

（六）正文

正文一般有论点、论据和论证三个重要内容。写作时，论点要正确、集中、深刻和新颖；论据要真实、充分、典型和新鲜；论证要逻辑严密，恰当运用各种图表，力求简明清晰。

（七）结论

结论是对全文进行的总结性说明，主要概括要解决的问题是什么、发现的规律是什么、存在哪些问题、有何建议等。结论要用语客观，态度鲜明。

（八）参考文献

在论文中或论文后注明参考文献是论文严肃性、科学性的体现，它便于读者核查与论文内容有关的文献原文。中华人民共和国国家标准 GB7713－87 对文后参考文献的著录规则做出了详细的规定，特别是对著录文献的格式做出了明确的要求。

1. 对文献责任人的著录要求

文献责任人主要指对文献的知识内容负主要责任的个人或团体，包括专著作者、论文集主编、学位申请人、专利申请人、报告撰写人、期刊文章作者、析出文章作者等。

当责任人为多个的时候，各责任者之间以“,”分隔开，责任者超过 3 人时，只著录前 3 个责任者，其后加“等”字（英文用 et al.）。在录入责任人的过程中不能出现缩写点。主要责任者只列姓名，其后不加“著”“编”“合编”等责任说明文字。外文主要责任者用原著，姓与名的前后顺序应尊重各国的习惯。作者不明时，此项可以省略。

2. 对文献名的要求

文献名主要包括书名、论文题名、专利题名、析出题名等。文献名不加书名号。

3. 对文献类型及代码的标志要求

一般文献的代码为：普通图书，[M]；会议录，[C]；汇编，[G]；报纸，[N]；期刊，[J]；学位论文，[D]；报告，[R]；标准，[S]；专利，[P]；数据库，[DB]；计算机程序，[CP]；电子公告，[EB]。

如果文献是非纸张的电子文献，那么其文献标志一般为：磁带，[MT]；磁盘，[DK]；光盘，[CD]；联机网络，[OL]。

文献还会出现如下标志：[DB/OL] 表示联机网上数据；[M/CD] 表示光盘图书；[CP/DK] 表示磁盘软件；[J/OL] 表示网上期刊；[EB/OL] 表示网上电子公告。

4. 关于出版事项的文献录入

出版事项主要指文献的出版地、出版者、出版年、卷期号等。出版地指出版者的城市名，一般要著录。对于出版者中包含了地名的，出版地不能省略，如，“北京：北京大学出版社”，不能只写成“北京大学出版社”。出版年采用公元纪年，并用阿拉伯数字著录。如遇其他纪年形式，可将原有的纪年置于“（　）”内，例如，1705 年（康熙四十四年）。对于报纸和专利文献，要著录出版日期，其形式为 YYYY-MM-DD。对于期刊的出版年份、卷号（期号）著录有以下三种形式：1990，92（2）（表示 1990 年 92 卷 2 期）；1985（4）（表示 1985 年 4 期）；1987，5（表示 1987 年 5 卷）。

5. 参考文献的起止页码

"页码"一般位于一条著录文献的最后，指引文在参考文献中所处的位置。著录的标志形式为：10－12。若论文中多次引用同一文献上的多处内容，则应依次著录相应的引文所在的起止页码，并用","隔开，例如：1987：25－30，40，101－120。

6. 文献著录的一般格式

图书的著录格式一般为：序号＋著者姓名＋书名＋出版地＋出版单位＋版次＋出版年月＋起止页码。例如：

（1）严瑞珍，等．中国贫困山区发展的道路［M］．北京：中国人民大学出版社，1992.

（2）Rawls，J. A Theory of Justice［M］．Cambridge：Harvard University Press，1971.

期刊文献的著录格式一般为：序号＋著者姓名＋题名＋刊名＋年份＋卷期号＋起止页码。例如：

［1］吕亚荣，陈淑芬．农民对气候变化的认知及适应性［J］．中国农村经济，2010（7）.

（九）致谢

凡是对论文提出过有价值的意见和建议、帮助搜集和整理过资料、提供了科研经费或其他条件的人和单位，均应一一致谢，以示尊重。

（十）附录

需要写入附录的材料主要有：对正文有重要补充作用的资料；篇幅过大、不宜写入正文、有重要参考价值的资料；不便列入正文的珍贵资料；对特殊阅读对象有参考价值的资料；重要的原始数据、公式推导、统计图表等。

以上各部分内容是论文的主要构件，当然在论文的实际写作过程中，可根据情况做出适当的选择和安排。

三、经济论文的撰写要求

一篇成功的经济论文应该做到选题新、认识深、思路清、表达准。

（一）选题新

写作经济论文，主要是表达自己通过研究获得的创新性成果。所谓创新性是相对的。例如，学士论文一般只要求作者能运用所学知识解决某一个不怎么复杂的问题，并有自己的创新。硕士论文则要求作者有新的见解。博士论文则要求作者有独创性的观点。论文中的新，可以是新观点，可以是新材料，可以是新方法，可以是别人不曾想到不曾写过的，也可以是别人想到了写了，但作者可能想得更好、写得更好的。

要获得创新性成果，首先选题要新，要有创造性，选好题，就成功了一半。但要选好题，不是一件容易的事情。本科生和硕士研究生的选题要在教师的指导下进行。选题的原则是要为经济建设服务，要有先进性。当然，选题也要根据研究资料的多少、研究时间的长短、经费数量情况，以及研究者自身的知识水平、能力和爱好等来确定。一般来讲，毕业论文的选题宜小不宜大。

在选题的过程中要注意以下几点：一是要对农村社会的政治、经济、文化形势和其研究状况有一个比较全面、深刻的认识，并运用各种思维方法，认识农村社会，从而获得一个创新的选题。二是要注意从不同学科的交叉点上去探索新的研究领域。三是要尽量充分利用自己原有的知识储备，研究自己熟悉的东西和自己曾经研究过的问题。

（二）认识深

要获得创新性的研究成果，不仅要有好的选题，还必须充分占有各种材料，反复进行研究，深化认识。深刻的认识是一个由具体到抽象、由抽象到具体的永无止境的上升过程。同一般性认识相比，深刻的认识能把握构成认识对象的更多更复杂的因素，探求认识对象更丰富的规定性。

（三）思路清

写作时，要有清晰的思路。首先，要明确论文的主要目的是什么，论述的主要问题是什么、次要问题是什么。其次，论文的各个组成部分、各个段落、各句话之间都要有一定的逻辑关系，都要为说明中心问题服务。为了使论文的思路清晰，在写作前，应该将写作思路用提纲的形式表现出来，并反复修改，在拟订了令人满意的提纲的基础上再进行写作。

（四）表达准

论文的语言要力求准确、鲜明、简洁、生动。准确是第一位的。遣词造句要恰当和贴切，篇章、图表等的构成格式要合理且规范。

四、经济论文撰写过程中存在的问题

（一）标题中存在的问题

（1）含糊不清，不得要领。

（2）题目与内容不对称，出现过大或过小的情况。例如，某同学想写的是某个技术研发企业的问题，但标题是《论我国的科技企业》，出现了标题过大的情况；再如，某同学想写的是农民的收入分配问题，但标题是《浅谈农民的收入水平问题》，出现了标题过小的情况。

（3）文不对题。例如，文章中明明写的是如何提高支农资金的使用效率问题，但标题是《财政支农资金的运行机制分析》。

（4）标题过长、烦琐、不简洁。

（5）正副标题搭配不当。主要是出现了主副标题重复或主次颠倒的情况。

（6）经济论文的标题过于文学化。

（7）不恰当地运用比喻等修辞方法。
（8）不合语法，有悖逻辑。
（9）错字掉字。

（二）引言中存在的问题

（1）空话、套话较多。
（2）与正文内容重复。
（3）不够简明扼要。

（三）正文中存在的问题

（1）语言不够专业化、学术化。这主要是由作者的理论水平和专业知识水平决定的。

（2）正文的逻辑性不强，或不够严谨。这与作者的写作思路有关，如果思路不清晰，就容易造成正文的逻辑性不强的问题。

（3）图表的使用不当，或不规范。有的同学在写作时，为了凑篇幅，或为了追求感官上的丰富性，将不需要的图表也放在文章中，或者是图表中的数字不能说明作者想要说明的问题。另外，有些图表不符合规范性的要求。

（四）参考文献中存在的问题

有些同学在写论文时，没有及时记录下参考的文献资料的名称、作者等，因此论文完成时，却找不到参考文献了，只能不写参考文献。有的同学虽然写了参考文献，但著录的文献不符合规范的要求，有的是顺序不对，有的是不完整。

撰写经济论文是一项很重要的技能。刚刚接触经济论文撰写的人，要不断地加强学习和锻炼，更要常写常练。“功夫不负有心人”，只要肯付出努力，就一定能写出好的论文。

本章小结

1. 调查报告的基本格式是由标题、引言、正文和结尾四部分组成。

2. 撰写调查报告时主要应把握好确定调查报告主题、研究和选择材料、拟订调研报告提纲、形成书面调查报告等几个主要环节。

3. 撰写总结报告时要尽量占有第一手资料，从中找出规律性的东西；要以党和政府的方针政策为指导；必须明确总结报告的性质、目的和重点；要有特色；语言应力求准确、简明、朴实，数据要真实、精确。

4. 经济活动分析报告是以会计、统计、业务核算资料以及计划资料为依据，对经济活动全过程及其结果进行分析和评价的书面表达形式。其主要有文章式结构和图表式结构两种基本结构。

5. 经济预测报告是反映经济预测工作过程、报告预测成果的经济研究类文体。

6. 经济论文是主要用来表述作者在经济领域从事科学研究所获得的创造性成果的一

种文体形式。

7. 经济论文的基本结构包括标题、作者、摘要、关键词、引言、正文、结论、参考文献、致谢、附录10个部分。

8. 经济论文的撰写要求包括选题新、认识深、思路清、表达准。

思考练习

1. 撰写调查报告时应该把握好哪几个关键环节？
2. 总结报告的撰写有哪些要求？
3. 经济论文的基本结构包括哪几部分？
4. 经济论文的撰写有哪些要求？

本章思维导图

参考文献

[1]［美］艾尔·巴比．社会研究方法（第十一版）．北京：华夏出版社，2009.

[2]［美］德尔伯特·C. 米勒，内尔·J. 萨尔金德．研究设计与社会测量导引．重庆：重庆大学出版社，2004.

[3]［美］弗洛德·J. 福勒．调查研究方法．重庆：重庆大学出版社，2004.

[4]［美］弗洛德·J. 福勒．调查问卷的设计与评估．重庆：重庆大学出版社，2010.

[5]［美］肯尼斯·S. 博登斯，布鲁斯·B. 阿博特．研究设计与方法（第六版）．上海：上海人民出版社，2008.

[6]［美］罗伯特·F. 德维利斯．量表编制：理论与应用．重庆：重庆大学出版社，2010.

[7]［美］罗纳德·扎加，约翰尼·布莱尔．抽样调查设计导论．重庆：重庆大学出版社，2007.

[8]［美］威廉·富特·怀特．街角社会：一个意大利人贫民区的社会结构．北京：商务印书馆，2005.

[9]［英］马克·桑德斯，菲利普·刘易斯，阿德里安·桑希尔．经管研究方法（第五版）．大连：东北财经大学出版社，2011.

[10]［英］韦恩·C. 布斯，格雷戈里·G. 卡洛姆，约瑟夫·M. 威廉姆斯．研究是一门艺术．北京：新华出版社，2009.

[11] 北京市科学道德和学风建设宣讲教育领导小组．科学道德和学风建设简明读本．北京：中国科学技术出版社，2012.

[12] 范伟达，范冰．社会调查研究方法．上海：复旦大学出版社，2010.

[13] 风笑天．社会研究设计与写作．北京：中国人民大学出版社，2014.

［14］风笑天．社会调查中的问卷设计．3版．北京：中国人民大学出版社，2014.

［15］风笑天．社会学研究方法．3版．北京：中国人民大学出版社，2009.

［16］风笑天．现代社会调查方法．3版．武汉：华中科技大学出版社，2005.

［17］高本权．经济学方法论与经济研究方法．北京：中国财政经济出版社，2013.

［18］高王凌．人民公社时期中国农民“反行为”调查．北京：中共党史出版社，2006.

［19］谷中原．农村社会学新论．武汉：武汉大学出版社，2010.

［20］郝大海．社会调查研究方法．北京：中国人民大学出版社，2005.

［21］霍焕民．经济论文写作．北京：首都经济贸易大学出版社，2004.

［22］简明，金勇进，蒋妍．市场调查方法与技术．2版．北京：中国人民大学出版社，2009.

［23］教育部高等教育司，北京市教育委员会．高等学校毕业设计（论文）经济卷指导手册．修订版．北京：高等教育出版社，经济日报出版社，2007.

［24］金勇进，杜子芳，蒋妍．抽样技术．2版．北京：中国人民大学出版社，2008.

［25］李金昌．应用抽样技术．北京：科学出版社，2007.

［26］李培林．村落的终结：羊城村的故事．北京：商务印书馆，2004.

［27］刘豪兴．农村社会学．3版．北京：中国人民大学出版社，2014.

［28］吕亚荣．调查研究方法．北京：中国人民大学出版社，2022.

［29］农业部人事劳动司．农村社会调查研究方法．北京：中国农业出版社，1997.

［30］同春芬．农村社会学．北京：知识产权出版社，2010.

［31］万崇华，许传志．调查研究方法与分析．北京：中国统计出版社，2016.

［32］王桂清，卢翠莲，王鸿雁．经济应用文写作．北京：机械工业出版社，2004.

［33］文传浩，程莉，张桂君，等．经济学研究方法论．重庆：重庆大学出版社，2015.

［34］吴方卫．农业经济学研究方法论．上海：上海财经大学出版社，2015.

［35］徐云杰．社会调查设计与数据分析．重庆：重庆大学出版社，2011.

［36］袁方．社会研究方法教程．重排本．北京：北京大学出版社，2013.

［37］张蓉．社会调查研究方法．北京：知识产权出版社，2013.

［38］张蓉．社会调查研究方法．北京：高等教育出版社，2005.

［39］赵国栋，黄永中．网络调查研究方法概论．北京：北京大学出版社，2008.

［40］赵国栋．网络调查研究方法概论．2版．北京：北京大学出版社，2013.

［41］中共中央文献研究室．毛泽东 周恩来 刘少奇 朱德 邓小平 陈云论调查研究．北京：中央文献出版社，2006.

［42］中国人民银行农户借贷情况问卷调查分析小组．农户借贷情况问卷调查分析报告．北京：经济科学出版社，2009.

图书在版编目（CIP）数据

农村社会经济调查方法 / 吕亚荣编著. --3 版. --北京：中国人民大学出版社，2023.10
普通高等学校应用型教材. 经济学
ISBN 978-7-300-32178-3

Ⅰ. ①农… Ⅱ. ①吕… Ⅲ. ①农村－社会调查－调查方法－中国－高等学校－教材 Ⅳ. ①D668-31

中国国家版本馆 CIP 数据核字（2023）第 174378 号

普通高等教育“十一五”国家级规划教材
普通高等学校应用型教材·经济学
农村社会经济调查方法（第三版）
吕亚荣　编著
Nongcun Shehui Jingji Diaocha Fangfa

出版发行	中国人民大学出版社		
社　　址	北京中关村大街 31 号	**邮政编码**	100080
电　　话	010－62511242（总编室）		C10－62511770（质管部）
	010－82501766（邮购部）		C10－62514148（门市部）
	010－62515195（发行公司）		C10－62515275（盗版举报）
网　　址	http://www.crup.com.cn		
经　　销	新华书店		
印　　刷	中煤（北京）印务有限公司	**版　　次**	2010 年 8 月第 1 版
开　　本	787 mm×1092 mm　1/16		2023 年 10 月第 3 版
印　　张	14.75	**印　　次**	2024 年 11 月第 3 次印刷
字　　数	329 000	**定　　价**	42.00 元

教学支持说明

1. 教辅资源获取方式

为秉承中国人民大学出版社对教材类产品一贯的教学支持，我们将向采纳本书作为教材的教师免费提供丰富的教辅资源。您可直接到中国人民大学出版社官网的教师服务中心注册下载——http://www. crup. com. cn/Teacher。

如遇到注册、搜索等技术问题，可咨询网页右下角在线 QQ 客服，周一到周五工作时间有专人负责处理。

注册成为我社教师会员后，您可长期根据您所属的课程类别申请纸质样书、电子样书和教辅资源，自行完成免费下载。您也可登录我社官网的"教师服务中心"，我们经常举办赠送纸质样书、赠送电子样书、线上直播、资源下载、全国各专业培训及会议信息共享等网上教材进校园活动，期待您的积极参与！

2. 高校教师可加入下述学科教师 QQ 交流群，获取更多教学服务

经济类教师交流群：809471792

财政金融教师交流群：766895628

国际贸易教师交流群：162921240

税收教师交流群：119667851

3. 购书联系方式

网上书店咨询电话：010－82501766

邮购咨询电话：010－62515351

团购咨询电话：010－62513136

中国人民大学出版社经济分社

地址：北京市海淀区中关村大街甲 59 号文化大厦 1506 室　100872

电话：010－62513572　010－62515803

传真：010－62514775

E-mail：jjfs@crup. com. cn